设备设施完整性管理技术应用

可靠性、可用性和可维修性(RAM)

胡 军 郝 林 申得济 杨 召 著

中国石油大学出版社
CHINA UNIVERSITY OF PETROLEUM PRESS

山东·青岛

图书在版编目（CIP）数据

设备设施完整性管理技术应用：可靠性、可用性和可维修性（RAM）/ 胡军等著. --青岛：中国石油大学出版社，2024.12. --ISBN 978-7-5636-8454-0

Ⅰ. F273.4

中国国家版本馆 CIP 数据核字第 2024WB3005 号

书　　名：设备设施完整性管理技术应用
　　　　　——可靠性、可用性和可维修性（RAM）
　　　　　SHEBEI SHESHI WANZHENGXING GUANLI JISHU YINGYONG
　　　　　——KEKAOXING、KEYONGXING HE KEWEIXIUXING（RAM）

著　　者：胡　军　郝　林　申得济　杨　召

责任编辑：穆丽娜（电话　0532-86981531）
责任校对：张　廉（电话　0532-86981531）
封面设计：悟本设计

出 版 者：中国石油大学出版社
　　　　　（地址：山东省青岛市黄岛区长江西路 66 号　　邮编：266580）
网　　址：http://cbs. upc. edu. cn
电子邮箱：shiyoujiaoyu@126.com
排 版 者：三河市聚拓图文制作有限公司
印 刷 者：泰安市成辉印刷有限公司
发 行 者：中国石油大学出版社（电话　0532-86981532,86983437）
开　　本：787 mm×1 092 mm　1/16
印　　张：15.25
字　　数：368 千字
版 印 次：2024 年 12 月第 1 版　2024 年 12 月第 1 次印刷
书　　号：ISBN 978-7-5636-8454-0
定　　价：98.00 元

编委会

主　　任：胡　军

副 主 任：郝　林　申得济　杨　召

委　　员：石　烜　张少洋　陶海成　逄　凯　徐小东

李海学　李　瓒　张　哲　陶富云　张湘跃

曹宏远　马艳辉

前　言

　　RAM 分析是设备设施完整性管理技术中的一种,用于评估与设备或系统性能相关的 3 个关键因素:可靠性(reliability)、可用性(availability)和可维修性(maintainability),这些因素共同影响设备或系统的效用和全生命周期成本。RAM 分析的目的是确定可用性损失或限制生产量的主要问题及原因,最终目标是通过改进设计和维护计划,优化资产的全生命周期成本。

　　随着科技的进步和工业的发展,系统设备的复杂性和集成度不断提高。这种复杂性不仅增加了设备故障的可能性,也对 RAM 分析提出了更高的要求。在航空航天、核能、石油化工等高风险领域,系统的安全性和可靠性至关重要,一旦发生故障或事故,将造成巨大的经济损失和人员伤亡。因此,这些领域对 RAM 分析技术的需求更加迫切。在全球能源危机和环境污染日益严重的背景下,节能减排和可持续发展成为各国关注的焦点。RAM 分析技术可以帮助企业优化产品设计、降低能耗、减少故障停机时间,从而达到节能减排和可持续发展的目标。近年来,伴随着数字化和智能化技术的快速发展,RAM 分析技术也迎来了新的发展机遇,利用大数据、人工智能等先进技术,可以实现对设备或系统的实时监测、故障诊断和预测性维护,进一步提高设备或系统的可靠性和可用性。

　　本书从规范标准要求、RAM 基础理论、良好作业实践等方面系统地介绍 RAM 技术方法。本书共 7 章,其中第 1 章介绍 RAM 的基本概念以及资产管理过程中关于 RAM 分析的要求,同时介绍 RAM 的相关规范标准;第 2～第 4 章分别介绍可靠性模型、可维修性模型、可用性模型,并介绍贝叶斯推断、可靠性框图、设备设施失效数据库、维修分类与维修数据、维修性建模、可靠性/可维修性/可用性指标等内容,同时基于 Python 给出可靠性、可维修性的模拟分析相关案例;第 5 章系统介绍 RAM 分析的常用算法——蒙特卡罗法,并根据生产过程中的实际故障数据,给出了马尔可夫链蒙特卡罗(MCMC)方法求解后验分布的案例;第 6、第 7 章基于行业软件 DNV MAROS,对比 Python 算法,分析了不同参数对设备可用性的影响,同时基于 DNV MAROS 给出了海洋石油平台、天然气液化装置等不同场景的计算案例。

　　RAM 分析对于提升系统性能、优化资源配置、降低运营成本、增强决策支持和提高客户满意度等方面具有重要价值。本书旨在为工程师与技术人员、项目经理与决策者、设备制造商与维护人员、质量管理人员以及安全与风险管理人员提供系统的 RAM 分析理论、实用的分析方法和工具、丰富的实际应用案例以及优化策略和建议。通过 RAM 技术的应用,能够有效指导工艺流程设计、设备选型,为提高设备整体效率、降低后期运行维护成本提供有力支撑。

　　由于编写水平及时间有限,书中错误在所难免,敬请读者批评指正。

目 录

第1章 绪 论

1.1 RAM 技术概述

1.1.1 什么是 RAM

RAM 是 reliability(可靠性)、availability(可用性)和 maintainability(可维修性)3 个单词的首字母缩写。RAM 分析技术用于评估与设备或系统性能相关的 3 个关键因素,即可靠性、可用性和可维修性,这些因素共同影响设备或系统的效用和全生命周期成本[1]。RAM 分析的目的是确定可用性损失或限制生产量的主要问题及原因,其最终目标是通过改进设计和维护计划,优化资产的全生命周期成本。

可靠性、可用性和可维修性的定义如下。

(1) 可靠性:在规定的条件下,设备在一定时间内执行其预定功能的能力。

(2) 可用性:当需要时,设备处于可以执行其预定功能状态的可能性。

(3) 可维修性:在规定时间内,设备保持在或恢复到能够执行其预定功能状态的可能性。

可靠性理论起源于 20 世纪 30 年代,最初采用统计学的方法作为分析方法,主要应用于工业产品的质量控制。第二次世界大战期间,军用电子设备飞速发展,但同时也遇到了设备因可靠性差而严重影响使用效果的问题。据统计,在第二次世界大战末期,美国空军运到远东的电子系统有 60% 发生了故障,海军舰艇的电子设备有 70% 处于故障状态。因此,需要有一套科学的方法,将可靠性问题贯穿于产品的研制、生产、使用和维修的全过程。由此,美国率先开始对可靠性问题进行正式研究。1952 年,美国国防部(U. S. Department of Defense,DOD)下令成立由军方、工业界及学术界组成的电子设备可靠性顾问组(Advisory Group on Reliability of Electronic Equipment,简称 AGREE),并于 1957 年发布了著名的 AGREE 报告《军用电子设备的可靠性》。AGREE 报告的发表是一个里程碑,标志着可靠性在理论、方法及研究方向上已经形成了一个新的学科。

经过数十年的研究和发展,可靠性的研究领域已从军事技术扩展到民用技术,融入现代社会的各个领域,渗透到国民经济中有可靠性要求的方方面面,得到了极其广泛的应用。随着科学技术的发展和进步,现代社会对产品各方面的要求越来越高,使得产品的可靠性问题日益突出,受到前所未有的重视,与之相关的研究也越来越多、越来越广、越来越深入。同时,现代技术的不断进步以及研究方法的改善也大大推动了可靠性理论的迅速发展,促进了可靠性理论的日趋完备。时至今日,可靠性已经发展成为由故障分类学、统计学、失效物理学、环境科学和系统工程等学科综合而成的综合性学科,形成了可靠性数学、可靠性物理、可靠性工程3个主要技术领域,其研究对象由最初的硬件可靠性扩展到软件可靠性、人因可靠性等,研究方向从常规可靠性扩展到模糊可靠性、稳健可靠性和灰色可靠性等,研究方法从数理统计扩展到运筹学、模糊数学、图论、计算机学等,形成了各具特色的流派和分支,取得了许多重大的理论成果和实践经验。可靠性在国外已在航空航天、电子、铁路等领域得到广泛应用。我国于20世纪60年代开始开展可靠性研究应用,近年来在载人飞船、高速铁路、供电等方面均有应用。

可用性是将系统可靠性、可维修性、保障性的综合度量特性变换成效能的一个参数,是表征设备完好性的重要指标。可用性分析是设备保障效能评估中的关键环节,通过预防性维护、预测性维护、自动化监控系统、快速故障响应、智能化技术等,企业可以显著提高设备的可用性,降低设备停机时间,从而提高整体生产效率和设备利用率。

设备或系统的可维修性也是一项重要指标,是衡量设备修复维护后返回到正常运行状态的能力。可维修性设计准则(design for serviceability,DFS)的出发点是考虑设备系统的功能和物理结构,根据类似系统的经验和认知,判断哪些项目最有可能发生故障或需要维修(如检查、调整、清洁、备件更换等)。在构建设备结构的过程中,考虑这些项目快速维修和方便维护的位置,以最大限度地提升维修维护的有效性和减少处理时间等。

RAM分析广泛应用于工程学科,以确保系统在其整个生命周期内满足运营要求,目前在军工、半导体、铁路等行业得到了广泛应用。美国国防部、美国机械工程师学会(American Society of Mechanical Engineers,ASME)、国际半导体产业协会(Semiconductor Equipment and Materials International,SEMI)等部门或协会推出了RAM技术标准[2-10]。

RAM分析通常可以解决以下问题:

(1)潜在的故障是什么?

(2)哪些是潜在的关键组件和流程瓶颈?

(3)哪种设备的操作故障风险最高?

(4)设备关键性排序。

(5)添加或移除设备对生产和成本有何影响?预测设备冗余和备用的影响。

(6)不同的工作计划、使用寿命要求或环境条件对系统可靠性和可用性有何影响?分析设备或系统的运行可用性。

(7)明确计划内和计划外维护需求,制定最佳停机策略(间隔和持续时间),制定预期故障模式的缓解策略。

(8)分析各种维护人员工作负荷的影响。

(9)优化设计阶段的可靠性。

1.1.2 可靠性、可用性和可维修性的逻辑关系

从设备或系统的设计角度来看,可靠性、可用性和可维修性是相互影响的,有时改进一

个参数可能会导致其他两个参数发生变化,例如:

(1)在设计阶段,通过结合复杂的容错机制来提高设备固有的可靠性。然而,复杂的设计会相应地增加维护技术人员在日常维护上花费的时间,从而降低其可维修性。

(2)在维护保养阶段,如果制定的维护保养策略过于简单,虽然减少了预防性维护,提升了可维修性,但可能会导致设备的某些部件得不到正确的检查而增加故障概率并降低其可靠性。

因此,必须综合研究设备或系统的可靠性、可用性和可维修性。

1.1.2.1　可靠性和可维修性的关系

设备维修是指为保持、恢复以及提升设备技术状态而进行的技术活动,包括保持设备良好技术状态而进行的维护、设备劣化或发生故障后恢复其功能而进行的修理以及提升设备技术状态而进行的技术活动。设备维修的基本内容有设备维护保养、设备检查检测和设备修理(包括故障修理和主动修理)。设备维修和可靠性属于资产管理的一部分,它们相互之间的关系如图 1.1.1 所示。

(1)资产管理是指采用基于风险管理的方法,将组织的目标转化为与资产相关的决策、计划和活动,代表组织在资产的整个生命周期中为管理资产而采取的所有行动——从计划购买到资产处置。

(2)可靠性是资产管理的一个子集,是指在设备工作条件下最大限度地提高设备可靠性和可用性的策略。

(3)设备维修是可靠性的一个子集,是指维护资产以提高设备可靠性和性能的日常任务。

可靠性与设备维修也相互影响,如图 1.1.2 所示。

图 1.1.1　设备维修、可靠性
与资产管理的关系

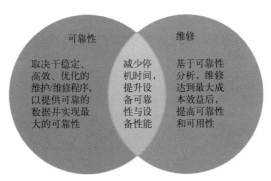

图 1.1.2　设备维修与可靠性相互影响

(1)可靠性取决于稳定、高效和优化的维护程序,这些维护程序能最大限度地实现设备的可靠性,并获取真实的可靠性数据。

(2)设备维修非常注重工作任务,一旦维护达到最大成本效益,就需要基于可靠性进行分析、研究,通过设计和修改设备来提高设备的可靠性和可用性。

以某台泵的维修改造为例,虽然已制定了预防性维护任务,即在运行一定时间后检查泵的密封件,但通过对过去一年维护情况的分析表明,机械密封故障造成的泄漏数量是不可接受的。为此,企业试图通过以下策略来解决该问题:

(1)对原设备制造商制造的机械密封性进行试验;

(2)当密封退化达到预定点时,实施状态监测以发送警报;

(3)优化库存;

(4)开发一种快速更换的装置,以确保在车间更换密封件时可以在对生产造成最小干扰的情况下进行拆卸和更换。

通过这些措施略微提高了设备的可靠性,减少了故障,提高了可用性。然而,这些措施导致了更高的维护成本。可靠性工程师通过分析泵的规格、操作和维护方式得出的结论是,工厂的操作条件可能是泵可靠性低的根本原因,并因此对泵进行了优化设计,将机械式油封改为迷宫式油封,同时还推荐调整了运行工况,以最大限度地减少泵的停止/启动周期。改造后,密封故障减少,平均无故障时间延长,从而降低了维护成本,提高了设备可用性,提高了生产效率。

通过优化设备维修和可靠性之间的关系,并采取统一的资产管理方法,可以提高生产能力,降低维护成本,并最终增加收入。

1.1.2.2 可靠性与可维修性共同决定了可用性

可靠性、可用性和可维修性三者之间有着内在的逻辑关系,可靠性与可维修性共同决定了可用性,如图1.1.3所示。

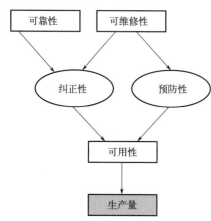

图1.1.3 可靠性、可维修性与
可用性相互关系

可靠性是指在规定的条件下,设备在规定的时间内执行所需功能而不发生故障的概率或可能性。一般来说,可靠性是设备运行无故障可能性的指标。它通常通过可修复设备的平均故障间隔时间(MTBF)和不可修复设备的平均失效前时间(MT-TF)等指标来计算。

可用性一般表示一台设备能够正常工作的概率。例如,假设一台设备需要在下午3时运行,但在上午9时出现故障,因此只要在下午3时前修复,就可以继续运行。可用性是一个独特的参数,它结合了可靠性和可维修性参数,表示资产在给定时间处于可操作状态(未进行维护或维修)的概率。

可维修性是指在规定的时间段内,在规定的环境中对设备进行维修的概率。以装配生产线为例,对于机械臂,需要对它执行维护程序,如对零部件润滑或重新校准,以保持生产线的正常运行。如果未执行这些维护程序,则有可能

4

发生设备故障,并最终导致装配线关闭,影响产量。在制定维护程序时,考虑预防性维护与故障维修,重要的是综合考虑预防性维护与故障维修的时间,使二者都保持在最短的时间内。可维修性分析用于优化所有类型的维护程序。通常通过平均修复时间(MTTR)的指标来表示可维修性。

1.1.2.3 可靠性、可用性、可维修性指标变动关系

从 RAM 分析角度,通过综合考虑设备设施的可靠性、可用性及可维修性 3 个因素,建立系统模型,计算其可用性,为预期的系统设计、系统运行、系统维修提供参考。可靠性、可维修性和可用性三者之间是相互联系和依存的,每个因素的变化都会导致最终的可用性发生变化,三者之间的关系如图 1.1.4 所示。

可靠性(reliability)	可维修性(maintainability)	可用性(availability)
不 变	↑增强	↑增强
不 变	↓下降	↓下降
↑增强	不 变	↑增强
↓下降	不 变	↓下降
↑增强	↑增强	↑↑显著增强
↓下降	↓下降	↓↓显著下降

图 1.1.4 可靠性、可用性、可维修性之间的关系

1.1.3 资产管理过程关于 RAM 分析的要求

国际标准化组织发布了 ISO 55000 资产管理系列国际标准,包括 ISO 55000:2024 *Asset management-Vocabulary, overview and principles*,ISO 55001:2024 *Asset management-Asset management system-Requirements* 及 ISO 55002:2018 *Asset management-Management systems-Guidelines for the application of ISO 55001*。我国对 ISO 55000 系列国际标准进行翻译,推出了中国资产管理系列国家标准,包括 GB/T 33172—2016《资产管理 综述、原则和术语》、GB/T 33173—2016《资产管理 管理体系 要求》、GB/T 33174—2022《资产管理 管理体系 ISO 33173 应用指南》[11-17]。

ISO 55000 资产管理系列国际标准包括 10 个方面的主要内容:范围、规范性引用文件、术语和定义、组织环境、领导力、策划、支持、运行、绩效评价、改进。

设备的选型、购置、安装(含试验)、调试、运行、维护、维修、改造、处置的全生命周期管理过程涉及设备的性能指标、可靠性指标、可维修性指标、可用性指标。ISO 55000 中包括 RAM 分析的相关要求,涉及的内容主要包括:

(1) 资产管理目标;

(2) 实现资产管理目标的策划;

（3）能力；

（4）信息要求；

（5）运行的策划与控制；

（6）监视、测量、分析与评价；

（7）改进。

1.1.3.1 资产管理目标

资产管理目标应是明确的(specific)、可测量的(measurable)、可达成的(attainable)、务实的(relevant)、有时限的(time-bound)(即 SMART 原则)。所采用的测量方式可以是定量的(如平均故障间隔时间)或定性的(如顾客满意度)。GB/T 33174—2022/ISO 55002:2018 中列出了资产管理目标所表述的典型事项,包括但不限于以下 4 个方面:

1）资产管理方面

- 总体拥有成本；
- 净现值；
- 所使用资本的回报；
- 计划实施的绩效；
- 对资产管理体系的认证,或资产管理成熟度评估(通过对标)；
- 顾客满意度得分；
- 社会或声誉调查结果；
- 环境影响,如碳排放成本；
- 服务水平。

2）资产组合方面

- 投资回报(所使用资本的回报或资产回报)。

3）资产系统方面

- 资产系统的可用性；
- 资产系统绩效(如正常运行时间、效率)；
- 产品或服务的单位成本。

4）资产方面

- 可靠性(平均故障间隔时间或平均故障间隔距离)；
- 资产状况、绩效或健康得分；
- 生命周期成本；
- 预期寿命；
- 资产能源绩效。

上述资产管理目标中明确提出了资产的可靠性与可用性。通过开展 RAM 分析,能够提高设备生产能力,降低维护成本,并增加收入,最终体现为生命周期成本、所使用资本的回报等资产管理目标。

1.1.3.2　实现资产管理目标的策划

GB/T 33173—2016 中的要求如下。

（1）组织应将实现资产管理目标的策划纳入其他策划活动中，包括财务、人力资源和其他支持职能等。

（2）组织应建立、形成文件和保持资产管理计划，以实现资产管理目标。资产管理计划应与资产管理方针和战略资产管理计划（structured asset management plan，SAMP）相一致。

（3）组织应确保资产管理计划考虑到资产管理体系以外的相关要求。

（4）在策划如何实现资产管理目标时，组织应确定以下内容并形成文件：

① 决策方法、决策准则及各种活动与资源的优先级，以实现资产管理计划和资产管理目标。

② 在全生命周期内管理资产所采用的过程和方法。

③ 做什么。

④ 所需资源。

⑤ 谁来负责。

⑥ 完成时间。

⑦ 如何评估结果。

⑧ 资产管理计划的适当时间范围。

⑨ 资产管理计划对财务和非财务方面的潜在影响。

⑩ 资产管理计划的评审周期。

⑪ 应对与资产管理有关的风险和基于风险的措施，并应考虑到这些风险与机遇如何随时间而变化，应确保其风险管理方法（包括应急计划）考虑到与资产管理有关的各种风险，这些措施可以通过建立下述过程得以实现：

　a. 识别风险和机遇；

　b. 评估风险和机遇；

　c. 确定资产在实现资产管理目标方面的重要程度；

　d. 对风险和机遇实施进行适当处理和监视。

GB/T 33172—2016 中对资产管理计划的定义为：规定单项资产或一组资产的活动、资源和进度的文件化信息，旨在实现组织的资产管理目标。维护策略的制定属于资产管理计划的一部分，设备维护与可靠性密切相关。

1.1.3.3　能　力

GB/T 33173—2016 要求，确定受其控制的工作人员所需的能力，这些人员从事的工作影响资产绩效、资产管理绩效和资产管理体系绩效。

RAM 分析是基于设备的故障率，设备日常维护工作是确保其可靠性的重要举措，保障工作人员的设备维修维护水平是提升平均故障间隔时间（MTBF）以及平均修复时间（MT-

TR)的重要举措。

1.1.3.4　信息要求

GB/T 33174—2022 要求,组织应确定用于支持资产、资产管理体系以及实现组织目标的信息要求。

企业采用不同类型的软件系统进行资产管理,如 ERP 系统、完整性管理系统等。以 ERP 系统为例,它包括以下主要功能:供应链管理(SCM)、销售与市场、分销、客户服务、财务管理、制造管理、库存管理、工厂与设备维护、人力资源、报表、制造执行系统(MES)、工作流服务和企业信息系统等。此外,还包括金融投资管理、质量管理、运输管理、项目管理、法规与标准和过程控制等补充功能。

信息系统的工单管理、故障管理等模块可实现设备故障数据采集,这些数据可作为设备可靠性分析的依据。

1.1.3.5　运行的策划与控制

GB/T 33173—2016 要求,组织应策划、实施和控制所需的过程以满足要求,并实施标准中 6.1 所确定的措施、6.2 所确定的资产管理目标和实现目标的策划以及 10.1 与 10.2 所确定的纠正措施和预防措施,具体如下:

(1) 为所需过程建立相应的准则;

(2) 按照准则对过程实施控制;

(3) 保存必要的文件化信息,对过程按计划实施提供相应的证明和依据;

(4) 应用标准中 6.2.2 所描述的方法来处理和监视风险。

资产管理的策划、实施和控制与 RAM 中各项指标的关系如图 1.1.5 所示。

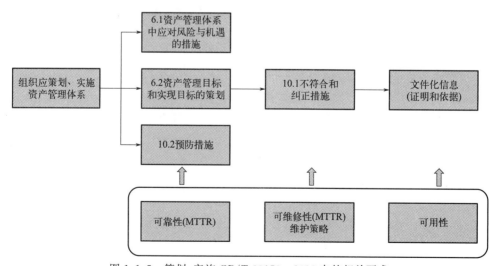

图 1.1.5　策划、实施 GB/T 33173—2016 中的相关要求

1.1.3.6 监视、测量、分析与评价

GB/T 33173—2016 要求,组织应确定:

(1) 需要监视和测量的内容;

(2) 适用时,监视、测量、分析和评价的方法,以确保结果有效;

(3) 何时执行监视和测量;

(4) 何时分析和评价监视及测量结果。

资产管理目标确定的平均故障间隔时间、平均修复时间等指标需要监视、测量、分析与评价,实现 PDCA(即计划、实施、检查、行动)的循环。

1.1.3.7 改 进

GB/T 33173—2016 中,改进包括 3 方面内容:不符合和纠正措施、预防措施、持续改进。

当设备可靠性不满足要求时,通过优化维护策略、设备改造等方式进行纠偏,实现资产管理目标。

1.1.4 RAM 分析在设备全生命周期中的应用

1.1.4.1 设计阶段

资本项目的设计阶段(front end engineering design,FEED)主要基于工程和设计规范开展设计,如工艺能力、负荷、热应力和机械应力。FEED 设计通常包含以下内容:

(1) 工厂所有主要设施的布置图;

(2) 工作范围;

(3) 为详细设计提供依据的设计基础文件(basic of design,BOD);

(4) 环境参数(如海洋、地震、冰等);

(5) 项目场地信息;

(6) 考虑了厂区运行要求的结构设计基准期;

(7) 意外载荷的定义(如与船只碰撞、物体坠落、火灾和爆炸);

(8) 材料类别;

(9) 设计法规、规范和推荐做法;

(10) 腐蚀保护要求;

(11) 工艺流程图(PFD);

(12) 管道及仪表流程图(P&ID);

(13) 设备和材料清单、数据表及规格;

(14) 准备详细的工程设计、预调试和调试工作范围;

(15)准备详细的设计时间表和成本估算。

过去,FEED阶段很少进行生命周期可靠性研究,随着技术的进步与发展,可靠性设计越来越具有强制性,基于RAM研究的国际标准(如 ISO 14224:2016 *Petroleum,petrochemical and natural gas industries—Collection and exchange of reliability and maintenance data for equipment*[18]等),RAM建模研究正逐渐成为FEED阶段可交付成果的标准要求。

RAM分析通常在设计阶段由设计和可靠性工程师组成的团队执行。对于一个典型的资本项目,RAM研究的理想时间是在前端工程设计完成之后,但应在详细工程设计阶段开始之前,即在详细工程设计和施工阶段开始前解决潜在的可靠性设计问题,以满足备用和冗余要求。通常,在后期阶段解决可靠性问题将付出较大的成本。

图1.1.6为推荐的RAM实施阶段,典型的输出文件包括优化的工厂设计、设备树、关键设备清单以及以可靠性为中心的维修(RCM)分析。

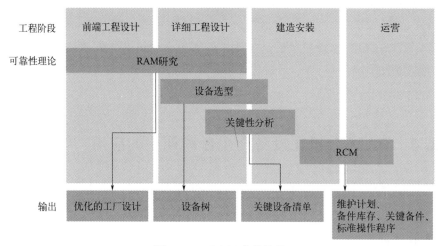

图 1.1.6　RAM实施阶段

(1) RAM研究基于可靠性框图(reliability block diagrams,RBD),根据各部件的概率分布,针对整个系统采用蒙特卡罗方法进行模拟,给出系统可靠性和可用性估计值。RAM研究为每台设备对整个系统可用性和可靠性的贡献提供了统计基础。表1.1.1为典型炼油装置的部分可靠性框图下的模拟结果。

表 1.1.1　典型炼油装置的部分可靠性框图下的模拟结果

平均操作可用性(所有事件)	0.938 7
预期故障次数/次	23.05
首次故障的平均时间(MTTFF)/d	158.3
正常运行时间/d	1 713
减速运行时间/d	90
停机时间/d	22
停机次数/次	16.4
减速事件次数/次	17.6

（2）设备树是指将所有运营资产置于维护管理系统中的资产层次结构。资产层次结构是一个图形视图，显示了基于设备功能、地理位置和重要性的每个资产在整个系统和站点中的相对位置。设备树是非常好的工具，可以对成本、可靠性和停机时间等进行详细分析。

（3）关键性分析是一种根据故障后果和概率对资产进行排序和分类的方法，其结果用于确定资产的总体维护理念，如运行到故障、状态监测、基于时间的预防策略和持续监测。

（4）以可靠性为中心的维修（RCM）是一种结构化的可靠性分析，用于确定每种故障模式、原因和影响的缓解措施。它通常在基本建设项目时间表的后期阶段进行，以制订详细的维护计划，包括预防性维修和预测性维修以及备件库存。通常，RCM 是在 RAM 研究、设备选型和关键性分析完成后执行的。

1.1.4.2　运行阶段

设备运行阶段并非在理想的条件下运行，诸如极端天气/操作条件、设备制造偏差、操作和维护设备的工作人员培训不足以及能力差、备品备件的质量差等因素都会导致设备故障率与设计目标存在偏差。维护和可靠性工程师可以根据设备实际运行状况和性能数据，在资产的整个生命周期中重复进行分析。

如果在设计阶段确定的维护水平在其整个使用寿命内保持不变，则可能导致设备在其生命周期的不同阶段维护过度或不足。维护级别应与资产的需求相匹配。根据浴盆曲线，在设备早期失效期和耗损失效期，由于故障率较高，所以存在因维护或检查水平不足而导致设备无法保持最佳运行状态的情况。换言之，从设备安装到处理，维护水平不能保持不变。理想情况下，应该在设备管理软件中记录资产运行状况的信息，并使用这些数据来确定资产的实际故障率。实际维护水平可以根据实际故障率进行调整，同时考虑可靠性、可维修性和可用性之间的期望值。

通常，各行业针对关键设备都采用先进的状态监测系统，以提供有关设备的运行状态数据，如图 1.1.7 所示。从某种意义上说，采用状态监测系统提高了可维修性，即无须将设备

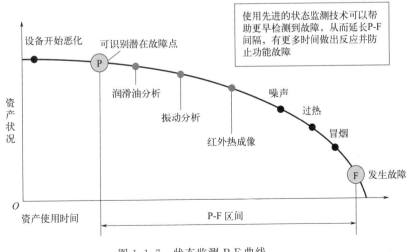

图 1.1.7　状态监测 P-F 曲线

从生产线上分离出来,即可目视检查特定零件。同样,由于不必要的停机时间减少,且只有当设备在 P-F 间隔内接近其潜在故障点时才会发生停机,因此可用性也得到了提高。系统工程师还可以使用状态监测技术提供的数据,通过优化设计来提高设备的可靠性。一般来说,在资产生命周期的各个阶段均可通过持续改进来提高可靠性、可用性和可维修性。

1.1.5　RAM 分析的价值

RAM 分析具有以下价值:

（1）系统运行可靠,最低运行维护成本下实现最大的收益。

通过 RAM 分析可实现可靠性设计,同时可权衡全生命周期成本。设计阶段通常会对多种设计方案进行比选,每种方案本质上都是一种成本与可靠性的权衡。一个具有备用设备的冗余系统运行更为稳健,虽然前期资金投入较高,但在生命周期成本、运营停机成本等方面具有优势。RAM 分析是 FEED 阶段的一项重要成果,其结果可用于做出业务决策,以选择最佳设计方案,估计维护人员配置决策,并正确估计长期系统可用性和可靠性。根据每个设计方案的资本支出（CAPEX）,项目管理团队能够基于成本与可靠性的权衡进行决策分析。

（2）RAM 是先进的技术方法,可定量评估系统的可靠性、可用性、可维修性。

RAM 建模不同于传统的过程建模、仿真建模,它包括分析资产的各种故障模式相互作用,并侧重于使用蒙特卡罗模拟来识别操作可用性,本质上是统计试验方法,基于故障的概率分布形式,根据设备故障率、设备恢复时间、操作环境、备件可用性或随机事件等,预测系统正常运行时间、停机时间和减速运行时间,给出定量计算结果。

（3）运营管理者可更好地对设备开展基于风险的管理。

RAM 分析通常被视为资本项目的全面风险分析,对运营和可靠性风险维度进行建模。它是开发供应链优化（过程可靠性建模）周转的强大工具,也是将可靠性概念设计纳入基本建设项目设计的优秀工具。

RAM 是一种优秀的定量分析工具,可以为项目团队提供设备可靠性重要度排序,确保对那些具有最高可靠性、重要性的部件进行足够的冗余、备用和优化设计。

为了在资本项目中开发高可靠性系统,还可采用以可靠性为中心的维护（RCM）、故障模式及影响分析（FMEA）、关键性分析、资产层次结构或应力寿命估计等技术方法,RAM 分析能够有效整合各项技术方法,给出定量的系统可靠性、可用性、可维修性数据。

1.2　RAM 技术标准

不同组织与行业发布了 RAM 标准,有些是通用的,有些是针对不同领域的,如军工、铁路运输、电厂、半导体等。RAM 标准主要包括:

（1）IEC 62278：2002 *Railway applications-Specification and demonstration of reliability，availability，maintainability and safety（RAMS）*；

（2）IEC TR 62278-3：2010 *Railway applications-Specification and demonstration of reliability，availability，maintainability and safety（RAMS）-Part 3：Guide to the application of IEC 62278 for rolling stock RAM*；

（3）*DOD guide for achieving reliability，availability，and maintainability*；

（4）ASME RAM-1：2020 *Reliability，availability，and maintainability of equipment and systems in power plants*；

（5）ASME RAM-2：2016 *Reliability，availability and maintainability program development process for existing power plants*。

1.2.1　IEC 62278 与 IEC TR 62278-3

国际电工委员会（International Electrotechnical Commission，IEC）关于 RAM 发布了如下标准：

（1）IEC 62278：2002 *Railway applications-Specification and demonstration of reliability，availability，maintainability and safety（RAMS）*；

（2）IEC TR 62278-3：2010 *Railway applications-Specification and demonstration of reliability，availability，maintainability and safety（RAMS）-Part 3：Guide to the application of IEC 62278 for rolling stock RAM*。

我国根据 IEC 62278：2002 以及 IEC TR 62278-3：2010 发布了如下标准：

（1）GB/T 21562—2008《轨道交通　可靠性、可用性、可维修性和安全性规范及示例》；

（2）GB/T 21562.3—2015《轨道交通　可靠性、可用性、可维修性和安全性规范及示例第 3 部分：机车车辆 RAM 的应用指南》。

1.2.1.1　IEC 62278：2002 与 GB/T 21562—2008

本标准为轨道交通主管部门及其支承工业提供了一个流程，它使相应方法的实施达到对可靠性、可用性、可维修性和安全性（RAMS）的管理。本标准以 RAMS 要求规范的流程及示例为基础，目的是促进共识和对 RAMS 的管理。

轨道交通各要素（可靠性、可用性、可维修性和安全性）的相互关系如图 1.2.1 所示。

可用性的技术概念以下述内容为基础：

1）可靠性

（1）规定应用及环境下所有可能的系统失效模式；

（2）每个失效发生的概率；

（3）失效对系统功能的影响。

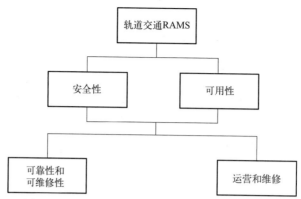

图 1.2.1　轨道交通 RAMS 各要素之间的相互关系

2）可维修性

（1）执行计划维修的时间；

（2）故障检测、识别及定位的时间；

（3）失效系统的修复时间（计划之外的维修）。

3）运营和维修

（1）系统生命周期内全部可能的工作模式和必要维修；

（2）人为因素问题。

系统生命周期各阶段的主要工作见表 1.2.1。

表 1.2.1　系统生命周期各阶段的相关工作

生命周期阶段	一般工作	RAM 工作	安全性工作
1. 概念	① 确定轨道交通项目的用途和范围； ② 定义轨道交通项目概念，进行财务分析和可行性研究； ③ 设立管理机构	① 回顾先前达到的 RAM 业绩； ② 考虑项目的 RAM 蕴含	① 回顾先前达到的安全业绩； ② 考虑项目的安全蕴含； ③ 回顾安全规章和安全目标
2. 系统定义和应用条件	① 确定系统任务概要； ② 拟定系统描述； ③ 确定运营和维修策略； ④ 确定运营环境； ⑤ 确定维修环境； ⑥ 验证现有基础设施约束的影响	① 评价 RAM 过去的经验数据； ② 进行初步 RAM 分析，制定 RAM 方针； ③ 确定长期运营和维修环境； ④ 确定现有基础设施约束对 RAM 的影响	① 评价安全性过去的经验数据； ② 进行初步危害分析； ③ 建立（整个的）安全计划，定义风险容许准则； ④ 确定现有基础设施约束对安全性的影响
3. 风险分析	开展项目相关的风险分析		① 完成系统危害性和安全性风险分析； ② 建立危害记录，完成风险评估
4. 系统需求	① 开展需求分析； ② 指定系统（所有的要求），指定环境； ③ 定义系统论证和验收准则（所有的要求）； ④ 建立确认计划； ⑤ 确定管理、质量和组织需求； ⑥ 实施变更控制程序	① 规定（全面的）系统 RAM 要求； ② 规定（全面的）RAM 验收准则； ③ 规定系统功能结构； ④ 建立 RAM 规划； ⑤ 建立 RAM 管理	① 指定（全面的）系统安全要求； ② 定义（全面的）安全验收准则； ③ 定义安全相关的功能需求； ④ 建立安全管理

续表

生命周期阶段	一般工作	RAM 工作	安全性工作
5. 系统需求分配	系统需求分配： ① 明确子系统和部件要求； ② 规定子系统和部件验收准则	系统 RAM 要求分配： ① 指定子系统或部件 RAM 要求； ② 规定子系统或部件 RAM 验收准则	系统安全目标和要求分配： ① 指定子系统或部件安全要求； ② 规定子系统和部件安全验收准则； ③ 修改系统安全计划
6. 设计和实现	① 计划编制； ② 设计和开发； ③ 设计分析和测试； ④ 设计验证； ⑤ 实施和确认； ⑥ 进行后勤保障资源设计	通过复核、分析、测试和数据评估来实施 RAM 规划，包括： ① 可靠性和可用性； ② 维修和可维修性； ③ 最佳维修策略； ④ 后勤保障。 开展程序控制，包括： ① RAM 规划管理； ② 分包商和供应商的控制	通过复核、分析、测试和数据评估来实施安全计划，涉及： ① 危害记录； ② 危害分析和风险评估。 论证安全相关的设计决策，开展计划控制，包括： ① 安全管理； ② 分包商和供应商的控制。 准备一般安全论据。 准备（如合适）一般应用安全论据
7. 制造	① 编制生产计划； ② 制造； ③ 制造和测试零部件； ④ 准备文件； ⑤ 建立培训方案	① 完成环境应力筛选； ② 进行 RAM 改进测试； ③ 着手运行失效报告分析和纠正措施系统	① 通过复核、分析、测试和数据评审来实施安全计划； ② 使用危害记录
8. 安装	① 组装系统； ② 安装系统	① 开展维修人员培训； ② 建立备件和工具供应方案	① 确定安装程序； ② 实施安装程序
9. 系统确认（包括安全验收和调试）	① 调试； ② 进行运营前的试运行； ③ 进行培训	完成 RAM 论证	① 建立调试程序； ② 实施调试程序； ③ 准备应用特定的安全论据
10. 系统验收	① 以验收准则为基础施验收程序； ② 汇集验收证据； ③ 投入运行； ④ 继续试运行工作（如果适合）	评估 RAM 论证	评估应用特定的安全论据
11. 运营和维修	① 长期系统运营； ② 进行计划内维修； ③ 执行计划内培训方案	① 备件和工具的计划内采购； ② 进行计划内以可靠性为中心的维修后勤保障	① 进行计划内以安全为中心的维修； ② 进行计划内的安全性能监控和危害记录维护
12. 性能监控	① 收集运营性能统计； ② 获取、分析和评审数据	收集、分析、评估及 RAM 统计	收集、分析、评估及安全统计
13. 修改与更新	① 实施修改请求程序； ② 实施修改与更新程序	考虑修改与更新 RAM 蕴含	考虑修改与更新安全蕴含
14. 停用及处置	① 编制停用和报废处置计划； ② 执行停用； ③ 进行处置	无 RAM 工作	① 建立安全计划； ② 进行危害分析和风险评估； ③ 实施安全计划

1.2.1.2　IEC/TR 62278-3：2010 与 GB/T 21562.3—2015

机车车辆的 RAMS 特性（即长期工作运行性能）是整体性能的重要组成部分。机车车辆采购时，在用户、运营者和主要供应商之间的合同条款中考虑了一些 RAMS 问题。目前，机车车辆的合同更加关注运行失效对最终用户的影响、RAMS的经济和风险的考虑(即商业远景)。

生命周期费用可用于衡量客户需求满意度,并且这一指标有助于体现RAMS的商业价值。从经济上考虑,生命周期费用方法体现了业主的综合成本。RAMS要求对机车车辆生命周期费用的贡献是可评价的。

从招标到运行、维护阶段,主要说明采购工程设计和维护方面的工作和问题。应用本部分有助于建立通用方法来获得机车车辆与时间有关的、不同的性能要求。

该标准对初步RAM分析、RAM要求、选择RAM指标过程、RAM规划提出了明确要求,下面重点介绍RAM要求和RAM规划。

1) RAM要求

(1) 可靠性指标。

对重大(停车)失效、重要(运行)失效和次要失效的可靠性指标要求(MTBF,平均故障间隔时间,即每百万小时失效率或每百万公里失效率)提供指导。

对每个失效种类,用户宜规定下列可靠性指标:

① 最大可接受的失效率;

② 最小可接受的MTBF/MTTF(平均失效前时间)/MDBF(平均失效间隔时间)。

(2) 可维修性指标。

对机车车辆及所属的子系统、组件和部件(按规定的边界限制划分),有不同类型的可维修性指标:

① 一般的定性要求,如可接近性、可拆卸性、可移动性、可操作性、可安装性、重复连接性和标准化等;

② 预防性维修要求(定性的或定量的),如频度、每频次相关的最大人工数、每频次相关的最大小时数等;

③ 修复性维修要求(定性的或定量的),如平均修复时间(MTTR)、修复时间(TTR)最大值等;

④ 后勤保障要求,如补给和管理的延误、备件可用性等;

⑤ 维修费用要求。

(3) 可用性指标。

可用性要求见表1.2.2。

表 1.2.2　可用性要求

定　义	量　纲	公　式
A_i 为固有可用度	无	$A_i = \dfrac{MTBF}{MTBF + MTTR}$
A_a 为可达可用度(技术上的)	无	$A_a = \dfrac{MTBM}{MTBM + MTTM_a}$
A_o 为使用可用度(后勤)	无	$A_o = \dfrac{MTBM}{MTBM + MTTM_o}$

续表

定　　义	量　　纲	公　　式
FA 为车队可用度	无	$FA = \dfrac{F_{op}}{F_{tot}} = \dfrac{F_{tot} - F_m}{F_{tot}}$
SA 为准时率	无	$SA = \dfrac{F_s}{F_{tot\_s}} = \dfrac{F_{tot\_s} - F_{ns}}{F_{tot\_s}}$

注：表中，$MTBM$ 为平均维修（预防性和修复性）间隔时间；$MTTM_a$ 为机车车辆预防性和修复性维修所必需的平均维修时间；$MTTM_c$ 为包括后勤管理延误在内的机车车辆预防性和修复性维修所必需的平均维修时间；F_{op} 为可用于运行的机车车辆数量；F_{tot} 为车队的机车车辆总数；F_m 为因修复性和预防性维修而停用的机车车辆数；F_s 为依照时间计划表营运的里程数；F_{tot-s} 为计划的总里程数；F_{ns} 为由于机车车辆原因而不能按照时间计划表运行的里程数。

2）RAM 规划

RAM 规划是系统生命周期中待执行活动的集合，以保证在机车车辆每个发展阶段实现上述 RAM 要求。

在整个生命周期内，主要供应商和用户宜建立和维护一个有效率的 RAM 规划，覆盖机车车辆在整个生命周期内的运行，包括 RAM 变更。

在 RAM 规划里面，每个相关的实体宜在各职责范围内定义和计划每个阶段的活动。

在整个生命周期内，通过周期性复核来确保 RAM 规划工作的管理与日常及技术工作的管理相结合。复核应通过合适的 RAM 分析提供工作的基本信息、可视信息，保证 RAM 要求的有效性。

典型的 RAM 规划概要结构示例如下：

1 简介

　　1.1 目的

　　1.2 范围

　　1.3 参考文件

　　1.4 定义及缩略语

2 系统的描述

　　2.1 一般描述

　　2.2 系统分解

3 RAM 合同的要求

　　3.1 定性要求

　　　• 可靠性要求

　　　• 维修性要求

　　　• 可用性要求

　　3.2 定量要求

　　　• 可靠性要求

　　　• 可维修性要求

　　　• 可用性要求

4 RAM 管理

　　4.1 RAM 的实现

4.2 RAM 分析和质量计划间交互作用的管理

4.3 配置管理流程

4.4 组织及职责

4.5 RAM 主要活动

- 系统生命周期阶段
- 在生命周期期间 RAM 的活动
- RAM 文档

5 RAM 规划计划

5.1 分析的假定及范围

5.2 使用的方法及工具

5.3 RAM 的详细活动、分析及文档

- 周期性的 RAM 规划复核
- 系统条件和任务概要
- 可靠性模型、预计和分配
- 失效模式、影响及危害性分析（FMECA）和可靠性框图
- 故障树分析
- 软件可靠性分析
- 修复性维修分析
- 预防性维修分析
- 故障隔离和问题解析活动计划
- 可靠性发展/增长试验的大纲
- 可维修性初步试验
- 可靠性验证试验
- 可维修性验证试验
- 从现场收集失效数据

5.4 RAM 关键产品追踪

6 RAM 可交付的文件和进度表

6.1 RAM 可交付性文件清单

6.2 RAM 分析的进度表

6.3 周期性 RAM 活动报告

1.2.2　SEMI E10-0304

国际半导体产业协会（Semiconductor Equipment and Materials International，SEMI）是全球性的产业协会，致力于促进微电子、平面显示器及太阳能光电等产业供应链的整体发展。SEMI 于 2004 年发布了 SEMI E10-0304[E]：*Specification for definition and measurement of equipment reliability，availability，and maintainability（RAM）*。

我国根据 SEMI E10-0304[E] 发布了 GB/T 24468—2009《半导体设备可靠性、可用性和维修性(RAM)的定义和测量规范》。

GB/T 24468—2009 通过提供半导体制造设备(以下简称设备)在制造环境下的可靠性、可用性和维修性(以下简称 RAM)性能的测量标准,为这种设备的用户和设备供应商建立一个共同交流的基础。

本标准定义了设备的 6 种基本状态,所有的设备条件和阶段都必须归入这 6 种状态。设备的状态由功能决定,而不管是由谁来执行此功能。标准中所涉及的设备可靠性的测量主要集中在设备失效和设备使用的关系上,而不是设备失效和设备经历的(日历)总时间的关系上。

本标准定义了设备的时间是如何分类的,确定了测量设备性能的公式,给出了用统计学对计算出的性能量值进行评估的方法。

本标准要求设备的 RAM 性能可以通过设备的运行时间和周期进行跟踪。

1.2.3　DOD Guide for Achieving RAM

美国国防部(DOD)的主要目标是以公平、合理的价格及时获得满足用户需求的高质量产品(系统),并对任务能力和作战支持进行可衡量的改进。

DOD 于 2005 年 8 月发布了 *DOD guide for achieving reliability, availability, and maintainability*(以下简称指南)。该指南将可靠性、可用性和可维修性(RAM)作为任务能力的基本要素,它侧重于可以做哪些工作来达到令人满意的 RAM 水平,确保在运行测试和评估过程中能成功地进行验证,并在生命周期中保持。作战和采办专业人员将本指南作为参考,以支持其管理和技术工作。

该指南重点介绍了构建具有所需 RAM 水平的系统的 4 个关键步骤:
(1) 了解并记录用户需求和约束条件;
(2) 进行基于 RAM 的优化设计;
(3) 生产可靠且可维护的系统;
(4) 监控现场并维持 RAM 性能。

1.2.3.1　了解并记录用户需求和约束条件

该步骤的首要任务是充分了解客户(包括购买者、用户、客户、制造商、安装人员、测试人员、维护人员、执行经理和项目经理)的需求和期望。用户需求应包括战时及和平时期的使用率、使用环境、非操作持续时间和条件、维护和供应系统的操作限制以及后勤区域。

了解并记录用户需求和约束条件的主要目标是确定系统或能力需求。需求可以定义为在给定的一组条件下确定达到特定目标所需的性能水平的特征,以及文件或合同中的约束性声明。需求有 3 个基本类型,即功能、性能和约束。其中,功能需求确定必须完成的必要任务、行动或活动,性能要求描述系统或能力在预期条件下必须执行功能的程度,约束要求受制于通过立法、法律、政治、政策、程序、道德、技术或接口条件对系统或能力施加的限制。

根据用户需求和约束条件,确定可靠性指标、可维修性指标和可用性指标。

1）可靠性指标

可靠性是指在规定的条件下,一个项目能够在指定的时间内无故障地执行其预期功能的概率,是衡量一个项目在其操作环境中被使用时能否正常工作的指标。可靠性是环境及系统承受压力的函数。使用条件包括但不限于操作环境(如温度、季节、操作时间、灰尘、振动、声学环境、地理位置)、规定的维护和设计范围内的操作。如果用户始终在设计范围外操作系统(如高于设计速度),通常会造成可靠性问题。表 1.2.3 列出了几种常用的可靠性指标。

表 1.2.3　可靠性指标

参数名称	描　述
故障率（λ）	在规定的条件下,在特定的测量间隔内,设备发生故障的总数除以总时间
平均故障间隔时间（MTBF）	可修复产品可靠性的一种基本参数,其度量方法为:在规定的条件下和规定的时间内,产品的寿命单位总数与故障总数之比
平均维修间隔时间（MTBM）	可修复产品可靠性的一种基本参数,它是所有系统维修操作之间的平均时间。 另一种定义:将系统恢复到完全运行状态所需的维护操作之间的时间(如运行小时、飞行小时),包括确认不存在故障(无缺陷维护操作)。 此参数可提供需要维修的频率,并可补充项目维护的工时参数,还可用于识别计划外维修和计划内维修
平均失效前时间（MTTF）	不可修复产品可靠性的一种基本参数,即在规定条件下特定测量期间的平均无故障运行时间

2）可维修性指标

可维修性使用了许多不同的参数,包括定量测量,如平均修复时间（MTTR）、最大修复时间（M_{max}）和维护比率（MR）。表 1.2.4 列出了一些主要与时间有关的定量测量指标。可维修性也是发现故障的一个功能参数,因此诊断很重要,并以内置测试有效性、故障检测、隔离和误报率等指标来表征。可维修性还涉及维护的经济性和易维护性。嵌入式诊断仪器和预测的水平和准确性可以提高系统的可维修性。

表 1.2.4　可维修性指标

参数名称	描　述
平均修复时间（MTTR）	描述产品由故障状态转为工作状态时修复时间的平均值
最大修复时间（M_{max}）	低于该维护时间,可以预期完成所有纠正性维护操作的指定百分比。必须在给定的百分位点进行说明,通常为 90 或 95 分位。它主要与对数正态分布有关
平均预防性维护时间（$\overline{M}_{pt}$）	表示系统的单个预防性维护操作(定期检查、校准、计划更换等)的维护周期的算术平均值
维护比率（MR）	在给定时期内维修累积工时数除以同一时期内的累积寿命
误报警之间的平均工作小时数（MOHBFA）	在无法确认故障的情况下,指示(检测到)故障之间的平均时间(即运行小时、飞行小时),例如误报

3）可用性指标

决定可用性的基本要素可分为 3 类:故障、维护和资源。

当只考虑设计对可用性的影响时,衡量标准为固有可用性 A_i;当考虑设计和支持系统对可用性的影响时,衡量标准为操作可用性 A_o,见表 1.2.5。

表 1.2.5　可用性参数

指　标	公　式	因　素
固有可用性 (A_i)	$A_i = \dfrac{MTBF}{MTBF + MTTR}$	① 诊断时间(检测和隔离故障的时间); ② 修复时间(原位修复或移除和更换故障项目); ③ 验证修复所需的时间(如功能检查)
操作可用性 (A_o)	$A_o = \dfrac{MTBM}{MTBM + MDT}$	$MTBM$ 包括所有维修行动,如修复设计/制造故障和维护引起的故障,执行预防性维护和其他行动(如移除项目以便于其他维护)。 MDT 为平均停机时间,包括: ① 前期维修准备时间(连接安全装置,外部电力、空调、辅助设备等); ② 维修说明咨询时间; ③ 执行维护时间; ④ 等待部件、人员或设备的维护行动时间; ⑤ 诊断时间(检测和隔离故障的时间); ⑥ 修复时间(现场修复或移除和更换故障项目); ⑦ 需要验证维修时间(如功能检查); ⑧ 由于行政和其他物流延误的时间

1.2.3.2　进行基于 RAM 的优化设计

实现高可靠性设计是优化设计的过程,在该过程中应识别并消除相关的故障模式。系统的可靠性源于它对故障的抵抗力,因此在设计和开发阶段,有效的设计可以消除现场可能遇到的系统故障模式;系统的可维修性源于易于维护;系统的可用性是实际可靠性和可维修性(R&M)性能的结果,通过高可靠性和可维修性以及足够的后勤支持(包括维护人员、备件、所需的测试设备等)可实现高水平的系统可用性。

基于 RAM 的一般设计准则为:

(1) 简化设计;

(2) 通过消除故障模式改进设计;

(3) 冗余设计;

(4) 容错设计;

(5) 将项目设计为故障安全;

(6) 降低部件或元件的额定功率(即将电子设备上的电、热和机械应力限制在低于其规定额定值的水平);

(7) 通过故障诊断/状态监测提供故障预警;

(8) 使用标准零件,减少零件和组件的变化;

(9) 采用模块化设计方法;

(10) 采用成熟的设计技术;

(11) 采用改进的技术和更好的材料;

(12) 做出适当的性能权衡(如在满足系统能力的情况下,通过降低性能来换取更长的

寿命);

(13)通过试验最大限度地减少误报(阈值、定时等)。

在设计开发阶段使用多种技术保证系统的 RAM 性能,这些技术包括:① 制定维修策略;② RAM 评估;③ 可靠性和可用性建模;④ 模拟(马尔可夫分析);⑤ 数据收集、分析和纠正措施;⑥ 数据管理技术;⑦ 失效模式与影响分析;⑧ 故障树分析;⑨ 鱼骨图;⑩ 标杆分析法;⑪ RAM 预测模型;⑫ 故障物理学;⑬ 可靠性增长试验;⑭ 加速试验;⑮ 寿命数据分析;⑯ 组件测试;⑰ 可修复系统分析;⑱ 以可靠性为中心的维修;⑲ 基于状态的设备维护;⑳ 可维修性论证和评估;㉑ 贝叶斯分析;㉒ 可靠性鉴定试验和验收试验;㉓ 环境应力筛选/高加速应力筛选。

1)制定维修策略

制定产品或系统的维修策略,明确 4H:

(1)Who,即谁来进行维修;

(2)Where,即维修地点,如现场、生产商工厂或第三方场地;

(3)What,即应该需要哪些工具或技能;

(4)When,即什么时候进行维修,即预防性维护(PM);

(5)How,即如何维修。

2)RAM 评估

RAM 评估是一个连续过程,用于确定系统在任意时间点的 RAM 水平,该过程包括初始要求、设计 & 开发、生产制造、操作使用,如图 1.2.2 所示。RAM 评估包括:

(1)数据梳理。数据梳理的流程为探索性数据分析、图形分析、拟合优度分析、方差分析、回归分析、量化统计差异。

(2)设计评审。设计评审与系统工程过程一致,RAM 性能应包含在项目的标准设计评审过程中。在系统开发的关键点上,外部权威机构会对开发方法、结果和项目进行审查。许多项目的经验表明,这种独立的审查过程确实有效,分析和设计的结果质量都得到了提高。

(3)建模与仿真。RAM 模型清晰地展示了功能之间的相互依赖性,并为开发定量 RAM 评估提供了框架,以指导设计权衡过程。目前最流行的模拟技术是蒙特卡罗模拟,使用从指定的概率分布中选择的 RAM 参数值来重复评估被分析系统的性能。

3)可靠性和可用性建模

采用可靠性框图进行分析,可靠性框图包括串联系统、并联系统及 k-of-n 系统(系统有 n 个元件或子系统 ,当其中 k 个元件或子系统正常工作时,整个系统就能正常工作,元件故障以后还能修复)。

4)模拟(马尔可夫分析)

蒙特卡罗仿真技术通常与可靠性建模相结合,以评估或考虑各种系统的可靠性、可用性和可维修性。

马尔可夫分析是一种用于处理和分析随机变量的方法和理论,特别是在预测未来变化方面的应用非常广泛。马尔可夫模型经常用于 RAM 分析,其中事件(如模块的故障或修复)可以在任何时间点发生。目前关于马尔可夫技术的国际标准为:IEC 61165:2006 Ap-

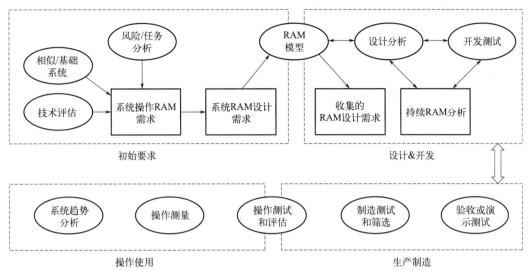

图 1.2.2 贯穿系统设计、开发、制造和使用的 RAM 评估过程

plication of Markov techniques 与 IEC 61508:2000 *Functional safety of electrical/electronic/programmable electronic safety-related systems*。

马尔可夫链蒙特卡罗方法(MCMC)是构造一条马尔可夫链,使其平稳分布为待估参数的后验分布。通过这条马尔可夫链产生后验分布的样本,并基于这些样本进行蒙特卡罗积分。

5)数据收集、分析和纠正措施

数据收集、分析和纠正措施(data collection, analysis and corrective action system, DCACAS)的主要目标是提供并记录 RAM 评估过程所需的部分数据。数据收集、分析和纠正措施执行过程如图 1.2.3 所示。

6)数据管理技术

系统可靠性必须基于大量不同类型的数据进行计算,在信息集成技术(information integration technology, IIT)下,数据管理技术的重点是改进可靠性模型,即将部件性能数据与系统测试结果相结合,根据所有可用的协变量、部件、测试和专家经验等信息,计算系统的可靠性。

信息集成技术步骤如图 1.2.4 所示。

7)失效模式与影响分析

失效模式与影响分析即潜在失效模式及后果分析(failure mode and effects analysis,简称 FMEA)。FMEA 是在产品设计阶段和过程设计阶段,对构成产品的子系统、零件及构成过程的各个工序逐一进行分析,找出所有潜在的失效模式,并分析其可能的后果,从而预先采取必要的措施,以提高产品的质量和可靠性的一种系统化的活动。FMEA 的相关标准如下:

(1)SAE J1739:1994 *Potential failure modes and effects analysis in design(Design FMEA)and potential failure modes and effects analysis in manufacturing and assembly processes(Process FMEA)reference manual*;

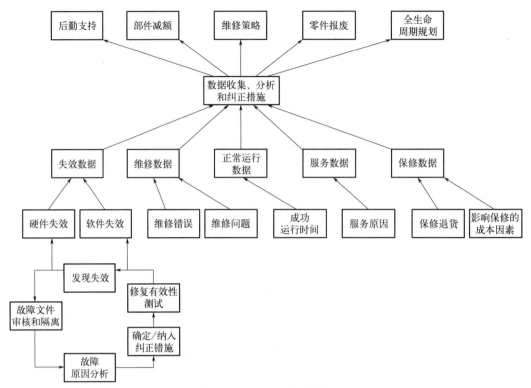

图 1.2.3 DCACAS 流程

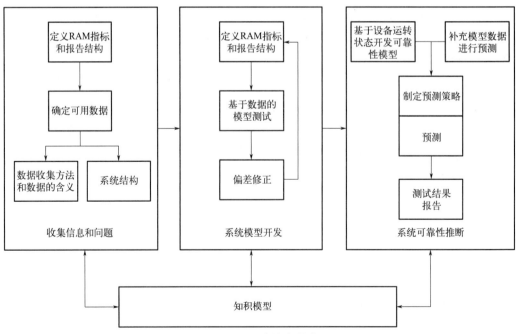

图 1.2.4 IIT 实施步骤流程

（2）FMEA-3：2001 *Potential failure mode and effects analysis*（*FMEA Third Edition*）；

（3）SAE ARP 5580：2014 *Recommended failure modes and effects analysis*（*FMEA*）*practices for non-automobile applications*；

（4）IEC 60812：2018 *Failure modes and effects analysis*（*FMEA and FMECA*）。

8）故障树分析

故障树分析（fault tree analysis，FTA）是由上到下的演绎式失效分析法，利用布尔逻辑组合低阶事件，分析系统中不希望出现的状态。"不想要事件"构成故障树图中的顶部事件，一般表示产品的完全或灾难性故障。FTA 侧重于所有可能的系统故障的选择子集，特别是那些可能导致灾难性顶部事件的故障。FTA 和 FMEA 相反，FMEA 是归纳推理，以由下到上的方式分析设备或子系统的单一元件失效或机能失效的影响。故障树分析的结果可以定性或定量地表示。

（1）故障树定性分析包括 3 方面的内容：

① 查明造成系统故障或事故的全部初始原因，以便针对初始原因采取改进措施；

② 找出最容易引起系统故障或事故发生的初始原因集合；

③ 考察哪些初始原因对系统故障或事故发生影响更大。

（2）故障树定量分析可根据各基本事件发生的概率求解顶事件发生的概率，从而为概率危险性评价提供依据。

9）鱼骨图

鱼骨图可以用来假设导致问题状况的因素，如产品的缺陷，或者确定对预期结果至关重要的因素，如销售额的增加。鱼骨图是通过列出主要因素并将其细分到有用的程度来创建的，即主要问题显示在水平线上，可能的原因显示为分支，而分支又有子原因，由子分支表示，以此类推，如图 1.2.5 所示。一旦确定了因素，就可以使用其他方法，如使用统计设计的实验来确定最重要的因素。

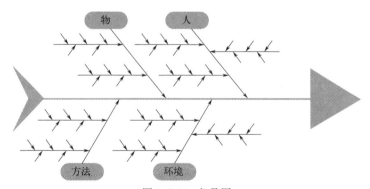

图 1.2.5　鱼骨图

10）标杆分析法

标杆分析法是将本企业各项活动与从事该项活动最佳者进行比较，从而提出行动方法，以弥补自身的不足。以下类型的基准测试被广泛使用。

（1）竞争性或战略性：以竞争对手为模型。

(2) 内部:以公司内部的运营单位或职能为模型。

(3) 功能性:以使用该特定功能的最佳公司(无论该公司在哪个行业)为模型,无论该公司在哪个行业。

(4) 规范性法规:从一组公司收集有关产品、服务或流程的数据,并提供统计数据。

标杆分析法起源于 Xerox 公司,当 Xerox 公司引入基准测试时,它开发了以下流程:

(1) 确定要以什么为基准;

(2) 确定比较公司;

(3) 确定数据收集方法并收集数据;

(4) 确定当前的性能级别;

(5) 预测未来的性能水平;

(6) 交流基准调查结果并获得认可;

(7) 建立功能目标;

(8) 制订行动计划;

(9) 实施行动计划并监督进展;

(10) 重新校准测量值。

11) RAM 预测模型

可靠性和可维修性预测是指在项目开发、建造之前,对系统特性和使用环境进行分析,以估计系统的可靠性和可维修性的预测方法。可用性预测将根据这些输入和相关支持信息进行建模。可靠性预测来源于多个方面:

(1) 基于类似设备的测试或现场数据。

(2) 工程分析、失效机制建模和/或加速寿命测试。

(3) 基于可比设备和技术的已知可靠性水平的相关知识。

(4) 技术手册,如:

① MIL-HDBK-217 *Reliability prediction of electronic equipment*;

② TR-TSY-000332 *Reliability prediction procedure for electronic equipment*。

12) 故障物理学

故障物理学是追寻部件或零件故障的起因,即追寻故障机理工作的总称。为了查明故障机理,要进行故障分析、调查现象、建立故障发生过程的模型等工作,然后确定防止故障和劣化的方法。

故障物理学的主要内容包括:

(1) 观测各种失效现象及其表现形式(失效模式)与促使失效产生的诱因(应力,包括工作应力、环境应力和时间应力)之间的关系和规律;

(2) 探讨、阐明与电子元件和材料失效有关的内部物理、化学过程(失效机理);

(3) 在查清失效机理的基础上,为排除和避免失效、提高电子产品的可靠性而提出相应的对策。

13) 可靠性增长试验

可靠性增长试验是通过对产品施加真实的或模拟的综合环境应力,暴露产品的潜在缺陷并采取纠正措施,使产品的可靠性达到预定要求的一种试验。它是一个有计划的试验—分析—改进的过程,其目的在于对暴露出的问题采取有效的纠正措施,从而达到预定的可靠性增长目标。

可靠性增长试验的相关标准包括:

(1) MIL-HDBK-189 *Reliability Growth Management*;

(2) MIL-HDBK-781D *Reliability test methods, plans and environments for engineering development*;

(3) IEC 61014 *Programmes for reliability growth*。

14) 加速试验

加速试验是指在保证不改变产品失效机理的前提下,通过强化试验条件,使受试产品加速失效,以便在较短时间内获得必要信息,评估产品在正常条件下的可靠性或寿命指标。通过加速试验可迅速查明产品的失效原因,快速评定产品的可靠性指标。

15) 寿命数据分析

这里所说的寿命和生存期的含义都是广义的。对不可修复的产品(如电子管),寿命是指它从开始工作起至丧失其规定功能(称为失效)为止的工作时间;而对可修复的产品(如计算机),寿命是指它两次相邻故障间的工作时间。

寿命数据分析的目标是确定所描述产品的寿命分布,如正态分布、指数分布、威布尔分布、对数正态分布等。将收集的测试数据按一定分布模型拟合出概率密度函数分布,进一步求出可靠性和累积失效概率。

16) 组件测试

系统中所选组件的开发水平可能会影响测试计划的开发。组件测试是开发过程的重要组成部分,组件在各种条件下进行测试,以确保在各种条件下实现令人满意的性能,确保当组件集成到更大的系统中时能满足性能要求。

组件测试用以确定组件设计限制、行为特征和失效模式,它包括时间或寿命测试、事件测试、应力测试、环境测试。

17) 可修复系统分析

可修复性是指当产品发生故障后,能够很快、很容易地通过维护或维修排除故障。对于可修复系统,首次故障的时间分布远不如系统的故障率或故障发生率重要。可修复系统的可靠性也可以用 MTBF 来表征,但仅在恒定故障率的特定条件下。在分析可修复系统时,由于修复需要时间,所以可用性也是一个问题。可用性是故障率和维护时间的乘积。因此,必须分析可修复系统的可靠性和可维修性之间的关系,以及它们如何影响可用性。

18) 以可靠性为中心的维修

以可靠性为中心的维修(reliability centered maintenance, RCM)是目前国际上通用的用以确定设备预防性维修需求、优化维修制度的一种系统工程方法。它从设备的失效模式出发,根据失效模式对整个系统的影响及其失效特征,运用逻辑决断方法来确定有针对性的维修策略。

系统开发阶段的 RCM 流程如图 1.2.6 所示。

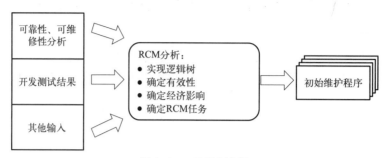

图 1.2.6　RCM 流程

图 1.2.7 所示直方图展示了 RCM 分析的最佳预防性维护(PM)时间点。图 1.2.7 中确定的预防性维护(PM)的时间点是基于在不同时间部件发生故障的比例,在大多数部件出现故障前开展预防性维护。在执行预防性维护任务和相关任务间隔之前应进行经济论证,执行预防性维护的成本应低于运行到故障的成本。

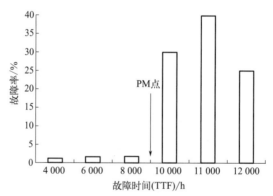

图 1.2.7　确定最佳预防性维护时间点

19) 基于状态的设备维护

状态监测是基于状态的设备维护(condition based maintenance,CBM)的基础,是对系统的持续监测,以确保指定的性能,并通过数据分析和算法模型进行故障预测和设备健康评估。根据故障预测和设备健康评估结果,制订相应的维护计划和策略,包括预防性维护、修复维护等。

一般通过传感器、监测设备等获取设备关键参数的实时数据。目前有许多可用的状态监测和无损检测技术,如光学检测技术、射线照相监测技术、种子活化分析技术、超声波监测技术、声发射技术、振动分析技术、润滑油分析技术、漏磁检测技术、温度分析技术、涡流检测技术、泄漏检测技术。

20) 可维修性论证和评估

可维修性论证和评估包括但不限于设备停机时间分析、可维修性设计评估、失效模式与影响分析(FMEA)、可测试性分析和人为因素分析。

详细信息可参考：

（1）MIL-HDBK-470A *Designing and developing maintainable products and systems*，*Volume* Ⅰ *and Volume* Ⅱ；

（2）MIL-HDBK-472 *Maintainability prediction*。

21）贝叶斯分析

在贝叶斯方法中，模型由似然函数和先验分布两部分组成，是参数估计、推理和测试设计的基础。

22）可靠性鉴定试验和验收试验

可靠性鉴定试验（reliability qualification test，RQT）是验证产品的设计是否达到规定的可靠性要求所做的试验，是定型和转入生产阶段的依据之一。

MIL-HDBK-781确定了目前常用的测试方法（包括可靠性增长）和测试环境的细节。根据测试结果（失效和测试时间）创建一个"阶梯"，如果"阶梯"超过上边界（拒绝线）或下边界（接受线）则停止测试。根据试验结果可以求出MTBF，如图1.2.8所示。

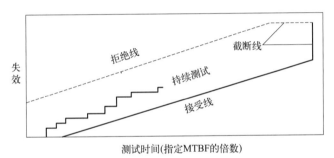

图 1.2.8　典型的可靠性鉴定试验示意图

23）环境应力筛选/高加速应力筛选

环境应力筛选（environmental stress screening，ESS）通过施加一定的环境应力，使产品的潜在缺陷以故障形式暴露并剔除，使得产品在筛选后达到浴盆曲线的恒定故障率阶段，也就是尽可能剔除早夭期失效的产品。

高加速应力筛选（highly accelerated stress screening，HASS）通过使用高于正常工作应力的应力，对产品实施相应试验，确定薄弱环节及极限参数。

1.2.3.3　生产可靠且可维护的系统

系统设计和开发完成后下一个任务就是建造，目标是建造可靠、可用和可维护的系统。建造的质量和精确性不能提高系统固有的 RAM 性能，但建造质量差会降低系统固有的 RAM 性能。

固有 RAM 性能是指系统潜在的 RAM 性能，只有通过执行良好的建造和支持计划，才能实现这种内在潜力。在开发和部署的每个阶段，不利的行动可能会将服务中实现的 RAM 水平降低到系统潜力以下。当建造和支持计划得到很好的规划和执行时，系统的

RAM 潜力是可以实现的,但不能使系统的 RAM 性能比固有水平更好。图 1.2.9 中的示例说明了这一点。提高系统固有 RAM 性能的唯一方法是改进设计。

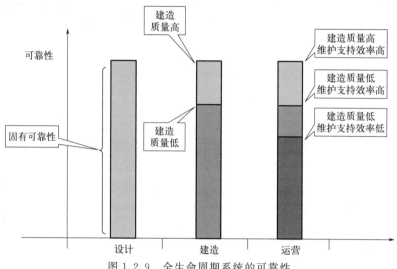

图 1.2.9　全生命周期系统的可靠性

设计与建造阶段确保 RAM 性能的关键活动包括:

(1) 强调过程控制、质量保证和环境压力筛选;

(2) 样品鉴定试验;

(3) 配置管理和控制;

(4) 供应商管理;

(5) 数据收集,用于在生产项目交付给运营单位并进入运营环境时检测故障和维护异常。

该阶段的主要工作包括合同激励和承包商监督、制订计划并开展运行测试和评估、参与 RAM 相关工程改进评审、环境应力筛选、高加速应力筛选、验收测试、可靠性增长试验、可靠性鉴定试验、质量控制(如 ISO 9000、六西格玛方法等)。

建造和安装调试阶段结束时的输出文件主要包括:

(1) 生产过程管理相关文件;

(2) 验收测试结果;

(3) 合同规定的交付成果。

1.2.3.4　监控现场并维持 RAM 性能

通过设计、建造各阶段的工作,已实现现场 RAM 性能,运营阶段的重点则是监视和维持。如果对系统在役性能进行适当的监测和趋势分析,并利用相关资源解决问题,则可以预防系统性能退化。

RAM 问题可能由多种因素引起,应加以识别并进行管理,主要包括:

(1) 任务变更或其他用途变更;

（2）环境条件变化；

（3）维护方案变化；

（4）使用率变化；

（5）使用劣质零件；

（6）生产或维护过程中的工艺失误；

（7）缺乏训练有素的支持人员；

（8）运输问题；

（9）过早中止可靠性增长试验；

（10）零件或子系统过早磨损；

（11）无法安装新设计的零件；

（12）新系统/子系统/单元的集成。

评估系统 RAM 性能的工具和工作包括以下内容：

（1）数据收集、分析和纠正措施（DCACAS）；

（2）失效模式与影响分析（FMEA）；

（3）可靠性增长试验；

（4）寿命数据分析；

（5）现场评估和系统趋势分析；

（6）维修策略制定；

（7）以可靠性为中心的维护（RCM）；

（8）基于状态的维护策略（CBM）。

以可靠性为中心的维护（RCM）为例，系统运营阶段是基于运行参数，对原来的维护策略进行更新，如图 1.2.10 所示。

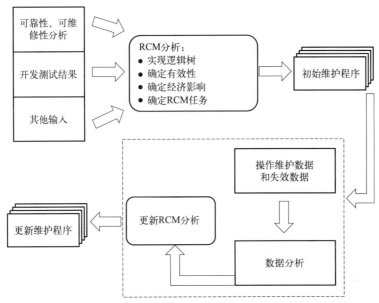

图 1.2.10　全生命周期 RCM 程序的持续优化

1.2.4　ASME RAM

美国机械工程师学会(ASME)关于 RAM 发布了如下标准：

(1) ASME RAM-1-2020 *Reliability,availability,and maintainability of equipment and systems in power plants*；

(2) ASME RAM-2-2016 *Reliability, availability, and maintainability program development process for existing power plants*。

1.2.4.1　ASME RAM-1-2020

RAM 程序是一种结构化方法，以最具成本效益的方式确定并满足发电厂的可靠性、可用性和可维修性(RAM)要求。本标准提供了管理发电厂 RAM 程序的总体规划过程的要求，旨在指导 RAM 项目的整个设计、建造和运营阶段的全面可用性保证计划的开发和实施。本标准适用于新建设施和现有设施。

本标准确定了为任何发电设施建立 RAM 程序所需的要素和责任。程序过程包括制定 RAM 目标以及制订设计、建造、调试和运营要求。

本标准旨在满足业主的发电厂 RAM 性能目标。本标准要求业主确定发电厂 RAM 性能目标以及实现这些目标的标准。为此，它确定了在设计、建造、调试和运营中支持有效可靠性过程的程序要求。它要求采用基于风险的方法进行设计，并提出在发电厂全生命周期有效优化性能的要求。

制定和实施 RAM 包含以下几个步骤：前期设计、开发、实施、修订。

1) 前期设计

在前期设计阶段，业主应确定需求，制定目标、验证参数和验收标准。业主应确定工厂最重要的功能要求。该阶段的输出是设计基础(basis of design,BOD)文件，该文件将用于 RAM 程序开发。BOD 文件应包括以下内容：

(1) 项目实施要求；

(2) 基本设备描述；

(3) 电厂寿命及其延长方法；

(4) 功能要求；

(5) 可用性要求；

(6) 可靠性要求；

(7) 可维修性要求；

(8) 绩效目标。

2) 开　　发

在开发阶段，业主应选择项目交付方式，设计方和建造方应按照业主的程序标准建造发电厂。程序设计方案形成一个计划,以实现 BOD 中的目标。RAM 中定义的信息是发电厂运行和维护工作的基础。RAM 开发的要素包括:

(1)声明。高级管理层的声明应定义 RAM 程序的要求,并提供实施 RAM 程序的组织方向。

(2)目标。项目目标用于建立测量标准,以验证需求。应在安全、可靠性、可用性、可维修性 4 个方面设定标准。

(3)组织。应设计和建立组织结构,以实现 RAM 计划的目标。组织应为实现目标和目的明确职责,这些职责应由业主、项目经理、工程师、操作人员履行。

(4)设计。

① 应满足以下相关要求:

a. 政府和机构要求;

b. 环境、健康和安全法律法规;

c. 安全标准;

d. 协议和合同要求;

e. 管辖机构或保险提供商规定的设备和操作规范;

f. BOD 中规定的目标。

② 应满足以下具体要求:

a. 确定发电厂系统、边界、设备和结构;

b. 确定关键性定义(风险分类);

c. 建立关键性方法;

d. 对设备关键性进行分类;

e. 评估发电厂性能风险(失效模式、机制和原因,失效概率,故障后果);

f. 确定减轻失效原因的方法;

g. 审查实施后可降低关键设备故障风险的技术;

h. 审查确定发电厂性能恶化所需的监测和警报,或向操作员发出早期故障警报,以降低发电厂性能风险;

i. 审查用于确定关键设备状态和持续运行适用性的测试;

j. 审查所需的检查实践或大修,以定期确保发电厂实现规定的目标;

k. 审查降低所述发电厂性能风险所需的维护实践;

l. 评估拟议方案的成本效益;

m. 评估实施方法;

n. 确定项目变更的评估方法;

o. 实现 BOD 规定的目标。

(5)程序手册。应编制一份程序手册,以整合指导和运营要求,从而实现 BOD 规定的目标。程序手册是一份涉及操作、维护和成本的受控文件。

(6)预算。

制定预算,以确定程序手册中规定的 RAM 程序的成本。

　　3）实　施

业主应定期审查发电厂的项目绩效,以确定是否实现目标。操作员应负责实施 RAM 程序,如设备初始状况(基线)测试、软件和工具的采购和安装、工厂绩效指标监控和衡量、RAM 计划有效性评估。

　　4）修　订

业主应定期审查和调整项目绩效。当发电厂未能达到预期性能、发电厂任务发生变化或设备出现不可接受的故障时,业主应进行额外审查。

1.2.4.2　ASME RAM-2-2016

RAM 程序是一种以结构化的方式来识别和交付最具成本效益的发电厂的 RAM 要求。标准 ASME RAM-2-2016 为 RAM 过程的程序实现部分,它旨在实现全面的可用性保证计划。本标准适用于现有设施。

本标准涉及以下内容:设备风险评估、资产登记、RAM 标准模板的选择与应用、设备资产管理软件、工作的开展和组织(如编制操作程序)、RAM 程序计划、实施该计划所需的培训。

1.2.5　其他相关标准

由于可靠性、可用性和可维修性以及相关属性的重要性,相关标准有数百个(见附录),各项标准涉及的内容包括:

(1) 通用;

(2) 可靠性和可维修性综合设计;

(3) 可靠性和可维修性准则;

(4) 可靠性与可维修性计划/大纲;

(5) 供应商、分包商的监督/控制;

(6) 工艺系统工程;

(7) 设计评审;

(8) 失效模式、影响与危害性分析;

(9) 故障树分析/事件树分析(FTA/ETA);

(10) 可靠性预测与增长;

(11) 共因失效;

(12) 马尔可夫分析;

(13) 威布尔分析;

(14) 可用性;

(15) 降额设计;

（16）潜在通路分析；

（17）应力筛选；

（18）故障报告、分析和纠正措施系统；

（19）以可靠性为中心的维修分析；

（20）软件；

（21）运行和环境条件；

（22）可靠性设计标准；

（23）可维修性设计标准；

（24）可靠性与可维修性权衡研究；

（25）可靠性与可维修性分配；

（26）可维修性预测/预计；

（27）测试性；

（28）综合后勤保障计划；

（29）设计检查清单；

（30）使用中的可靠性和可维修性；

（31）可靠性与可维修性鉴定试验；

（32）培训。

1.3　RAM 评估

根据 RAM 相关技术标准，在全生命周期中应该考虑固有产品或系统 RAM 性能，包括：用户需求和约束条件、基于 RAM 的优化设计、可靠性生产，以及操作和使用过程中的监测。因此，为实现产品或系统的 RAM 性能，应对设计优化、施工建造质量管控、运营跟踪开展全面的、综合性的工作。

RAM 评估是在前期设计阶段，基于行业数据并采用相关 RAM 评估软件开展分析，为业主提供决策依据。RAM 评估的主要内容包括：

1）数据搜集

（1）资产登记；

（2）基于失效模式和可维修性的设备分类；

（3）按失效模式划分的历史故障率和估计故障率；

（4）预计恢复和修复时间；

（5）平均物流延迟时间（备件可用性、人员配备、资源可用性、工作计划等）；

（6）工艺流程（PFD）；

（7）故障对生产、生产安全等的影响；

（8）材料损坏机制及其对资产寿命的影响；

（9）初步预防性维护模型。

2）审核数据并建立可靠性框图模型

（1）审核数据；

（2）建立可靠性框图模型；

（3）定义参数，如 MTBF,MTTR。

3）模拟与仿真

基于不同参数或场景进行分析，并给出计算结果。计算结果通常包括可用性计算结果、关键性分析结果、敏感性分析结果。

第2章 可靠性模型

2.1 可靠性基础知识

根据 GJB 451A—2005《可靠性维修性保障性术语》,可靠性是指产品在规定的条件下和规定的时间内完成规定功能的能力。简单地说,狭义的可靠性是指产品在使用期间没有发生故障的性质。产品的这种能力通常是用概率指标进行度量的。例如,电子开关的可靠性用它在给定的负载和温度下正常工作的概率来度量。可靠性通常还与时间相关,因此产品的可靠性可以表示成时间的函数。

GJB 451A—2005 中可靠性的定义涉及以下几个术语。

(1)产品:指作为单独研究和分别试验对象的任何元件、设备或系统,可以是零件、部件,也可以是由它们装配而成的机器,或由许多机器组成的机组和成套设备。在具体使用"产品"这一词时,其确切含义应加以说明,如泵、发电机、闭排罐等。

(2)规定条件:一般指的是使用条件,如环境条件,包括压力、温度、湿度、流量等,也包括操作技术、维修方法等条件。

(3)规定时间:可靠性区别于产品其他质量属性的重要特征,一般认为可靠性是产品功能在时间上的稳定程度。因此,以数学形式表示的可靠性的各特征量都是时间的函数。这里的时间概念不限于一般的年、月、日、分、秒,也可以是与时间成比例的次数、距离,如应力循环次数、管道内检测器行驶里程等。

(4)规定功能:要明确具体产品的功能是什么,怎样才算完成规定功能。产品丧失规定功能称为失效,对可修复产品通常也称为故障。怎样才算失效或故障,有时很容易判定,但更多情况下则很难判定。当产品指的是某个螺栓时,显然螺栓断裂就是失效;当产品指的是某个设备时,对于某个零件损坏而该设备仍能完成规定功能的情况就不能算失效或故障,有时虽有某些零件损坏或松脱,但在规定的短时间内可容易地修复也可不算失效或故障;若产品指的是某个具有性能指标要求的机器,则当其性能下降到规定的指标后,虽然仍能继续运转,但已应算失效或故障。究竟怎样算失效或故障,有时涉及厂商与用户不同看法的协商,有时还要考虑当时的技术水平和经济政策等而做出合理的规定。

(5)能力:产品的失效或故障均具有偶然性,一个产品在某段时间内的工作情况并不能很好地反映该产品可靠性的高低,而应该观察大量该种产品的工作情况并进行合理的处理后才能正确地反映该产品的可靠性,因此对能力的定量表示需用概率和数理统计的方法。

概率论中一个重要的概念是随机变量。将随机变量定义为一个函数，其作用为将试验结果映射到实数集上。可靠性分析和寿命分析的重点是对产品故障时间及其分散性的建模。假设产品的寿命为某一随机变量 T，需要利用概率论的语言对 T 的分散性进行描述，具体的方法包括概率密度函数或者分布律、可靠度函数、累积分布密度函数和故障率等[19]。

对某一随机变量，其分散性首先可以通过分布律函数或者概率密度函数来描述。对于一个样本空间为 S 的离散随机变量 X，其分布律是一个满足下式的函数：

$$m(x) \geqslant 0, \quad x \in S \tag{2.1.1}$$

且有：

$$\sum_{x \in S} m(x) = 1 \tag{2.1.2}$$

对于一个定义在实数域的连续随机变量 T，其分布律被概率密度函数 $f(t)$ 代替，概率密度函数是一个满足下式的函数：

$$f(t) \geqslant 0, \quad -\infty < t < \infty \tag{2.1.3}$$

且有：

$$\int_{-\infty}^{\infty} f(t)\mathrm{d}t = 1 \tag{2.1.4}$$

因此，任何一个在实数域上积分为 1 的非负函数都可以作为某一随机变量的概率密度函数。

例 2.1 指数型随机变量的概率密度函数。

解 指数分布广泛用于寿命模型中。服从指数函数的随机变量 T 记为 $T \sim Exp(\lambda)$，其概率密度函数为：

$$f(t) = \begin{cases} \lambda \mathrm{e}^{-\lambda t}, & t > 0, \lambda > 0 \\ 0, & t \leqslant 0 \end{cases} \tag{2.1.5}$$

对于所有的 t，有 $f(t) \geqslant 0$，并且对于所有的 $\lambda > 0$，有 $\int_{-\infty}^{\infty} f(t)\mathrm{d}t = 1$，因此上述方程满足概率密度函数的要求。不同参数下指数型随机变量的概率密度函数曲线如图 2.1.1 所示。

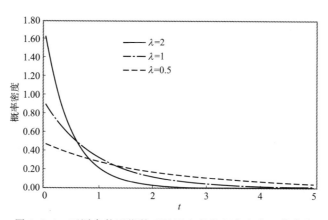

图 2.1.1 不同参数下指数型随机变量的概率密度函数曲线

　　如果研究的随机变量是产品的寿命 T，那么其分散性通常通过可靠度函数进行描述。将可靠度函数定义为 $R(t)=P(T>t)=\int_{t}^{\infty}f(s)\mathrm{d}s$，其中 $f(s)$ 为概率密度函数。需要注意的是，可靠度函数的取值范围为 $[0,1]$。可以看出，可靠度函数可以由随机变量 T 的概率密度函数推导得到。可靠度函数也被称为生存函数。

　　此外，也可以通过累积分布函数来研究 T 的分散性。累积分布函数即随机变量 T 取值小于或等于某一值 t 的概率。由于累积分布函数与可靠度函数的和为 1，所以累积分布函数也被称为不可靠度函数，数学上表示为：

$$F(t)=P(T\leqslant t)=\int_{-\infty}^{t}f(s)\mathrm{d}s \tag{2.1.6}$$

例 2.2　指数型随机变量的可靠度函数和累积分布函数。

解　指数型随机变量的可靠度函数为：

$$R(t)=P(T>t)=\int_{t}^{\infty}f(s)\mathrm{d}s=\int_{t}^{\infty}\lambda\mathrm{e}^{-\lambda s}\mathrm{d}s=\mathrm{e}^{-\lambda t} \tag{2.1.7}$$

指数型随机变量的累积分布函数为：

$$F(t)=P(T\leqslant t)=\int_{-\infty}^{t}f(s)\mathrm{d}s=\int_{0}^{t}\lambda\mathrm{e}^{-\lambda s}\mathrm{d}s=1-\mathrm{e}^{-\lambda t} \tag{2.1.8}$$

　　图 2.1.2 为 $\lambda=2$ 时指数型随机变量的可靠度函数曲线，图 2.1.3 为 $\lambda=2$ 时指数型随机变量的累积分布函数曲线。

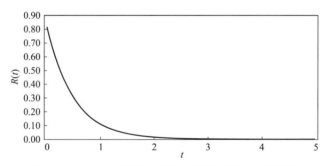

图 2.1.2　$\lambda=2$ 时指数型随机变量的可靠度函数曲线

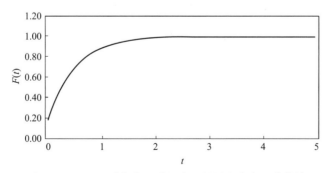

图 2.1.3　$\lambda=2$ 时指数型随机变量的累积分布函数曲线

　　人们还可能对在时间间隔 $[t,t+\Delta t]$ 内产品发生故障的概率感兴趣，因此定义了故障

率，它也被称作瞬时故障率函数。假设 $P(A|B)$ 表示在给定事件 B 发生的前提下，事件 A 发生的条件概率。由初等概率的知识可知，$P(A|B)=P(A \cap B)/P(B)$。给定产品工作时刻 t，将在时间间隔 $[t, t+\Delta t]$ 内产品发生故障的概率写成如下形式：

$$P(t<T \leqslant t+\Delta t|T>t)=\frac{P(t<T \leqslant t+\Delta t)}{P(T>t)}=\frac{F(t+\Delta t)-F(t)}{R(t)} \tag{2.1.9}$$

为了得到故障率，将上式除以时间间隔的长度 Δt，然后令 Δt 趋于 0，可以得到：

$$h(t)=\lim_{\Delta t \to 0}\frac{P(t<T \leqslant t+\Delta t|T>t)}{\Delta t}=\lim_{\Delta t \to 0}\frac{F(t+\Delta t)-F(t)}{\Delta t}\frac{1}{R(t)} \tag{2.1.10}$$

上式等号右端第一项是累积分布函数 $F(t)$ 的导数，也就是概率密度函数 $f(t)$，因此有：

$$h(t)=\frac{f(t)}{R(t)}$$

$h(t)$ 称为故障率。可以认为，故障率是产品在给定 t 时刻未发生故障的条件下，在下一个短暂的时间间隔内发生故障的可能性。

累积故障率定义为 $H(t)=\int_{-\infty}^{t}h(s)\mathrm{d}s$，其中 $h(s)$ 是故障率。时刻 t_1 和时刻 t_2 之间的平均故障率 $AHR(t_1,t_2)$ 定义为：

$$AHR(t_1,t_2)=\frac{H(t_1)-H(t_2)}{t_2-t_1} \tag{2.1.11}$$

例 2.3 指数型随机变量的故障率和累积故障率。

解 指数型随机变量的故障率为：

$$h(t)=\frac{f(t)}{R(t)}=\frac{\lambda \mathrm{e}^{-\lambda t}}{\mathrm{e}^{-\lambda t}}=\lambda \tag{2.1.12}$$

式中，指数型随机变量的故障率 $h(t)$ 为一个常数，表示随着使用时间的增加，产品在下一个很短的时间间隔内发生故障的趋势并不会增加。

指数型随机变量的累积故障率为：

$$H(t)=\int_{-\infty}^{t}h(s)\mathrm{d}s=\int_{0}^{t}\lambda \mathrm{d}s=\lambda t \tag{2.1.13}$$

概率密度函数 $f(t)$、累积分布函数 $F(t)$、可靠度函数 $R(t)$、故障率 $h(t)$ 以及累积故障率函数 $H(t)$ 之间可以相互转换，表 2.1.1 总结了上述 4 个函数之间的相互关系。

表 2.1.1 函数间数学关系

函　数	$f(t)$	$F(t)$	$R(t)$	$h(t)$	$H(t)$
$f(t)$	$f(t)$	$\dfrac{\mathrm{d}}{\mathrm{d}t}F(t)$	$-\dfrac{\mathrm{d}}{\mathrm{d}t}R(t)$	$h(t)\mathrm{e}^{-\int_{0}^{t}h(t)\mathrm{d}s}$	$\left[\dfrac{\mathrm{d}}{\mathrm{d}t}H(t)\right]\mathrm{e}^{-H(t)}$
$F(t)$	$\int_{0}^{t}f(s)\mathrm{d}s$	$F(t)$	$1-R(t)$	$-\mathrm{e}^{-\int_{0}^{t}h(t)\mathrm{d}s}$	$1-\mathrm{e}^{-H(t)}$
$R(t)$	$\int_{0}^{\infty}f(s)\mathrm{d}s$	$1-F(t)$	$R(t)$	$\mathrm{e}^{-\int_{0}^{t}h(t)\mathrm{d}s}$	$\mathrm{e}^{-H(t)}$
$h(t)$	$\dfrac{f(t)}{\int_{0}^{\infty}f(s)\mathrm{d}s}$	$\dfrac{\dfrac{\mathrm{d}}{\mathrm{d}t}F(t)}{1-F(t)}$	$-\dfrac{\mathrm{d}}{\mathrm{d}t}\lg R(t)$	$h(t)$	$\dfrac{\mathrm{d}}{\mathrm{d}t}H(t)$

函　数	$f(t)$	$F(t)$	$R(t)$	$h(t)$	$H(t)$
$H(t)$	$-\lg\left[1-\int_0^t f(s)\mathrm{d}s\right]$	$-\lg[1-F(t)]$	$-\lg[R(t)]$	$\int_0^t h(s)\mathrm{d}s$	$H(t)$

除了上述几种描述分散性的方法外,在实际应用中,常用随机变量的一些数字特征对随机变量的分散性进行描述,如均值、中位数、方差等。其中,最常用的是随机变量 T 的均值,如平均失效前时间(MTTF)为:

$$MTTF = E(T) = \int_{-\infty}^{\infty} t f(t)\mathrm{d}t \tag{2.1.14}$$

其中,$E(T)$ 表示时间 T 的期望值。MTTF 也被称为期望寿命。

例 2.4　指数型随机变量的 MTTF。

解　指数型随机变量的 MTTF 为:

$$MTTF = \int_{-\infty}^{\infty} t f(t)\mathrm{d}t = \int_0^t t\lambda \mathrm{e}^{-\lambda t}\mathrm{d}t = \frac{1}{\lambda} \tag{2.1.15}$$

常用的其他数字特征包括分位寿命、可靠寿命和平均剩余寿命。

分位寿命描述的是给定的故障比例所对应的时间。在数学上,分位数 q 是群体的故障比例达到 p 时的时间,即 $F(q)=p$。

可靠寿命是 $100R\%$ 的样品仍正常工作时对应的时间,其中 R 为 0 和 1 之间的可靠度。

平均剩余寿命是产品正常工作到时间 t 后仍然可以正常工作的平均时间。平均剩余寿命的定义为:

$$M(t) = \frac{1}{R(t)} \int_t^{\infty} s f(t+s)\mathrm{d}s \tag{2.1.16}$$

式中　$R(t)$——可靠度函数;

　　　$f(t)$——概率密度函数。

需要注意的是,$M(0)=E(T)$。

2.2　贝叶斯推断基础

近些年,贝叶斯方法在各个领域内得到了越来越广泛的应用,研究者们利用贝叶斯方法来解决越来越多的复杂问题。

贝叶斯定理利用所掌握的信息不断地更新对所建立模型的确信程度。在贝叶斯可靠性分析中,统计模型由两部分组成:似然函数和先验分布。似然函数通常由试验数据的抽样分布推导得到,用观测到的试验数据出现的概率密度函数来表示。在获得试验数据之后,可以将似然函数视为关于未知参数的一个函数。贝叶斯推断是唯一一个始终遵循似然准则的推断方法。似然准则保证了试验数据中包含的所有信息都可以用试验数据的抽样密度函数来表示。

在贝叶斯分析中,似然函数中的参数都被当成随机变量进行处理,利用概率密度函数来描述参数的不确定程度。在对试验数据进行分析以前,将表征对参数的认识的分布称为先验分布。在贝叶斯分析中,似然函数和先验分布是参数估计和推断的基础。

在贝叶斯方法中,用后验分布来描述基于新的证据更新之后对模型参数的确信度。后验分布可以通过贝叶斯定理,利用似然函数和先验分布计算得到。这一计算框架使得贝叶斯可靠性分析的结果具有很强的可扩展性。例如,利用贝叶斯方法获得的某一参数的区间估计可以直接地用概率进行解释,而基于频率的区间估计则没有如此直观的结果。

由于贝叶斯后验分布是关于未知参数的概率描述,所以它可通过复杂的系统模型轻松地传播,比如故障树、事件树以及其他逻辑模型。

在贝叶斯推断的理论框架下,概率被理解为对某一个事件的主观信度。经典的统计推断理论基于的是概率的频率解释。在频率解释的框架下,如果希望估计某一个区间包含估计量真实值的概率,那么需要重复大量的试验,利用每次试验结果估计区间包含真实值的频率来替代概率。而贝叶斯推断则不同,在其理论框架下,每次试验的结果被认为是关于待估参数的"新的信息",通过贝叶斯定理,"新的信息"可以和参数在试验之前的已有信息结合起来,从而实现对待估参数确信度的"更新"。在贝叶斯推断中,待估参数的信息是通过一个概率密度函数来表征的。虽然引入了概率密度函数,但是这并不表示待估参数是随机的,而是说明,基于现有的知识,待估参数是不确定的,而参数的不确定性可以近似利用概率密度函数来表现。

贝叶斯推断的核心是贝叶斯定理。贝叶斯定理可以利用收集到的数据实现对已有信息的更新。数学上,贝叶斯定理可表示如下:

$$p(\theta \mid y) = \frac{f(y \mid \theta) p(\theta)}{m(y)} \tag{2.2.1}$$

其中:

$$m(y) = \int f(y \mid \theta) p(\theta) \mathrm{d}\theta \tag{2.2.2}$$

式中　$p(\theta \mid y)$——后验密度函数;

　　　$p(\theta)$——先验密度函数;

　　　$m(y)$——数据的边缘密度函数;

　　　$f(y \mid \theta)$——对贝叶斯定理数据的抽样密度函数。

式(2.2.1)是以概率分布的方式对贝叶斯定理进行的描述,此外还可采用下式对贝叶斯定理进行描述:

$$P(A \mid B) = \frac{P(B \mid A) P(A)}{P(B)} \tag{2.2.3}$$

式中　$P(A \mid B)$——后验密度函数,以与假设 A 相关的数据 B 为条件;

　　　$P(A)$——先验分布,根据经验和已有信息(但默认不含最新信息)对 A 发生概率的估计;

　　　$P(B \mid A)$——似然函数,或称随机模型,根据经验和已有信息(但默认不含最新信息)对 A 发生概率的估计;

　　　$P(D)$——边缘分布,起归一化常数的作用。

例 2.5　一座别墅在过去的 20 年里一共发生过 2 次被盗事件,别墅的主人有一条狗,狗平均每周晚上叫 3 次,在盗贼入侵时狗叫的概率被估计为 0.9,那么在狗叫的时候发生入侵的概率是多少?

解　假设 A 事件为狗在晚上叫,B 事件为盗贼入侵,则以天为单位统计,$P(A)=3/7$,$P(B)=2/(20\times365)=2/7\ 300$,$P(A|B)=0.9$,按照公式很容易得出狗叫的时候发生入侵的概率:

$$P(B|A)=\frac{0.9\times(2/7\ 300)}{3/7}=0.000\ 58$$

例 2.6　已知有一种疾病,发病率为 0.1%。针对这种疾病的测试非常准确:如果有病,则准确率为 99%(即有 1% 未检出阳性);如果没有病,则误报率为 2%(即有 2% 误报为阳性)。如果一个人的测试结果为阳性,请问他患病的概率是多少? 如果他又做了一次检测,结果仍然是阳性,那么他患病的概率是多少?

解　用 A 表示患病,B 表示测试为阳性,那么,要计算在测试结果为阳性的条件下一个人患病的概率,就是计算 $P(A|B)$。

由已知条件可知:

(1) $P(A)$ 表示患病的概率,根据发病率可知,$P(A)=0.1\%$。

(2) $P(B|A)$ 表示在患病的情况下测试为阳性的概率,根据"如果有病,则准确率为 99%"可知,$P(B|A)=99\%$。

(3) $P(\overline{A})$ 表示没有患病的概率,$P(\overline{A})=1-P(A)=99.9\%$。

(4) $P(B|\overline{A})$ 表示没有患病但检测阳性的概率,$P(B/\overline{A})=2\%$;

(5) $P(B)$ 表示测试为阳性的概率,$P(B)=P(B|A)\times P(A)+P(B|\overline{A})\times P(\overline{A})$。

代入式(2.2.3),计算得:

$$P(A|B)=\frac{P(B|A)P(A)}{P(B)}=\frac{99\%\times0.1\%}{99\%\times0.1\%+2\%\times99.9\%}=4.72\%$$

检测为阳性这一证据使得患病的概率从 0.1% 提升到 4.72%。

这个人又做了一次检测,结果仍然是阳性,那么计算他患病的概率时仍然使用贝叶斯定理,只不过现在先验概率 $P(A)$ 不再是 0.1%,而是 4.72%,$P(A|B)$ 和 $P(B|\overline{A})$ 保持不变,计算新的 $P(A|B)$:

$$P(A|B)=\frac{P(B|A)P(A)}{P(B)}=\frac{99\%\times4.72\%}{99\%\times4.72\%+2\%\times(1-4.72\%)}=71.03\%$$

结果为 71%。两次检测为阳性的结果使得先验概率从 0.1% 提升到 4.72% 再提升到 71.03%。继续第三次检测,如果仍为阳性,则先验概率将提升至 99.15%。

可见,贝叶斯定理的核心思想就是不断根据新的证据,将先验概率调整为后验概率,使之更接近客观事实。

2.2.1　先验分布

参数空间 Θ 上的任一概率分布都称为先验分布[20]。用 $\pi(\theta)$ 来表示随机变量 θ 的概率函数。当 θ 为连续型随机变量时，$\pi(\theta)$ 表示 θ 的概率密度函数；当 θ 为离散型随机变量时，$\pi(\theta_i)$ 表示概率 $p(\theta=\theta_i)$，$i=1,2,\cdots,n$。

进行贝叶斯推断的第一步是为待估参数确定先验分布。先验分布通常包括无信息先验分布和有信息先验分布。

(1) 无信息先验分布：当待估参数的先验信息很少时，先验分布可以选取一个在参数空间中分布较为广泛的概率分布。

(2) 有信息先验分布：如果有充分的先验信息支持待估参数的某一估计，那么先验分布可以选取一个分布较为集中的概率分布。

假设在试验前有关 π 的信息相对较少，则可以假设 π 的先验分布为取值在 $0\sim1$ 之间的均匀分布，其概率密度函数为：

$$p(\pi)=1, \quad 0<\pi<1 \tag{2.3.4}$$

通过先验分布计算 π 落入区间 $(0,1)$ 的任意子区间中的先验概率，如 $P(\pi<0.25)=P(\pi>0.75)=0.25$。这样的先验分布反映了对待估参数缺乏足够的先验信息，是无信息先验分布的一个例子。

假设通过数据的观测发现概率集中在 0.55 左右，则可以利用一个参数为 $\alpha=2.4,\beta=2$ 的贝塔分布作为先验分布。贝塔分布的概率密度函数可表示为：

$$p(\pi\mid\alpha,\beta)=\frac{\Gamma(\alpha+\beta)}{\Gamma(\alpha)\Gamma(\beta)}\pi^{\alpha-1}(1-\pi)^{\beta-1}, \quad 0\leqslant\pi\leqslant1; \alpha,\beta>0 \tag{2.2.5}$$

式中　$\Gamma(\alpha)$——伽马函数。

该先验分布的主要部分在 $0.2\sim0.8$ 之间，且先验分布的中值为 $\alpha/(\alpha+\beta)=0.545$，方差为 $(\alpha-1)/(\alpha+\beta-2)=0.583$。该先验分布的 π 落在区间 $(0,0.25)$ 和 $(0.75,1)$ 的概率为 0.1 和 0.2。该先验分布中大部分集中在 0.5 左右，且落在区间 $(0.25,0.75)$ 的概率为 0.7，均匀分布落在同一区间的概率为 0.5。因此，$Beta(2.4,2)$ 是一个典型的有信息先验分布。需要指出的是，均匀分布也是贝塔分布的一个特例，即参数 $\alpha=\beta=1$ 时的贝塔分布。

2.2.2　观测数据对先验分布的更新

先验分布 $\pi(\theta)$ 是在抽样样本 X 之前对参数 θ 可能取值的认识，在获取样本之后，由于样本 X 中也包含了 θ 的信息，故人们对 θ 的认识发生了变化，于是对 θ 的取值进行调整，就得到参数 θ 的后验分布 $\pi(\theta\mid x)$。

根据贝叶斯定理，后验分布是由似然函数和先验分布相乘(再乘以一个常数)得到的，可以写成以下形式：

后验分布 $\propto$ 似然函数 $\times$ 先验分布

将上式改写成概率密度函数的形式，则有：

$$p(\theta\mid y)\propto f(y\mid\theta)p(\theta) \tag{2.2.6}$$

例 2.7　用一个二值随机变量 x 表示抛硬币的结果，1 表示正面，0 表示反面。假设该硬币的正反两面的概率不相同，且正面概率为参数 π，若抛掷 n 次，正面向上的次数为 y。

试求：

（1）正面向上的概率密度函数。

（2）$y=3$，$n=11$ 时，讨论均匀分布 $U(1,1)$ 和贝塔分布 $Beta(2.4,2)2$ 种先验分布的后验分布。

解　（1）多次抛硬币符合二项分布，正面向上次数为 y，则该事件发生的概率密度函数可写成如下形式：

$$f(y\,|\,n,\pi)=\binom{n}{y}\pi^y(1-\pi)^{n-y} \tag{2.2.7}$$

（2）计算后验分布。

当先验分布为均匀分布时，将先验分布用均匀分布 $U(1,1)$ 代替。在本例中，归一化常数为 $\Gamma(13)/[\Gamma(4)\Gamma(9)]$。

$$p(\pi\,|\,y)\propto f(y\,|\,\pi)p(\pi)\propto\pi^3(1-\pi)^8\times\pi^{1-1}(1-\pi)^{1-1}\propto\pi^{4-1}(1-\pi)^{9-1} \tag{2.2.8}$$

当先验分布为 $Beta(2.4,2)$ 时，可以利用相似的步骤得到后验分布。在本例中，归一化常数为 $\Gamma(15.4)/[\Gamma(5.4)\Gamma(10)]$。

$$p(\pi\,|\,y)\propto\pi^3(1-\pi)^8\times\pi^{2.4-1}(1-\pi)^{2-1}\propto\pi^{5.4-1}(1-\pi)^{10-1} \tag{2.2.9}$$

标准化后的通用结果为：

$$p(\pi\,|\,\alpha,\beta,a,b)=\frac{\Gamma(\alpha+a+\beta+b)}{\Gamma(\alpha+a)\Gamma(\beta+b)}\pi^{\alpha+a-1}(1-\pi)^{\beta+b-1} \tag{2.2.10}$$

如例 2.6，在 2 种先验分布的假设下，得到的后验分布都是贝塔分布。类似这样的后验分布与先验分布有相同的形式，比如都服从贝塔分布，那么就称似然函数和先验分布是共轭的，互为共轭分布，先验分布是似然函数的共轭先验分布。

对于给定的抽样分布 $f(x\,|\,\theta)$，其共轭先验分布 $p(\theta)$ 是使后验分布 $p(x\,|\,\theta)$ 与先验分布 $p(\theta)$ 属于同一类分布的先验分布。表 2.2.1 总结了常见的抽样分布对应的共轭先验分布。在马尔可夫链蒙特卡罗法（MCMC）等模拟方法大规模应用之前，只有利用共轭先验分布才有可能求解贝叶斯推断模型。近年来随着 MCMC 等方法的成熟，即使先验分布不属于共轭分布，也可以较为方便地进行模型的求解。

表 2.2.1　常用的共轭先验分布

抽样分布（括弧中为参数）	共轭分布	抽样分布（括弧中为参数）	共轭分布
二项分布 $B(\pi)$	贝塔分布	正态分布 $N(\mu,\sigma^2)$	正态倒伽马分布
指数分布 $Exp(\lambda)$	伽马分布	泊松分布 $P(\lambda)$	伽马分布
伽马分布 $Ga(\lambda)$	伽马分布	帕累托分布 $Pareto(\beta)$	伽马分布
负二项分布 $NB(\pi)$	贝塔分布	均匀分布 $U(0,\beta)$	帕累托分布

2.3　零部件可靠性模型

零部件可靠性评估是可靠性评估的基础。这里的零部件可能是一个系统中的组成单元,也可能是系统本身(作为更大的大系统的单元时)。零部件可靠性数据可以是离散的,如成败型数据,也可以是连续的,如故障时间数据。

2.3.1 离散故障数据的可靠性模型

2.3.1.1 成败型数据

在一些情况下,可靠性分析人员会采用成败型数据进行评估,例如启动紧急柴油发电机来确定它能否按要求启动,并且记录测试结果。一般用二项分布来描述这些测试数据。假设每次测试是条件独立的,唯一的分布参数为成功概率 π,则二项概率密度函数可以表示为:

$$f(x \mid n, \pi) = \binom{n}{x} \pi^x (1-\pi)^{n-x}, \quad x = 0, 1, \cdots, n \qquad (2.3.1)$$

式中 π——成功概率,且 $0 \leqslant \pi \leqslant 1$。

注意,当试验不独立时,二项分布模型是不适用的,并且只有当所有单元都有相同的成功概率时,这一模型才适用。另外,伯努利分布式中 $n=1$ 是二项分布的特殊情况。

对于二项分布模型,成功概率 π 是分析人员需要估计的模型参数。在成败型数据模型中,式(2.3.1)被看作观测成功次数 x 的关于 π 的函数,即服从二项分布的数据的似然函数。假设共进行了 m 次二项试验,每次试验的样本量为 $n_1, n_2, \cdots, n_m$,其中 $x_1, x_2, \cdots, x_m$ 为每次试验的成功次数,在条件独立和恒定成功概率 π 下,似然函数可以表示为 m 个由式(2.3.1)确定的似然函数的乘积。

对于二项分布的参数 π 而言,一种简单确定先验分布的方法是采用共轭先验分布。二项数据的共轭先验分布为贝塔分布:

$$p(\pi \mid \alpha, \beta) = \frac{\Gamma(\alpha+\beta)}{\Gamma(\alpha)\Gamma(\beta)} \pi^{\alpha-1} (1-\pi)^{\beta-1}, \quad 0 \leqslant \pi \leqslant 1; \alpha, \beta > 0$$

式中 α——成功的零部件先验试验次数;

β——失败的零部件先验试验次数;

$\alpha + \beta$——先验样本量。

在给定 x 时,π 的后验分布为:

$$\pi \mid x \sim Beta(\alpha+x, \beta+n-x)$$

2.3.1.2 计数型数据

计数型数据记录了给定时间内一组零部件发生的故障总数。对于故障,可以立即修复并放回继续试验,也可直接更换新部件。描述计数型数据的基本统计模型是泊松分布,该模型的适用条件是:不相交的区间内事件发生的概率独立,并且在很小的时间间隔内事件发生两次以上的概率很小。泊松分布的分布规律为:

$$f(y \mid \lambda) = \frac{(\lambda t)^y \exp(-\lambda t)}{y!} \qquad (2.3.2)$$

式中　y——发生的故障次数，$y=0,1,\cdots$；

　　　λ——单位时间内的平均故障数，$\lambda>0$；

　　　t——给定的时间间隔。

泊松分布的一个显著特征是，其均值和方差相等，均为 λt。

对于泊松分布模型，需要估计的模型参数为 λ。在一个计数型数据模型中，在给定故障数 y 的情况下，式（2.3.2）即计数型数据的似然函数，它是参数 λ 的函数。如果共进行了 n 次试验，对应的时间分别为 $t_1,t_2,\cdots,t_n$，相应的时间间隔内发生的故障数为 $y_1,y_2,\cdots,y_n$，在各次试验独立同分布的假设下，似然函数可以表示为 n 个由式（2.3.2）确定的似然函数的乘积。

对于泊松分布参数 λ，常用的一个先验分布是伽马分布。因此，如果假设

$$Y_i \sim P(\lambda t_i),\quad i=1,2,\cdots,n$$

并且假设 λ 的先验分布为：

$$\lambda \sim Ga(\alpha,\beta)$$

那么 λ 的后验分布为：

$$\lambda\,|\,y \sim Ga\left(\alpha+\sum_{i=1}^{n}y_i,\beta+\sum_{i=1}^{n}t_i\right) \tag{2.3.3}$$

式中，可以将 β 理解为与数据样本量 $\sum\limits_{i=1}^{n}t_i$ 对应的先验样本量，将 α 理解为与观测故障数 $\sum\limits_{i=1}^{n}y_i$ 对应的先验故障数。

2.3.2　故障时间数据模型

2.3.2.1　浴盆曲线

实践证明，大多数设备的故障率是时间的函数，典型故障曲线称为浴盆曲线（bathtub curve），又称故障率曲线。浴盆曲线是指产品从投入使用到报废为止的整个生命周期内，其可靠性的变化呈现的规律。取产品的故障率作为产品的可靠性特征值，可以得到以使用时间为横坐标、以故障率为纵坐标的一条曲线，曲线的形状呈两头高、中间低，有些像浴盆，所以称为浴盆曲线。浴盆曲线具有明显的阶段性，故障率随使用时间的变化分为 3 个阶段：早期失效期、偶然失效期和耗损失效期，如图 2.3.1 所示。

（1）早期失效期：产品在开始使用时，故障率很高，但随着产品工作时间的增加，故障率迅速降低。这一阶段失效的原因大多是由设计、原材料和制造过程中的缺陷造成的。

（2）偶然失效期：失效率较低，且较稳定，往往可近似看作常数，可以用指数分布表示。这一时期是产品的良好使用阶段，偶然失效的主要原因是质量缺陷、材料弱点、环境和使用不当。

（3）耗损失效期：故障率随时间的延长而急速增加，主要由磨损、疲劳、老化和耗损等原因造成。这个阶段也可以用正态分布来做模拟。

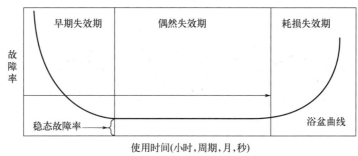

图 2.3.1　浴盆曲线

2.3.2.2　指数分布

在概率理论和统计学中，指数分布是描述泊松过程中事件之间的时间的概率分布，即事件以恒定平均速率连续且独立地发生的过程。指数分布是伽马分布的一种特殊情况[6-8]。

指数分布的一个重要特征是其故障率 $h(t) = \lambda$ 为常数，即无记忆性(memoryless property)，又称遗失记忆性。这表示在当前正常的条件下，零部件在下一时刻发生故障的概率与零部件的寿命无关。

某些情况下，人们关注和观察的是随机事件发生的时间，例如元件的失效时间、灭火时间等，而不是某段时间内事件发生的数量。如果满足泊松分布的假设，则事件的间隔时间是未知参数 λ 的指数分布。这里的 λ 和泊松分布的未知参数 λ 相同。因此，如果观察到的是泊松分布中事件的发生时间，则似然函数服从指数分布。以下假设是指数分布的基础：

（1）事件（如故障）在很短时间区间的发生概率与区间长度成比例，比例常数以 λ 表示；

（2）事件在极短时间内同时发生的概率是 0；

（3）某一个时间区间内发生的事件不影响另一个非重叠时间区间发生事件的概率；

（4）观测到的随机变量是到事件发生前的时间。

对于大多数的电子元器件而言，指数分布通常是一个适用的故障时间模型。然而，由于指数分布不能很好地描述产品的早期失效期和耗损失效期，因此其适用性受到了限制。

1）概率密度函数

指数分布的概率密度函数为：

$$f(x;\lambda) = \begin{cases} \lambda e^{-\lambda x}, & x \geqslant 0 \\ 0, & x < 0 \end{cases} \tag{2.3.4}$$

式中　λ——分布的一个参数，常被称为率参数(rate parameter)，即单位时间为发生该事件的次数，$\lambda > 0$。

平均失效前时间(MTTF)是指数分布参数的另一种形式，$MTTF = 1/\lambda$。指数分布的区间是 $[0, \infty)$。如果一个随机变量 X 呈指数分布，则可以写作：$X \sim Exp(\lambda)$。

2）累积分布函数

累积分布函数可以写成：

$$F(x;\lambda) = \begin{cases} 1 - e^{-\lambda x}, & x \geqslant 0 \\ 0, & x < 0 \end{cases} \tag{2.3.5}$$

3）均值、方差和偏离系数

随机变量 X（X 的速率参数为 λ）的期望值即均值为：

$$E(X)=\frac{1}{\lambda} \tag{2.3.6}$$

例如，如果平均每小时接到 2 次电话，那么预期等待每一次电话的时间是半个小时。

X 的方差 $D(X)$ 为：

$$D(X)=\frac{1}{\lambda^2} \tag{2.3.7}$$

X 的偏离系数 $V(X)$ 为：

$$V(X)=1$$

2.3.2.3　威布尔分布

威布尔（Weibull）分布在可靠性工程中被广泛应用，尤其适用于机电类产品的磨损累计失效的分布形式。由于它可以利用概率值很容易地推断出其分布参数，所以被广泛应用于各种寿命试验的数据处理中。

1）概率密度函数

从概率论和统计学角度看，Weibull 分布是连续性的概率分布，其概率密度函数为：

$$f(x;\lambda,k)=\begin{cases}\dfrac{k}{\lambda}\left(\dfrac{x}{\lambda}\right)^{k-1}\mathrm{e}^{-(x/\lambda)^k}, & x\geqslant 0 \\ 0, & x<0\end{cases} \tag{2.3.8}$$

式中　x——随机变量；

　　　λ——比例参数（scale parameter），$\lambda>0$；

　　　k——形状参数（shape parameter），$k>0$。

显然，Weibull 分布的累积分布函数是扩展的指数分布函数，而且它与很多分布都有关系，$k=1$ 时为指数分布，$k=2$ 时为瑞利分布。

绘制不同参数下 Weibull 分布概率密度函数，如图 2.3.2 所示。由图可以看出，比例参数 λ 相同时，不同形状参数 k 下的概率密度函数曲线是明显不同的：k 值越大，概率密度函数曲线形状越偏窄，即各样本的失效数据相对越集中；反之，形状参数 k 越小，概率密度函数曲线跨度越大，即失效数据所在区域越大。

由 Weibull 分布的概率密度函数曲线可以知道，Weibull 分布的形状参数 k 是表示数据变化特性的度量，k 值大，表示数据变化性小。因此，如果 k 值较大，则表明产品将在较小的时间范围内失效。为便于读者深刻理解概率密度函数曲线，举例说明绘制不同参数下的 Weibull 分布使用的 Python 程序，如下所示。

```python
import numpy as np
import matplotlib.pyplot as plt

# 定义 Weibull 分布概率密度函数
def weib(x,scale,shape):
    return(shape/scale)* (x/scale)** (shape-1)* np.exp(-(x/scale)**  shape)
```

```
scale=50
shape=1.5
x=np.arange(1,scale* 2)
y=np.zeros(len(x))   # [0 for i in range(len(x))]
for i in range(len(x)):
    y[i]=weib(x[i],scale,shape)


scale=50
shape=2.5
y1=np.zeros(len(x))   # [0 for i in range(len(x))]
for i in range(len(x)):
    y1[i]=weib(x[i],scale,shape)
scale=50
shape=4
y2=np.zeros(len(x))   # [0 for i in range(len(x))]
for i in range(len(x)):
    y2[i]=weib(x[i],scale,shape)


scale=30
shape=2.5
y3=np.zeros(len(x))   # [0 for i in range(len(x))]
for i in range(len(x)):
    y3[i]=weib(x[i],scale,shape)
scale=70
shape=2.5
y4=np.zeros(len(x))   # [0 for i in range(len(x))]
for i in range(len(x)):
    y4[i]=weib(x[i],scale,shape)


plt.subplot(2,1,1)
plt.plot(x,y,'r',label='scale=50,shape=1.5')
plt.plot(x,y1,'b',label='scale=50,shape=2.5')
plt.plot(x,y2,'g',label='scale=50,shape=4')
plt.legend()
plt.subplot(2,1,2)
plt.plot(x,y3,'r',label='scale=30,shape=2.5')
plt.plot(x,y1,'b',label='scale=50,shape=2.5')
plt.plot(x,y4,'g',label='scale=70,shape=2.5')
plt.legend()
plt.show()
```

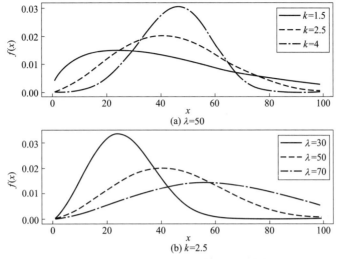

图 2.3.2　Weibull 分布的概率密度函数曲线

Weibull 分布的可靠度函数 $R(t)$ 和故障率 $h(t)$ 分别为：

$$R(t) = \mathrm{e}^{-\lambda t^k} \tag{2.3.9}$$

$$h(t) = \frac{f(t)}{R(t)} = k\lambda t^{k-1} \tag{2.3.10}$$

Weibull 分布的形状参数 k 能够有效描述出所分析数据的特点，也可以描述故障率随着时间的变化。

（1）$k<1$，表示故障率随着时间的延长而降低，即产品处于早期磨合期，通常与早期失效或者由于本身缺陷导致的早期失效相关；

（2）$k=1$ 或者近似等于 1，表示故障率不会随着时间的变化而变化，故障的发生是偶然的，即故障率基本恒定；

（3）$k>1$，表示故障率随着时间的延长而增加，通常故障都与机械磨损、损耗等相关。

2）累积分布函数

Weibull 分布的累积分布函数为：

$$F(x;\lambda) = \begin{cases} 1 - \mathrm{e}^{-(x/\lambda)^k}, & x \geqslant 0 \\ 0, & x < 0 \end{cases} \tag{2.3.11}$$

不同参数下的 Weibull 分布的概率密度函数曲线如图 2.3.3 所示。

3）均值、方差

随机变量 X 的均值为：

$$E(X) = \lambda \Gamma\left(1 + \frac{1}{k}\right) \tag{2.3.12}$$

X 的方差为：

$$D(X) = \lambda^2 \left[\Gamma\left(1 + \frac{2}{k}\right) - \Gamma\left(1 + \frac{2}{k}\right)^2 \right] \tag{2.3.13}$$

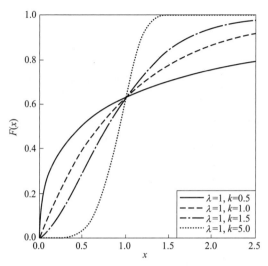

图 2.3.3　Weibull 分布的累积分布函数曲线

2.3.2.4　对数正态分布

对数正态分布(logarithmic normal distribution)是指如果一个随机变量的对数服从正态分布,则该随机变量服从对数正态分布。从短期来看,对数正态分布与正态分布非常接近,但从长期来看,对数正态分布向上分布的数值更多一些。更准确地说,在对数正态分布中,有更大向上波动的可能,更小向下波动的可能。对数正态分布是一个不对称的分布,这一特性使得对数正态分布特别适用于具有偏度的故障时间数据建模。

1)概率密度函数

设 x 服从对数正态分布,其概率密度函数为:

$$p(x) = \frac{1}{x\sigma\sqrt{2\pi}} e^{-\frac{(\ln x - \mu)^2}{2\sigma^2}} \tag{2.3.14}$$

式中　σ,μ——对数正态分布的两个参数。

2)均值、方差

对数正态分布的均值和方差分别为:

$$E(X) = e^{\mu + \sigma^2/2} \tag{2.3.15}$$

$$D(X) = (e^{\sigma^2} - 1)e^{2\mu + \sigma^2} \tag{2.3.16}$$

3)性　质

对数正态分布具有如下性质:

(1)正态分布经指数变换后即对数正态分布,对数正态分布经对数变换后即正态分布;

(2)对数正态分布总是右偏的;

(3)对数正态分布的均值和方差是其参数(μ,σ)的正函数;

(4)对给定的参数 μ,当 σ 趋于零时,对数正态分布的均值趋于 e^{μ},方差趋于零。

2.3.2.5　伽马分布

伽马(Gamma)分布是统计学中的一种连续概率函数,是概率统计中的一种非常重要的分布。虽然 Gamma 分布也可以描述故障率递减、递增和恒定 3 种情况,但实际工作中,Gamma 分布的应用明显少于 Weibull 分布。这是由于 Gamma 分布的故障率和可靠度函数没有解析形式,因此 Gamma 分布不像 Weibull 分布那样便于使用。

1) 概率密度函数

Gamma 分布的概率密度函数为:

$$f(x,\alpha,\beta)=\frac{1}{\Gamma(\alpha)\beta^{\alpha}}x^{\alpha-1}\mathrm{e}^{-x/\beta} \tag{2.3.17}$$

式中　α——形状参数;

　　　β——尺度参数。

指数分布和 χ^2(卡方)分布都是伽马分布的特例。Gamma 分布的概率密度函数由指数函数和伽马函数构成,由 α 和 β 两个参数描述,$\alpha=0$ 时退化为指数分布。

Gamma 分布的可靠度函数 $R(t)$ 和故障率 $h(t)$ 分别为:

$$R(t)=\Gamma(\alpha,t/\beta) \tag{2.3.18}$$

$$h(t)=\frac{f(t)}{R(t)}=\frac{1}{\Gamma(\alpha,t/\beta)\beta^{\alpha}}x^{\alpha-1}\mathrm{e}^{-x/\beta} \tag{2.3.19}$$

Gamma 分布的形状参数 α 可以用来描述故障率随时间的变化:

(1) $\alpha<1$,表示故障率随着时间的延长而降低;

(2) $\alpha=1$,Gamma 分布退化为指数分布,故障率是恒定的;

(3) $\alpha>1$,表示故障率随着时间的延长而增加。

2) 均值、方差

Gamma 分布的均值和方差分别为:

$$E(X)=\alpha/\beta \tag{2.3.20}$$

$$D(X)=\alpha/\beta^2 \tag{2.3.21}$$

3) 性　质

Gamma 分布具有如下性质:

(1) 当 $\alpha=n$ 时,$Ga(n,\beta)$ 就是爱尔朗(Erlang)分布。Erlang 分布常用于可靠性理论和排队论中,如一个复杂系统中从出现第 1 次故障到恰好再出现 n 次故障所需的时间,或从某一艘船到达港口直到恰好有 n 只船到达所需的时间都服从 Erlang 分布。

(2) 当 $\alpha=1,\beta=1/\lambda$ 时,$Ga(1,\lambda)$ 是参数为 λ 的指数分布,记为 $Exp(\lambda)$。

(3) 当 $\alpha=n/2,\beta=2$ 时,$Ga(n/2,2)$ 就是数理统计中常用的 $\chi^2(n)$ 分布。

(4) 对于 $Ga(a,\beta)$,$E(X)=a/\beta,D(X)=\alpha/(\beta\times\beta)$。

(5) 具有可加性。设随机变量 $X_1,X_2,\cdots,X_n$ 相互独立,并且都服从 Gamma 分布,即 $X_i\sim Ga(\alpha_i,\beta),i=1,2,\cdots,n$,则 $X_1+X_2+\cdots+X_n\sim Ga(\alpha_1+\alpha_2+\cdots+\alpha_n,\beta)$。

2.3.2.6 正态分布

正态分布是一个在数学、物理及工程等领域都非常重要的概率分布，在统计学的许多方面有着重大的影响力。但在实际工作中可靠性分析人员很少使用正态分布，部分理由是正态分布的支撑域是整个实域，除此之外，正态分布是一个对称分布，然而故障时间往往服从的是具有偏度的分布。不过 Martz 和 Waller 指出，当均数 μ 远大于标准差 σ 时，正态分布小于 0 的概率可以忽略，此时正态分布可以近似地用于处理故障时间数据。在可靠性数据的层次模型中经常会用到正态分布。

1）概率密度函数

正态分布的概率密度函数为：

$$f(x) = \frac{1}{\sqrt{2\pi}\sigma} e^{\frac{(x-\mu)^2}{2\sigma^2}} \tag{2.3.22}$$

2）均值、方差

正态分布的均值和方差分别为 μ 和 σ。

3）性　质

正态分布具有如下性质。

（1）集中性：正态曲线的高峰位于正中央，即均值所在的位置。

（2）对称性：正态曲线以均值为中心，左右对称，曲线两端永远不与横轴相交。

（3）均匀变动性：正态曲线由均值所在处开始，分别向左右两侧逐渐均匀下降。

（4）正态分布有 2 个参数，即均值 μ 和标准差 σ，可记作 $N(\mu,\sigma)$，其中均值 μ 决定了正态分布曲线的中心位置，标准差 σ 决定了正态分布曲线的陡峭或扁平程度。σ 越小，曲线越陡峭；σ 越大，曲线越扁平。

（5）u 变换：为了便于描述和应用，常将正态变量作数据转换。

2.3.3 可靠性模型选择

前面介绍了多种适用于可靠性数据建模的统计分布，如指数分布、Weibull 分布、对数分布等，而可靠性模型选择的重点是确定一种合适的分布。模型选择准则是用于评估和选择不同模型优劣的指标，常用的模型选择准则为：

（1）贝叶斯信息准则；

（2）偏差信息准则；

（3）Akaike 信息准则。

2.3.3.1 贝叶斯信息准则(BIC)

贝叶斯信息准则（Bayesian information criterion，BIC）是统计学中用于在有限模型集合中选择最佳模型的方法,它计算概率密度函数,并为模型中的参数数量增加一个惩罚项。这有助于避免过度拟合,为模型选择提供了一种平衡的方法。

BIC 是一种渐进结果,是在数据分布符合指数分布的假设下得出的。

$$BIC = -2\ln L + k\ln n \tag{2.3.23}$$

式中 n——观测数据的数据点数;

k——要估计的自由参数的数量,如果估计的模型是线性回归,则 k 为回归的数量;

L——估计模型的似然函数的最大值。

在假设模型误差或扰动独立且服从正态分布的前提下,BIC 变得更易处理:

$$BIC = \chi^2 + k\ln n \tag{2.3.24}$$

较低的 BIC 值意味着要么使用较少的解释变量,要么拟合得更好,或者两者都有。给定任意 2 个估计模型,推荐 BIC 值较低的模型。

2.3.3.2 偏差信息准则(DIC)

偏差信息准则(deviance information criterion,DIC)是由 Spiegelhalter 等于 1998 年提出的一种模型选择准则。贝叶斯信息准则(BIC)要求明确给出参数的数目,而偏差信息准则(DIC)解决了参数空间难以明确界定时的模型选择问题。模型偏差 $D(\theta)$ 为:

$$D(\theta) = -2\lg[f(t\,|\,\theta)] \tag{2.3.25}$$

式中 $f(t\,|\,\theta)$——似然函数;

t——故障时间向量;

θ——未知的模型参数向量。

可以用期望偏差分作为模型拟合好坏的一种度量,即

$$\overline{D} = E_\theta[D] \tag{2.3.26}$$

式中,求取期望的范围涵盖了 θ 后验分布的整个取值空间。

同 BIC 一样,DIC 还需定义一个量,用以描述模型的复杂度(或估计参数的数目)。这个量就是估计参数 p_D:

$$p_D = E_\theta[D] - D[E_\theta[D]] = \overline{D} - D(\overline{\theta}) \tag{2.3.27}$$

DIC 可以定义为:

$$DIC = \overline{D} + p_D \tag{2.3.28}$$

DIC 由 p_D 和 $\overline{D}$ 两部分构成,其中 p_D 表征模型的复杂性,$\overline{D}$ 表征模型拟合实验数据的程度,在考虑模型拟合精度的前提下倾向于选择结构简单的模型。显然,在候选的模型中,如果一个模型的 DIC 参数达到最小,则该模型即最优模型。具体而言,DIC 考虑以下两个因素:

(1)模型对数据的拟合程度(通过似然函数和参数估计的贝叶斯方法来衡量);

(2)模型的复杂度(通过引入对数后验概率的有效参数数量进行惩罚)。

2.3.3.3 Akaike 信息准则(AIC)

Akaike 信息准则(Akaike information criterion,AIC)是衡量统计模型拟合优良性的一

种标准,由于它是日本统计学家赤池弘次创立和发展的,因此又称赤池信息量准则。AIC建立在熵的概念基础上,可以权衡所估计模型的复杂度和模型拟合数据的优良性。

在一般的情况下,AIC可以表示为:

$$AIC = 2k - 2\ln L \tag{2.3.29}$$

式中 k——参数的数量;

L——似然函数。

假设条件是模型的误差服从独立正态分布。以 n 为观察数,RSS 为残差平方和,那么AIC变为:

$$AIC = 2k + n\ln(RSS/n) \tag{2.3.30}$$

增加自由参数的数目可提高拟合的优良性,AIC鼓励数据拟合的优良性,但要尽量避免出现过度拟合的情况。因此,优先考虑的模型应是AIC值最小的那一个。AIC的方法是寻找可以最好地解释数据但包含最少自由参数的模型。

2.4 系统可靠性模型

系统可靠性模型是建立在系统结构模型的基础上的,即首先应该明确零部件故障导致系统故障的逻辑关系。零部件的故障可能是独立的,也可能是相关的[22]。

2.4.1 系统结构

要考虑系统的可靠性问题,首先应该明确系统的结构。常见的系统结构模型包括结构函数、最小割集/最小路集、故障树、可靠性框图和贝叶斯网络等。除了系统结构之外,必须理解一个系统的概率特性,故障独立和故障相关这两种情况都会涉及。

根据系统的结构,可以将系统可靠性问题转化为零部件的可靠性问题。这也体现了人们处理复杂问题的一种常见思路,即先将复杂问题分解,逐一解决,然后通过系统综合,获得所需要的解答。在系统的可靠性评估问题中,首先应该建立系统的结构模型,将整个系统用其组成零部件表示;然后对每个零部件收集信息,做出可靠度评估;最后利用零部件的可靠度,结合系统的结构模型,对系统可靠度做出估计。

2.4.1.1 可靠性框图

可靠性框图是最常用的一种系统可靠性模型。一个典型的可靠性框图模型如图2.4.1所示。在图2.4.1中,方框表示部件,如果端点 a 和 b 之间是连通的,则表示该系统工作正常,没有发生故障。

串联系统是指当且仅当一个系统中的 n 个组件全部正常工作时系统才能正常工作的

系统。图 2.4.2 展示了串联系统的可靠性框图。对于这个系统,若要正常运行,必须存在从节点 a 到节点 b 的正常工作路径,即在图 2.4.2 中,n 个组件必须同时正常工作。

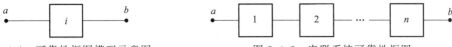

图 2.4.1　可靠性框图模型示意图　　　　图 2.4.2　串联系统可靠性框图

并联系统是指一个系统中的各组件中至少有一个组件正常工作时系统即可正常工作的系统。图 2.4.3 展示了并联系统的可靠性框图。对于这个系统,若要正常运行,在节点 a 到节点 b 之间至少存在一条正常工作的路径,即在图 2.4.3 中,n 个组件中至少有一个正常工作。

串联系统和并联系统都可以视为 k-of-n 系统的特例。一个由 n 个部件组成的系统,当其中至少 k 个部件正常工作时系统才正常工作,这样的系统即 k-of-n 系统。当 $k=1$ 时,为并联系统;当 $k=n$ 时,为串联系统。图 2.4.4 给出了一个一般的 k-of-n 系统的可靠性框图,其中 $k=2$,$n=3$。

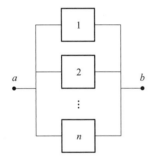
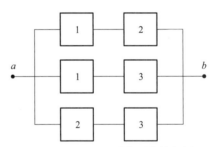

图 2.4.3　并联系统可靠性框图　　　　图 2.4.4　k-of-n 系统可靠性框图

2.4.1.2　结构函数

结构函数是另一种描述系统结构的模型。考虑一个由 n 个部件组成的系统,对于 t 时刻的第 i 个部件,可以定义一个随机变量 $X_i(t)$,且满足如下关系:

$$X_i(t)=\begin{cases}1, & \text{如果第 } i \text{ 个部件在 } t \text{ 时刻正常工作} \\ 0, & \text{如果第 } i \text{ 个部件在 } t \text{ 时刻之前发生故障}\end{cases} \tag{2.4.1}$$

可以通过一个矢量 $\boldsymbol{x}=(x_1,x_2,\cdots,x_n)$ 来总结所有组件的状态。对于矢量 $\boldsymbol{x}$,每一个分量都是一个布尔变量,因此总共有 2^n 种可能的状态。系统的故障或正常工作由 x 的函数确定,这样的函数称为结构函数,并定义如下:

$$\phi(x)=\begin{cases}1, & \text{系统正常} \\ 0, & \text{系统故障}\end{cases} \tag{2.4.2}$$

对于串联系统,当且仅当系统中的 m 个组件全部正常工作时系统才正常工作。因此,当且仅当 $x_1=x_2=\cdots=x_n=1$ 时,$\phi(x)=1$;否则,$\phi(x)=0$。对于上述关系,可以写出如下 3 个等价表达式:

$$\phi(x) = \begin{cases} 1, & \text{若对所有 } i,\text{均有 } x_i = 1 \\ 0, & \text{其他} \end{cases} \tag{2.4.3}$$

$$\phi(x) = \min(x_1, x_2, \cdots, x_n) \tag{2.4.4}$$

$$\phi(x) = \prod_{i=1}^{n} x_i \tag{2.4.5}$$

对于并联系统,当系统中至少有一个组件正常工作时系统即可正常工作。因此,当 $x_1 = x_2 = \cdots = x_n = 0$ 时,$\phi(x) = 0$;否则,$\phi(x) = 1$。对于上述关系,可以写出如下 3 个等价表达式:

$$\phi(x) = \begin{cases} 1, & \text{若对任一 } i,\text{有 } x_i = 1 \\ 0, & \text{其他} \end{cases} \tag{2.4.6}$$

$$\phi(x) = \max(x_1, x_2, \cdots, x_n) \tag{2.4.7}$$

$$\phi(x) = 1 - \prod_{i=1}^{n} (1 - x_i) \tag{2.4.8}$$

对于 k-of-n 系统,当其中至少 k 个部件正常工作时,系统才正常工作。因此,可以写出如下表达式:

$$\phi(x) = \begin{cases} 1, & \sum_{i=1}^{n} x_i \geqslant k \\ 0, & \sum_{i=1}^{n} x_i < k \end{cases}$$

$$= \sum_{j} \left(\prod_{i \in A_j} x_i \right) \left[\prod_{i \in A_j^C} (1 - x_i) \right] \tag{2.4.9}$$

式中 A_j——集合$\{1, 2, \cdots, n\}$的子集,且至少含有 k 个元素;

C——补集。

例如,1 个 2-of-3 系统的结构函数为:

$$\phi(x) = \sum_{j} \left(\prod_{i \in A_j} x_i \right) \left[\prod_{i \in A_j^C} (1 - x_i) \right]$$

$$= x_1 x_2 (1 - x_3) + x_1 x_3 (1 - x_2) + x_2 x_3 (1 - x_1) + x_1 x_2 x_3$$

$$= x_1 x_2 + x_1 x_3 + x_2 x_3 - 2 x_1 x_2 x_3 \tag{2.4.10}$$

2.4.1.3 故障树

许多工业及政府的技术标准中都提到了故障树分析的方法论,包括核能产业的 NRC NUREG-0492、美国国家航空航天局针对航天修改的 NUREG-0492、汽车工程师协会(SAE)针对民用航空器的 ARP4761、军用的 MIL-HDBK-338、IEC 标会 IEC 61025 等。故障树分析已应用到许多产业中。

1) 事件符号

事件符号用来表示主要事件(primary events)以及中间事件(intermediate events)。主要事件在故障树上不会继续展开,中间事件会在闸的输出端出现。

主要事件的符号见表 2.4.1。

表 2.4.1 主要事件的符号

名 称	符 号	说 明
基本事件		系统元件或单元的失效或错误(如开关卡在打开的位置)
外部事件		一般预期事件会发生(本身不是一个失效)
未发展事件		事件的相关资讯不明或没有后续影响
条件式事件		一些会影响或限制逻辑门的条件(如目前运作的模式)

中间事件的闸可以直接接在主要事件的上面,可以保留更多空间作事件的描述。

2)闸符号

闸符号描述输入及输出事件的关系,这些符号衍生自布林逻辑符号。

闸运作的方式见表 2.4.2。

表 2.4.2 闸运作的方式

名 称	符 号	说 明
或 闸		若发生任何一个输入事件,则输出事件也会发生
及 闸		若发生所有的输入事件,则输出事件才会发生
互斥或闸	不同时发生	若输入事件中恰好有一个发生,则输出事件就会发生
优先及闸	顺序条件	若输入事件依照条件式事件指定的顺序出现,则输出事件就会发生
禁止闸	顺序条件	若在某条件式事件指示有效时发生输入事件,输出事件就会发生

3)转移符号

转移符号用来连接相关故障树的输入及输出,如子系统的故障树及系统的故障树。常用转移符号见表2.4.3。

表 2.4.3　转移符号

名　　称	符　　号	说　　明
转移进入	△A	A 为子树代号，用字母或数字表示，转到以字母或数字为代号所指的地方
转移出去	△A	A 为子树代号，由具有相同字母或数字的符号转移到这里

转移符号用来连接相关故障树的输入及输出，如子系统的故障树及系统的故障树。

2.4.2　系统可靠性分析

对于处于 t 时刻的第 i 个部件，定义随机变量 $X_i(t)$，并且规定：

$$X_i(t)=\begin{cases}1, & \text{如果第 } i \text{ 个部件在 } t \text{ 时刻仍正常}\\0, & \text{如果第 } i \text{ 个部件在 } t \text{ 时刻之前发生故障}\end{cases}$$

同时定义系统结构函数为：

$$\phi[X(t)]=\begin{cases}1, & \text{如果系统在 } t \text{ 时刻仍正常}\\0, & \text{如果系统在 } t \text{ 时刻之前发生故障}\end{cases}$$

对于不可修的部件，可靠度函数定义为 $R_i(t)=P[X_i(t)]=1$。同样地，对于系统，可靠度函数定义为 $R_s(t)=P[\phi(X(t))=1]$。

对于一个由 n 个部件构成的串联系统，假设部件之间相互独立，则系统的可靠度函数可以表示为：

$$R_s(t)=\prod_{i=1}^{n}R_i(t) \tag{2.4.11}$$

对于并联系统，同样假设部件之间相互独立，此时系统的可靠度函数为：

$$R_s(t)=1-\prod_{i=1}^{n}[1-R_i(t)] \tag{2.4.12}$$

对于 $k\text{-}of\text{-}n$ 系统，其结构函数如下：

$$\phi(x)=\begin{cases}1, & \sum_{i=1}^{n}x_i \geqslant k\\[2mm]0, & \sum_{i=1}^{n}x_i < k\end{cases} \tag{2.4.13}$$

简单起见，假设系统中的每个组件具有相同的可靠度函数，即 $R_i(t)=R(t)$，$i=1$，$2,\cdots,n$，同时假设部件之间相互独立，定义 $Y(t)=\sum_{i=1}^{n}X_i(t)$。在给定时间 t 内，$Y(t)\sim B(n,R(t))$，则可靠度函数为：

$$R_s(t) = P[Y(t) \geqslant k]$$
$$= \sum_{y=k}^{n} \left(\frac{n}{y} \right) [R(t)]^y [1-R(t)]^{n-y}$$
$$= 1 - \sum_{y=0}^{k-1} \left(\frac{n}{y} \right) [R(t)]^y [1-R(t)]^{n-y} \tag{2.4.14}$$

2.5　设备可靠性计算的相关要求

诸多规范标准对设备的可靠性分析提出了要求,如 IEC 61508-2:2010 *Functional safety of electrical/electronic/programmable electronic safety-related systems Part 2:Requirements for electrical/electronic/programmable electronic safety-related systems*(GB/T 20438.2—2017《电气/电子/可编程电子安全相关系统的功能安全　第 2 部分:电气/电子/可编程电子安全相关系统的要求》)对电气/电子/可编程电子的可靠性提出了明确要求[22,23],主要内容涉及可靠性建模参数、可靠性计算、建模方法。

(1) 可靠性建模参数:根据检验测试频率、测试环境等要求,通过检验测试获取可靠性参数。

(2) 可靠性计算:即使所有子系统的硬件故障裕度都已实现,也还有必要通过可靠性计算证明系统整体达到了规定的目标失效量。可靠性模型中的输入参数,如故障率的平均值与不确定度(如 90%置信区间或概率分布),应基于在役组件在类似应用和环境下同时满足国际标准(IEC 60300-3-2 或 ISO 14244)中关于数据采集的要求,如有必要,还应实施特定的测试以验证数据的准确性。

(3) 建模方法:可靠性模型中应考虑平均修复时间(MTTR)与平均维修时间(MRT)(GB/T 20438.4—2017 中 3.6.21 与 3.6.22),由分析人员根据具体情况确定适用的建模方法,可行方法包括因果分析(GB/T 20438.7—2017 中附录 B.6.6.2)、故障树分析(GB/T 20438.7—2017 中附录 B.6.6.5)、马尔可夫模型(GB/T 20438.6—2017 中附录 B 与 GB/T 20438.7—2017 中附录 B.6.6.6)、可靠性框图(GB/T 20438.6—2017 中附录 B 与 GB/T 20438.7—2017 中附录 B.6.6.7)以及佩特里网(GB/T 20438.6—2017 中附录 B 与 GB/T 20438.7—2017 中附录 B.2.3.3)。

2.6　设备设施失效数据库

2.6.1　OREDA 数据库

由 DNV(挪威船级社)发布的海上设备可靠性数据库(OREDA),在世界范围内收集和交换可靠性数据,并协调和管理油气行业的可靠性数据[24]。OREDA 是一个综合性数据库,具有各种地理区域、装置、设备类型和操作条件下勘探和生产设备的可靠性和维护数据。其中,设备类型主要有海上水下和平台上部设备,以及部分陆上设备,又可细分为机电设备、电气设备、机械设备、控制和安全设备系统、海底装备五类。OREDA 数据库包含 278 个安装、17 000 个设备单元的数据,以及超过 39 000 个故障和 73 000 个维护记录,可作为设备性能预测或 RAM 分析的基础。

2.6.1.1　数据库涉及概念

OREDA 数据库涉及日历时间、运行时间、响应次数、失效次数、失效率、维修时间等概念。

(1)日历时间:设备的观测时间,即从准备记录该设备失效率开始到记录停止。数据右上角标 * 表示失效率采用的是设备日历时间。

(2)运行时间:设备用于执行其功能作用的总的观测时间,为近似值。数据右上角标＋表示失效率采用的是设备运行时间。

(3)响应次数:设备失效时人工维修次数,为近似值。

(4)失效次数:所有模式下累计失效次数。

(5)失效率(λ):工作到某一时刻尚未失效的设备,在该时刻后单位时间内发生失效的概率。

(6)维修时间:以人工时计,即设备恢复至实现其功能所需的时间,该参数反映设备维修容易与否。

2.6.1.2　数据库结构和设备范围

OREDA 中每个设备的相关数据分为 3 部分:① 清单,记录对设备的描述、设备型号、操作模式等;② 失效数据,监测期间记录的设备相关失效数据;③ 维护数据,监测期间记录的设备故障维修及日常维护数据。

工艺装置上下游设备连接复杂紧密,仪表阀门众多,划定合适的记录范围才会得到准确的设备数据。以泵设备为例,如图 2.6.1 所示,OREDA 以虚框的形式明确数据记录范围,只有虚框内的系统出现故障,此次失效才被记为该设备的失效。

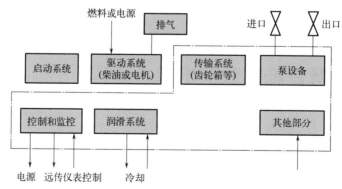

图 2.6.1　泵设备可靠性数据统计范围

2.6.1.3　失效数据和可维修单元

在 OREDA 数据库中,失效数据形式包括设备资料、失效模式、失效次数等;失效数据主要包括日历时间最小、平均、最大失效率及运行时间最小、平均、最大失效率;可维修性数据包括主动维修时间、维修人工时。失效率越低,表示设备在记录过程中失效次数越少。

由于设备的可靠性是指设备在规定的时间和条件内完成规定功能的能力,而规定条件是指维护条件、环境条件和使用条件,所以失效率高的设备需要提高其维护条件。设备由不同零件组成,各个零件使用频率有所差别。

OREDA 数据库在记录设备维修数据时将设备拆分成不同的系统,设备失效时记录具体的失效部位。例如,泵划分为传输部分、泵、控制和监控部分、润滑部分和其他部分,各部分再细分到可维修单元。设备的可维修单元根据 4 个严重程度等级(临界、退化、初始、未知)记录了仪表读数异常、故障、异常输出等 19 种失效模式。

2.6.1.4　可靠性数据选用

1)失效率

在 OREDA 数据库中,失效率均以每百万小时为单位,某个设备的失效次数记为 n,设备失效率记录所需的时间记为 τ,设备在 τ 时间内的失效率记为 $\bar{\lambda}$。

点估计失效率即记录的各设备失效样本数据,其计算公式为 $\dfrac{n}{\tau}$,即总失效数与总体服务时间之比,表示在设备失效率数据记录期间记录的设备失效率数据样本。将点估计失效率进行统计学分析,根据统计学置信区间计算平均失效率,得到期望值 $\lambda_{平均}$;设备失效率下限值、上限值为失效率 90% 置信区间的失效率最高值和最低值;标准偏差(SD)表示数据集合的离散程度。期望值 $\lambda_{平均}$ 表示设备最具代表性的失效率,可以代表同类设备的失效率。

2)统计时间

$\lambda_{平均}$ 的统计时间分为两类,分别为日历时间和运行时间。日历时间是设备的记录时间,如果设备没有运行,处在闲置状态,也计入时间;运行时间则是设备在记录状态时正在运行的人为估计时间,运行时间小于或等于日历时间。这两种时间记录范围内设备失效的次数是相同的,但是时间数值大小有差别。

一般选取日历时间下的失效率 $\lambda_{平均}$,这是因为 OREDA 数据库主要收录生产过程具有高度连续性的工程设备,可理解为在记录设备的失效率过程中,设备都处于运行状态。此外,运行时间不包括设备检查和维修时间,而维修性也是体现设备可靠性的重要因素,不应该忽略。

3)维修时间

设备维修时间包括主动维修时间和维修人工时。主动维修时间是指维修设备至其能正常工作所需的真实时间,不包括关停、准备以及修复后的重新启动时间等,主动维修时间与企业管理效率有关。维修人工时表示将设备修复至正常使用所需要的人工时。维修人工时有3类数据,分别是维修人工时期望值、维修人工时上限和下限,由设备维修所需时间的样本值进行统计分析得出。一般选择修复人工时的期望值为维修时间,它是最具代表性的维修时间,更贴近真实需要的维修时间。

ISO 14224:2016 *Petroleum,petrochemical and natural gas industries-Collection and exchange of reliability and maintenance data for equipment*《石油、石化产品和天然气工业·设备可靠性和维修数据的采集与交换》中给出了设备维修维护时间的划分,如图2.6.2所示。

图2.6.2 维修维护时间

2.6.1.5 OREDA 数据库应用

1)工艺系统设计

可靠性数据可以帮助设计人员合理选择工艺设备,控制技术质量和费用风险,提高装置的整体安全技术水平。利用失效率数据和可靠性框图分析方法判断装置是否可以达到预期运行时间,如果达不到,则通过查询 OREDA 数据库,选择失效率较低的设备即质量更好的设备进行替换,以获取合适的运行时间。在工艺系统设计过程中,对于重要设备,根据失效率可判断是否采取备用设备或选择合适备用数量。按照上述选取原则选取设计涉及的设备失效率,利用故障树或可靠性框图模型进行计算,即可验证。例如,数据库记录工艺流程中仪表的失效率很高,如泵仪表的失效率高达 26.36%,换热器仪表的失效率高达 15.32%。这要求工程师在设计过程中务必在关键部位设计好仪表冗余和表决机制,以免成为设备有效运行的短板。

2)设备选型

根据国内外石油化工企业事故的统计资料,安全生产中设备和人的影响高达 80%。因此,正确的设备选型可保证正常生产。以泵为例,离心式泵的失效率为每百万小时 21.6 次,维修时间为 39.7 h;往复式泵的失效率高达每百万小时 40.61 次,维修时间为 8.3 h。离心式泵的失效率虽然仅约为往复式泵的一半,但是它的维修时间却是往复式泵的近 5 倍。由此可知,离心式泵维修时间较长,当离心式泵不能长时间停工时,须设置备用泵。如果允许几个小时内停工,并且离心式泵和往复式泵都满足工艺条件,则可以用往复式泵替换离心式泵,因为往复式泵的维修时间较短,而且整体失效时间比离心式泵短。当离心式泵的介质是油品时,失效率为每百万小时 75.95 次,而当介质为消防水时,其失效率仅为每百万小时 0.86 次。可见,输送不同的介质时,同样的设备失效率是不同的。离心式泵与往复式泵各有优劣,在设计阶段可根据工艺的具体需求进行选择。

3）安全完整性等级（SIL）评估

安全仪表系统（SIS）保障石化设备长周期安全运行的作用与日俱增,因此分析和检测 SIS 的安全性能凸显重要。以工艺系统流程为研究对象,通过对设备可靠性、保护充分性和工艺危险性进行定量风险分析,对工程设计是否满足设计安全要求进行评估,确定是否需要设置 SIS 系统,再通过保护层分析（LOPA）计算确定所需要的安全仪表功能和应满足的安全完整性等级要求。设备可靠性可通过在 OREDA 数据库中查找相关设备的失效率数据计算。

2.6.2　CCPS

美国化学工程师学会（AIChE）是由美国化学工程师组成的化学工程学术团体,于 1908 年成立,宗旨是从理论和实践发展化学工程,提高会员的专业水平,为社会服务。通过与设计师、建筑商和运营商、安全专业人员、学术界的紧密联系,AIChE 增强沟通并促进改善行业安全标准,其出版刊物和举办的会议成为化工行业对事故原因和预防方法的信息资源。

美国化工过程安全中心（Center for Chemical Process Safety,CCPS）是美国化学工程师学会下属的一家非营利性企业联合组织,该中心致力于化工、制药、石油等领域的过程安全研究与评估。

CCPS 出版的 *Guidelines for process equipment reliability data*《过程设备可靠性数据指南》为工程师和风险分析师提供了执行定量风险评估所需的故障率数据[25]。

涉及的设备设施种类如下：

1.0　Electrical equipment（电气设备）

　　1.1　Motors（电动机）

　　1.2　Power conditioning and protection devices（电源调节和保护装置）

　　1.3　Power generation（发电机）

2.0　Instrumentation（仪器仪表）

　　2.1　Process wetted and field instrumentation（工艺系统仪表）

　　2.2　Control room instrumentation（控制室仪表）

3.0　Process equipment（工艺设备）

3.1　Heat transfer devices(传热装置)

　　3.1.1　Fired(明火)

　　3.1.2　Non-fired(非明火)

3.2　Piping systems(管道系统)

　　3.2.1　Metal(金属)

　　3.2.2　Lined pipe(内衬管)

　　3.2.3　Rigid plastic piping(硬质塑料管)

　　3.2.4　Tubing systems(管路系统)

　　3.2.5　Hoses(软管)

3.3　Rotating equipment(旋转设备)

　　3.3.1　Centrifuges(离心机)

　　3.3.2　Compressors(压缩机)

　　3.3.3　Blowers(鼓风机)

　　3.3.4　Motor driven fans(电机驱动风扇)

　　3.3.5　Extruders(挤压机)

　　3.3.6　Mixers/blenders(搅拌机)

　　3.3.7　Pumps(泵)

　　3.3.8　Rotary agitators(旋转搅拌器)

3.4　Solids handling(固体处理)

　　3.4.1　Baggers/packagers(装袋机/包装机)

　　3.4.2　Conveyors(输送机)

　　3.4.3　Elevators(电梯)

　　3.4.4　Feeders(进料器)

　　3.4.5　Separators(分离器)

　　3.4.6　Size reducers(破碎机)

3.5　Valves(阀)

　　3.5.1　Check valves(止回阀)

　　3.5.2　Manual valves(手动阀)

　　3.5.3　Operated valves(操作阀)

3.6　Vessels and accumulators(容器和蓄能器)

　　3.6.1　Atmospheric(常压容器)

　　3.6.2　Pressurized(压力容器)

　　　　3.6.3　Vacuum(真空容器)

　　3.7　Miscellaneous(其他)

　　　　3.7.1　Electrolytic cells(电解槽)

　　　　3.7.2　Seals/gaskets(密封件/垫片)

4.0　Protection systems(保护系统)

　　4.1　Corrosion(腐蚀)

　　4.2　Fire(火灾)

　　4.3　Pressure(压力)

5.0　Utilities(公用设备)

　　5.1　Cooling water systems(冷却水系统)

　　5.2　Flares(火炬)

　　5.3　Gas generators(气体发生器)

　　5.4　Heating systems(供暖系统)

　　5.5　Heating,ventilating and air conditioning(HVAC)(暖通空调)

　　5.6　Incinerators(焚烧炉)

　　5.7　Refrigeration(制冷设备)

　　5.8　Steam systems(蒸汽系统)

2.6.2.1　CCPS 数据库应用

　　在化工工艺定量风险评估过程中,可应用 CCPS 可靠性数据,通过"设备索引"确定研究设备分类编号,并进一步查找失效数据清单,得到设备故障率。设备故障率为所研究设备的故障总数除以设备的总暴露小时数(时间相关率)或设备的总需求(需求相关率)。

2.6.2.2　CCPS 分类结构

　　CCPS 数据库分为 3 个层次结构:设备描述、服务描述和故障描述。

1)设备描述

　　设备描述中定义的因素包括设备功能、驱动类型、制造技术、内部构件、结构材料和设计原则。通过定义数据单元并精准选择数据,可进一步减少故障率数据的分散性。此外,设备边界图也是设备描述的关键要素,它定义了每个单元相关设备的组件。

2)服务描述

服务描述包括两部分:操作模式和工艺危害性。

工艺危害性表征了设备材料及其工艺介质,它可分为以下 4 个等级:

（1）清洁介质，如干燥清洁的空气、饮用水、氮气。

（2）一般危害，指非腐蚀性、非磨损性和非堵塞性流体，如天然气、乙醇、通用蒸汽；

（3）中度危害，指中度腐蚀、中度磨损或中度堵塞，如干氯、无水氨、未经处理的海水；

（4）重度危害，指严重腐蚀、严重磨损或严重堵塞，如湿氯化氢、煤浆等。

3）故障描述

故障描述包括故障模式、严重度和类型。针对每一类设备，失效数据包括：

（1）时间相关（time-related）数据，设备失效次数与时间有关，如运行中的泵。

（2）需求相关（demand-related）数据，设备失效次数与操作次数有关，如开关。

故障可能发生在动设备和静设备两大类设备中。

（1）动设备：通过物理驱动实现其功能的设备，如旋转设备。

（2）静设备：通过非物理驱动实现其功能的设备，如管道、储罐。

失效模式的严重度分为以下三级。

（1）灾难：突然发生的故障，导致一项或多项基本功能终止。

（2）退化：逐渐发展成局部故障。

（3）初期：设备状态或条件存在缺陷，若不采取控制措施，可能会导致故障扩大或造成灾难性后果。

故障严重度以及动设备的多种失效模式见表2.6.1。

表 2.6.1　动设备故障模式

			失效模式严重度		
			灾　难	退　化	初　期
部件或设备状况的变化		操作运行	① 操作（运行）失败； ② 无输出	① 输出低； ② 输出高； ③ 输出不稳定； ④ 锁定在一种操作模式下； ⑤ 输出高于或低于规定要求	通过以下途径发现： ① 局部检查（过热、泄漏、污染、噪声、剧烈振动、气味、裂纹等）； ② 测试，即在待机操作模式下，测试输出高于或低于规定限值； ③ 监测（故障趋势）
	状态	无指令变化	错误信号： ① 启动/停止； ② 插入； ③ 退出； ④ 启动； ⑤ 响应； ⑥ 开启； ⑦ 关闭	① 过早或延迟启动（不按时间顺序发生的启动）； ② 不能持续打开或关闭	
		未按指令执行	未能执行命令： ① 启动； ② 停止； ③ 插入； ④ 退出； ⑤ 开机； ⑥ 响应指令； ⑦ 开启； ⑧ 关闭	反应不当： ① 部分打开、关闭等； ② 振荡（未假设固定位置）	

2.6.3　IOGP

国际油气生产商协会(International Association of Oil & Gas Producers,IOGP)拥有丰富的技术知识和经验,其成员在世界各地开展业务。该协会整理和提炼了故障数据,形成了良好的实践指南。

Risk assessment data directory(Report No. 434)[《风险评估数据目录》(报告编号434)]提供了故障统计数据,该文件涉及表 2.6.2 所述相关内容[26]。

表 2.6.2　故障统计数据

事故数据	重大事故
	职业风险
	陆路运输事故统计
	航空运输事故统计
	水运事故统计
	海上装置的施工风险
事件数据	工艺泄漏频率
	立管和海管泄漏频率
	储罐事故频率
	井喷频率
	机械起重故障
	船舶/装置碰撞
	点火概率
	后果模型
	海上设施的结构风险
安全系统	定量风险评估中可靠性数据的查找和使用指南
脆弱性	人的脆弱性
	厂房/构筑物的脆弱性
	逃生、疏散和救援
	定量风险评估中的人为因素

2.6.4　中国核电厂设备可靠性数据

国家核安全局委托生态环境部核与辐射安全中心建立了中国核电厂设备可靠性数据库平台并负责各运行核电厂上报数据的处理及国家数据报告的编制。《中国核电厂设备可靠性数据报告》(2022 版)[27]在原有数据的基础上,以美国 NUREG/CR-6928(2007 版)作为通用数据源,采用适当的数据处理方法进行了参数估计,对各核电厂新报送的数据进行了整合和处理。表 2.6.3 给出了我国运行核电厂商运行至 2018 年底常用设备的可靠性数据统计结果。

表2.6.3　核电常用设备可靠性数据统计

序号	设备类型	失效模式	5%置信下限	均值	95%置信上限	误差因子	分布类型及分布参数			数据来源[①]
							分布类型[②]	α/ζ	β/m	
1	电动泵	FS:启动失效	1.05×10^{-4}	1.41×10^{-4}	1.86×10^{-4}	1.33	LN			D
		FR:运转失效	2.78×10^{-6}	3.44×10^{-6}	4.21×10^{-6}	1.23	LN			D
2	汽动泵	FS:启动失效	8.38×10^{-4}	1.49×10^{-3}	2.47×10^{-3}	1.72	LN			D
		FR:运转失效	8.70×10^{-5}	2.94×10^{-4}	6.01×10^{-4}	2.63	Gamma	3.30	1.12×10^{4}	B
3	柴油机泵	FS:启动失效	4.17×10^{-7}	3.88×10^{-3}	1.77×10^{-2}	2.06×10^{2}	Beta	3.00×10^{-1}	7.73×10^{3}	M
		FR:运转失效	1.29×10^{-6}	1.57×10^{-4}	5.64×10^{-4}	2.09×10^{1}	Gamma	5.80×10^{-1}	3.73×10^{3}	M
4	电动阀	FO:拒开	3.56×10^{-4}	4.25×10^{-4}	5.03×10^{-4}	1.19	LN			D
		FC:拒关	3.44×10^{-4}	4.11×10^{-4}	4.89×10^{-4}	1.19	LN			D
		FA:运行中卡死	1.90×10^{-8}	4.83×10^{-8}	1.02×10^{-7}	2.31	LN			D
		SA:误动作	4.32×10^{-9}	1.39×10^{-8}	2.80×10^{-8}	2.55	Gamma	3.50	2.51×10^{8}	B
5	气动阀	FO:拒开	3.37×10^{-4}	4.12×10^{-4}	4.99×10^{-4}	1.22	LN			D
		FC:拒关	1.23×10^{-4}	1.70×10^{-4}	2.30×10^{-4}	1.36	LN			D
		FA:运行中卡死	5.63×10^{-8}	1.00×10^{-7}	1.66×10^{-7}	1.72	LN			D
		SA:误动作	2.13×10^{-7}	2.92×10^{-7}	3.93×10^{-7}	1.36	LN			D
6	电磁阀	FO:拒开	2.70×10^{-6}	9.54×10^{-4}	3.74×10^{-3}	3.72×10^{1}	Beta	4.71×10^{-1}	4.93×10^{2}	M
		FC:拒关	2.58×10^{-4}	4.36×10^{-4}	6.93×10^{-4}	1.64	LN			D
		FA:运行中卡死	9.64×10^{-8}	2.69×10^{-7}	5.11×10^{-7}	2.30	Gamma	4.30	1.60×10^{7}	B
		SA:误动作	2.07×10^{-7}	4.40×10^{-7}	8.27×10^{-7}	2.00	LN			D
7	先导式安全阀	FO:拒开	1.91×10^{-4}	4.84×10^{-4}	1.02×10^{-3}	2.31	LN			D
		FC:拒关	5.31×10^{-5}	2.32×10^{-4}	5.13×10^{-4}	3.11	Beta	2.50	1.08×10^{4}	B
		SA:误动作	9.15×10^{-9}	1.01×10^{-7}	2.75×10^{-7}	5.48	Gamma	1.30	1.29×10^{7}	B

续表

序号	设备类型	失效模式	5%置信下限	均值	95%置信上限	误差因子	分布类型②	α/ζ	β/m	数据来源①
8	弹簧加载式安全阀	FO:拒开	2.66×10^{-7}	2.47×10^{-3}	1.13×10^{-2}	2.06×10^{2}	Beta	3.00×10^{-1}	1.21×10^{2}	M
		FP:卡开	2.66×10^{-7}	6.76×10^{-5}	2.60×10^{-4}	3.13×10^{1}	Beta	5.00×10^{-1}	7.39×10^{3}	M
		SA:误动作	2.00×10^{-11}	2.12×10^{-7}	9.71×10^{-7}	2.20×10^{2}	Gamma	3.00×10^{-1}	1.41×10^{6}	M
		FL:过水卡开	4.62×10^{-4}	1.00×10^{-1}	3.62×10^{-1}	2.80×10^{1}	Gamma	5.00×10^{-1}	4.50	M
9	逆止阀	FO:拒开	1.41×10^{-5}	2.52×10^{-5}	4.17×10^{-5}	1.72	LN			D
		FC:拒关	1.68×10^{-4}	2.02×10^{-4}	2.41×10^{-4}	1.20	LN			D
		FX:不能维持开	—	—	—	—	—			W
10	手动阀	FO:拒开	1.89×10^{-4}	2.97×10^{-4}	4.46×10^{-4}	1.53	LN			D
		FC:拒关	5.58×10^{-4}	7.34×10^{-4}	9.50×10^{-4}	1.30	LN			D
11	应急柴油发电机组	FS:启动失效	4.64×10^{-3}	5.98×10^{-3}	7.58×10^{-3}	1.28	LN			D
		FR:运转失效	9.85×10^{-4}	1.57×10^{-3}	2.39×10^{-3}	1.56	LN			D
12	其他柴油发电机组	FS:启动失效	6.30×10^{-3}	9.40×10^{-3}	1.35×10^{-2}	1.47	LN			D
		FR:运转失效	—	—	—	—	—			W
13	小汽轮发电机组	FS:启动失效	4.06×10^{-3}	7.24×10^{-3}	1.20×10^{-2}	1.72	LN			D
		FR:运转失效	3.62×10^{-4}	9.81×10^{-4}	1.84×10^{-3}	2.26	Gamma	4.50	4.59×10^{3}	B
14	高压电路断路器	FO:拒开	5.19×10^{-5}	3.65×10^{-4}	9.11×10^{-4}	4.19	Beta	1.70	4.66×10^{3}	B
		FC:拒关	1.13×10^{-4}	4.57×10^{-4}	9.89×10^{-4}	2.96	Beta	2.70	5.90×10^{3}	B
		SA:误动作	5.75×10^{-8}	1.69×10^{-7}	3.28×10^{-7}	2.39	Gamma	3.98	2.35×10^{7}	B
15	中低压电路断路器	FO:拒开	2.40×10^{-5}	4.60×10^{-5}	8.03×10^{-5}	1.83	LN			D
		FC:拒关	1.45×10^{-4}	1.87×10^{-4}	2.39×10^{-4}	1.28	LN			D
		SA:误动作	4.98×10^{-8}	7.06×10^{-8}	9.73×10^{-8}	1.40	LN			D

续表

序号	设备类型	失效模式	5%置信下限	均值	95%置信上限	误差因子	分布类型②	α/ζ	β/m	数据来源①
16	停堆断路器	FO:拒开	1.69×10^{-5}	5.46×10^{-5}	1.10×10^{-4}	2.55	Beta	3.50	6.41×10^{4}	B
17	高压母线	FW:运行失效	—	—	—	—	—			W
18	中低压母线	FW:运行失效	2.88×10^{-8}	6.62×10^{-8}	1.31×10^{-7}	2.13	LN			D
19	蓄电池组	FW:运行失效	2.20×10^{-8}	9.90×10^{-8}	2.21×10^{-7}	3.17	Gamma	2.43	2.45×10^{7}	B
20	电池充电器	FW:运行失效	7.03×10^{-7}	9.83×10^{-7}	1.34×10^{-6}	1.38	LN			D
21	逆变电源	FW:运行失效	1.09×10^{-6}	1.46×10^{-6}	1.93×10^{-6}	1.33	LN			D
22	继电器	FW:运行失效	7.24×10^{-9}	6.17×10^{-8}	1.61×10^{-7}	4.71	Gamma	1.50	2.43×10^{7}	B
23	过滤器	GP:堵塞	1.05×10^{-6}	1.26×10^{-6}	1.51×10^{-6}	1.20	LN			D
24	旋转滤网	GP:堵塞	9.04×10^{-6}	1.16×10^{-5}	1.48×10^{-5}	1.28	LN			D
25	地坑滤网	GP:堵塞	—	—	—	—	—			W
26	孔板	GP:堵塞	1.10×10^{-10}	1.00×10^{-6}	4.57×10^{-6}	2.04×10^{2}	Gamma	3.00×10^{-1}	3.00×10^{5}	M
27	板式热交换器	GP:堵塞	3.59×10^{-7}	8.24×10^{-7}	1.63×10^{-6}	2.13	LN			D
		IL:内漏	7.95×10^{-7}	1.31×10^{-6}	2.05×10^{-6}	1.61	LN			D
		EL:外漏	5.09×10^{-7}	9.39×10^{-7}	1.59×10^{-6}	1.77	LN			D
28	管式热交换器	GP:堵塞	6.86×10^{-8}	6.45×10^{-7}	1.71×10^{-6}	4.99	Gamma	1.42	2.20×10^{6}	M
		IL:内漏	1.68×10^{-7}	3.57×10^{-7}	6.70×10^{-7}	2.00	LN			D
		EL:外漏	3.15×10^{-7}	5.61×10^{-7}	9.28×10^{-7}	1.72	LN			D
29	水箱	EP:外漏(承压)	4.49×10^{-9}	3.83×10^{-8}	9.98×10^{-8}	4.71	Gamma	1.50	3.92×10^{7}	B
		EN:外漏(常压)	2.92×10^{-8}	7.92×10^{-8}	1.49×10^{-7}	2.26	Gamma	4.50	5.68×10^{7}	B
30	储气罐	FF:功能丧失	1.45×10^{-8}	6.92×10^{-8}	1.57×10^{-7}	3.29	Gamma	2.30	3.32×10^{7}	B

续表

序号	设备类型	失效模式	5%置信下限	均　值	95%置信上限	误差因子	分布类型及分布参数			数据来源①
							分布类型②	α/ζ	β/m	
31	变压器	FW:运行失效	3.14×10^{-7}	4.93×10^{-7}	7.40×10^{-7}	1.53	LN			D
32	流量传感器/变送器	FW:运行失效	1.12×10^{-6}	1.28×10^{-6}	1.46×10^{-6}	1.14	LN			D
33	液位传感器/变送器	FW:运行失效	2.10×10^{-6}	2.40×10^{-6}	2.72×10^{-6}	1.14	LN			D
34	压力传感器/变送器	FW:运行失效	9.23×10^{-7}	1.09×10^{-6}	1.28×10^{-6}	1.18	LN			D
35	温度传感器/变送器	FW:运行失效	2.29×10^{-7}	2.84×10^{-7}	3.49×10^{-7}	1.24	LN			D
36	转速传感器/变送器	FW:运行失效	3.50×10^{-7}	5.59×10^{-7}	8.48×10^{-7}	1.56	LN			D
37	风　机	FS:启动失效	5.75×10^{-5}	9.72×10^{-5}	1.54×10^{-4}	1.64	LN			D
		FR:运转失效	2.61×10^{-6}	3.33×10^{-6}	4.18×10^{-6}	1.26	LN			D
38	冷冻机组	FS:启动失效	4.81×10^{-3}	5.71×10^{-3}	6.74×10^{-3}	1.18	LN			D
		FR:运转失效	2.26×10^{-5}	2.64×10^{-5}	3.08×10^{-5}	1.17	LN			D
39	空气压缩机组	FS:启动失效	2.06×10^{-4}	2.72×10^{-4}	3.53×10^{-4}	1.31	LN			D
		FR:运转失效	2.41×10^{-5}	2.98×10^{-5}	3.65×10^{-5}	1.23	LN			D
40	空气干燥器	FF:功能丧失	2.26×10^{-6}	3.41×10^{-6}	4.95×10^{-6}	1.48	LN			D
41	控制棒及驱动机构	FF:功能丧失	1.08×10^{-5}	4.72×10^{-5}	1.04×10^{-4}	3.11	Beta	2.50	5.30×10^{4}	B

注：① 数据来源中，"B"表示采用美国 NUREG/CR-6928 数据和电厂统计数据经贝叶斯估计方法估计方法得到的后验数据；"D"表示根据电厂统计数据使用经典估计方法计算得到的数据；"M"表示美国 NUREG/CR-6928 数据；"W"表示该设备类无先验数据且电厂统计失效次数小于 5 次，暂不进行处理的数据。
② 分布类型中，Gamma 表示伽马分布，Beta 表示贝塔分布，LN 表示对数正态分布。对于采用经典估计方法估计的数据均假设符合对数正态分布。

2.7 可靠性模型应用案例

2.7.1 可靠性数据对标分析

国内某内燃发电机组投用 2 年,现场对故障数据进行了统计,故障统计情况如图 2.7.1 所示。由图可知,该燃气发电机组存在的主要问题为:

(1) 爆震;

(2) 启动困难或跳机,由发电机异常、火花塞失效等多种因素导致该种失效模式;

(3) 信号异常,主要为电缆信号问题;

(4) 温度异常,主要为火花塞故障导致缸温较低;

(5) 传感器,氮氧传感器(NO_x sensor)失效次数较多;

(6) 其他,主要为管道、法兰泄漏等问题。

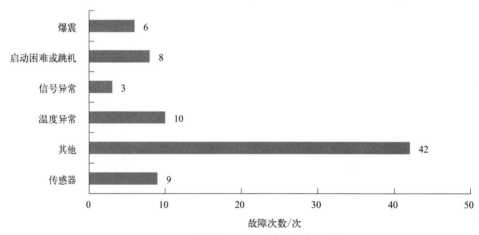

图 2.7.1　燃气发电机组故障次数统计

将上述各类故障与 OREDA 数据库不同部件的故障情况进行对比分析,根据上述统计的故障情况按照不同部件进行分解并计算失效率,结果如表 2.7.1、图 2.7.2、图 2.7.3 所示。通过数据对比(与 OREDA 统计的均值进行对比)发现:

(1) 压力传感器的失效率高于行业平均值,温度传感器的失效率略低于行业平均值,氮氧传感器失效率远高于平均值;

(2) 燃烧室失效率与行业平均值基本一致,目前定期更换火花塞且基本解决了爆震问题,故后期失效率进一步降低;

(3) 管道失效率远高于行业平均值。

表 2.7.1　不同部件对应失效率

实际失效部件			OREDA 中对应失效部件				
部件名称	失效次数/次	失效率/10^{-6}	部件名称	比例/%	失效率/10^{-6}		
					下　限	均　值	上　限
压力传感器、压力表	4	93.006	Instrument, pressure（仪表,压力）	4.27	10.321	51.207	117.770
温度传感器	2	46.503	Instrument, temperature（仪表,温度）	5.40	13.052	64.758	148.937
氮氧传感器	4	93.006	Instrument, level（仪表,浓度）	0.70	1.692	8.395	19.307
燃烧室	6	6.975	Combustion chambers（燃烧室）	0.54	1.305	6.476	14.894
缸套	1	1.163	Casing（外箱）	0.66	1.595	7.915	18.203
管道	7	162.760	Piping（管道）	3.12	7.541	37.416	86.052
阀门	3	69.754	Valves（阀门）	10.64	25.718	127.598	293.461
电控制器件	2	46.503	Control unit（控制单元）	5.53	13.367	66.317	152.522
信号线	2	46.503	Cabling & junction boxes（电缆和接线盒）	1.92	4.641	23.025	52.955

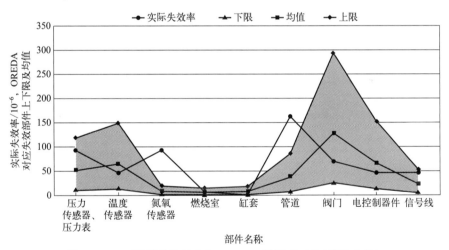

图 2.7.2　不同部件失效率与 OREDA 数据库对比（线性坐标）

2.7.2　可靠性模型拟合

根据故障统计数据,可以对数据进行拟合分析,确定分布类型。目前数据拟合和分析的软件较多,本小节以 Python Scipy 库为例进行说明。

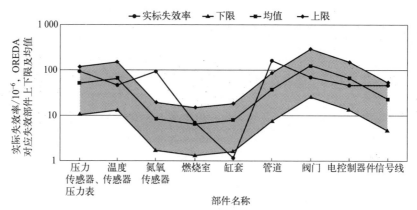

图 2.7.3 不同部件失效率与 OREDA 数据库对比(对数坐标)

2.7.2.1 Python Scipy 库

Python 中的 Scipy 是一个用于数学、科学、工程领域的常用软件包,可以处理插值、积分、优化、图像处理、常微分方程数值解的求解、信号处理等问题。Scipy 用于计算 Numpy 矩阵时,可与 Numpy 协同工作,高效解决问题。

stats 是 Scipy 里面的一个很好的统计推断模块,包含多种概率分布函数、分布函数的参数调参及拟合优度检验方法。

1) 分布函数

Python 中有多种分布函数,常用的有正态分布、对数正态分布、耿贝尔分布、威布尔分布及指数分布,Python 中典型分布函数与拟合参数见表 2.7.2。

表 2.7.2 典型分布函数与拟合参数

序号	分布函数	拟合参数	图 形
1	正态分布	$f(x)=\dfrac{1}{\sqrt{2\pi}\sigma}\exp\left[-\dfrac{(x-\mu)^2}{2\sigma^2}\right]$ 拟合参数为:$loc=\mu$,$scale=\sigma$ loc 为位置参数,$scale$ 为形状(尺度)参数	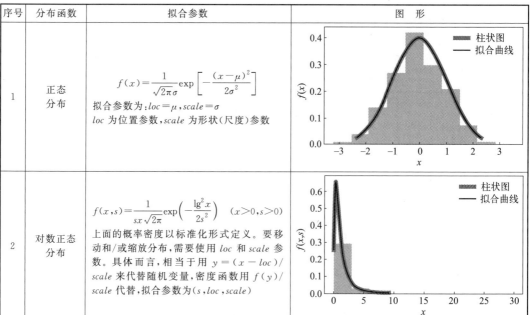
2	对数正态分布	$f(x,s)=\dfrac{1}{sx\sqrt{2\pi}}\exp\left(-\dfrac{\lg^2 x}{2s^2}\right)$ ($x>0$,$s>0$) 上面的概率密度以标准化形式定义。要移动和/或缩放分布,需要使用 loc 和 $scale$ 参数。具体而言,相当于用 $y=(x-loc)/scale$ 来替代随机变量,密度函数用 $f(y)/scale$ 替代,拟合参数为(s,loc,$scale$)	

序号	分布函数	拟合参数	图　形
3	指数分布	$f(x)=\exp(-x)$　$(x\geqslant 0)$ 要移动和/或缩放分布,需要使用 loc 和 $scale$ 参数,拟合参数为 $(loc,scale)$	
4	耿贝尔分布	$f(x)=\exp[-(x+\mathrm{e}^{-x})]$ 要移动和/或缩放分布,需要使用 loc 和 $scale$ 参数,拟合参数为 $(loc,scale)$	
5	威布尔分布	$f(x,a,c)$ $=ac[1-\exp(-x^c)]^{a-1}[\exp(-x^c)]^{c-1}$ 其中,a 为幂参数,c 为形状参数。 要移动和/或缩放分布,需要使用 loc 和 $scale$ 参数,拟合参数为 $(a,c,loc,scale)$	

2）分布函数对应参数估计

不同参数估计方法对分析结果有重要影响,常用的参数估计方法有最大似然估计法、矩估计法。最大似然估计法计算精度较高,通常用它进行参数估计。

3）拟合优度检验

拟合优度检验是用来检验某个未知分布的随机样本是否符合某种已知的分布函数,即判断该随机样本服从某种真实的分布是否合理。常用的拟合优度检验方法主要有 Kolmogorov-Smirnov(K-S)检验法、Anderson-Darling 检验法、χ^2 检验法等,其中 K-S 检验法较为常用。K-S 检验法是将观测值的累积频率与假设的分布函数 $F(X)$ 进行对比,求得观测值和标准数据之间的偏差的方法,并参照抽样分布,判断差异是否出于偶然。为此,采用 K-S 检验法对管道腐蚀缺陷数据进行统计分析。

2.7.2.2　数据拟合

以某管道的腐蚀数据为例,采用 Python 中的 Scipy 库进行数据拟合,管道的缺陷数据见表 2.7.3。

表 2.7.3 管道缺陷数据

序　号	缺陷位置 /m	时钟位置 /(hh:mm)	缺陷长度 /mm	缺陷宽度 /mm	缺陷深度 /mm	相对缺陷深度 /%
1	314.36	10:16	51	33	2.385	15
2	1 057.26	6:15	31	10	1.590	10
3	1 061.46	5:55	29	11	1.908	12
4	1 093.07	6:34	26	11	1.590	10
5	1 115.93	5:55	23	12	1.590	10
6	1 124.20	6:41	16	10	1.590	10
7	1 128.69	6:11	16	14	1.749	11
8	1 132.57	6:07	17	12	1.590	10
9	1 134.26	6:14	15	14	2.067	13
10	1 134.46	6:19	22	17	1.908	12
11	1 137.05	6:22	19	13	1.908	12
12	1 138.51	6:22	18	10	1.590	10
13	1 140.80	6:07	24	12	1.590	10
14	1 141.83	6:15	16	10	1.590	10
15	1 142.01	6:08	16	13	1.749	11
16	1 142.14	6:00	17	14	2.067	13
17	1 143.88	6:21	17	14	2.067	13
18	1 145.23	6:09	26	16	1.590	10
19	1 146.14	6:13	24	13	2.544	16
20	1 146.41	6:08	26	13	1.908	12
21	1 146.57	6:35	23	18	1.908	12
22	1 146.75	6:08	16	11	1.590	10
23	1 148.61	6:11	23	13	1.749	11
24	1 150.00	6:40	24	14	1.590	10
25	1 150.64	6:47	24	12	2.226	14
26	1 150.75	6:29	14	10	1.590	10
27	1 152.26	6:22	22	21	2.385	15
28	1 154.22	6:06	32	12	1.908	12
29	1 154.83	6:38	29	11	1.590	10
30	1 155.47	6:54	21	12	1.749	11
31	1 155.72	6:44	22	10	1.590	10

续表

序　号	缺陷位置 /m	时钟位置 /(hh:mm)	缺陷长度 /mm	缺陷宽度 /mm	缺陷深度 /mm	相对缺陷深度 /%
32	1 155.88	6:14	27	12	1.908	12
33	1 157.83	6:34	18	25	2.067	13
34	1 158.58	6:32	17	15	1.590	10
35	1 159.04	6:21	20	10	1.749	11
36	1 159.05	5:52	29	13	2.067	13
37	1 159.26	6:26	20	20	1.908	12
38	1 162.63	6:30	22	16	1.590	10
39	1 163.69	6:29	18	10	1.590	10
40	1 166.72	6:13	20	11	1.590	10
41	1 168.14	6:26	26	11	1.908	12
42	1 176.15	6:16	30	14	1.590	10
43	1 176.74	6:12	28	15	1.590	10
44	1 177.09	7:02	14	12	1.590	10
45	1 182.30	6:25	28	16	1.590	10
46	1 184.32	6:20	30	24	2.703	17
47	1 184.38	6:56	30	18	1.590	10
48	1 184.61	6:40	23	12	1.590	10
49	1 184.92	6:57	30	12	1.590	10
50	1 185.80	6:34	25	20	1.590	10
51	1 185.95	6:20	26	13	1.590	10
52	1 186.03	6:37	20	10	1.590	10
53	1 186.25	6:06	28	36	1.749	11
54	1 186.48	6:15	31	10	1.590	10
55	1 189.90	6:13	28	22	2.067	13
56	1 192.62	6:21	20	10	1.590	10
57	1 192.68	6:09	29	19	1.749	11
58	1 193.22	6:31	19	11	1.590	10
59	1 193.94	6:10	17	10	1.590	10
60	1 235.03	6:43	22	13	1.590	10
61	1 244.04	5:51	27	14	1.749	11
62	1 265.63	6:37	17	14	1.590	10
63	1 267.57	6:16	24	13	1.590	10

续表

序　号	缺陷位置 /m.	时钟位置 /(hh:mm)	缺陷长度 /mm	缺陷宽度 /mm	缺陷深度 /mm	相对缺陷深度 /%
64	1 273.36	6:34	28	11	1.590	10
65	1 295.06	6:07	13	10	1.590	10
66	1 302.07	6:14	19	10	1.590	10
67	1 303.85	6:06	23	42	2.067	13
68	1 318.27	6:19	17	10	1.590	10
69	1 320.15	6:22	21	24	1.908	12
70	1 320.79	6:44	15	10	1.749	11
71	1 331.76	6:33	20	14	1.908	12
72	1 338.90	6:40	20	12	1.908	12
73	1 346.62	6:40	18	11	1.590	10
74	1 351.25	6:06	25	14	1.590	10
75	1 369.06	6:48	28	10	1.749	11
76	1 369.20	6:48	28	11	1.908	12
77	1 370.94	6:31	21	17	1.749	11
78	1 377.65	6:59	20	12	1.590	10
79	1 386.26	6:08	23	11	1.908	12
80	1 386.46	7:02	24	12	1.590	10
81	1 392.73	6:19	30	17	2.385	15
82	1 394.60	6:31	26	10	1.590	10
83	1 395.27	6:27	29	22	1.590	10
84	1 395.61	6:22	25	13	1.749	11
85	1 405.40	6:23	35	10	1.590	10
86	1 421.52	6:32	24	19	1.590	10
87	1 423.67	5:28	32	16	2.067	13
88	1 423.71	6:45	28	18	1.908	12
89	1 426.15	6:23	42	23	1.590	10
90	1 426.43	6:27	36	16	1.908	12
91	1 427.82	6:13	34	17	2.544	16
92	1 428.52	6:20	29	19	1.749	11
93	1 433.14	6:28	40	13	1.590	10
94	1 433.56	6:44	31	16	2.067	13
95	1 433.77	6:17	39	14	1.590	10

序　号	缺陷位置 /m	时钟位置 /(hh:mm)	缺陷长度 /mm	缺陷宽度 /mm	缺陷深度 /mm	相对缺陷深度 /%
96	1 439.71	5:58	41	28	3.180	20
97	1 441.57	6:29	41	16	2.067	13
98	1 446.57	6:00	47	14	1.590	10
99	1 490.04	6:42	19	11	1.590	10
100	1 490.71	6:49	17	10	1.590	10
101	1 565.61	5:43	35	19	1.590	10
102	1 592.65	6:34	28	14	1.908	12
103	1 596.59	6:21	24	22	1.590	10
104	1 596.84	6:34	17	16	1.590	10
105	1 626.16	6:43	18	11	1.590	10
106	1 638.87	6:58	21	13	1.590	10
107	1 638.96	6:52	28	19	1.749	11
108	1 641.23	6:35	24	12	1.590	10
109	1 643.77	6:18	30	12	1.749	11
110	1 643.90	6:49	30	13	1.590	10
111	1 644.22	6:28	26	17	1.908	12
112	1 644.95	6:18	28	25	1.749	11
113	1 647.82	6:27	26	12	1.590	10
114	1 650.25	6:27	21	16	1.590	10
115	1 658.21	6:39	20	11	1.590	10
116	1 661.66	6:40	24	13	2.067	13
117	1 662.82	6:36	32	23	1.590	10
118	1 664.53	7:12	23	16	1.590	10
119	1 669.27	6:25	25	10	1.590	10
120	1 670.55	6:33	22	19	1.590	10
121	1 674.22	6:39	23	14	1.749	11
122	1 687.92	6:49	23	12	1.590	10
123	1 691.90	6:53	28	11	2.067	13
124	1 692.64	6:39	33	15	2.226	14
125	1 694.22	6:40	23	12	1.590	10
126	1 694.61	6:48	23	18	1.590	10
127	1 694.65	6:52	19	14	1.590	10

续表

序 号	缺陷位置 /m	时钟位置 /(hh:mm)	缺陷长度 /mm	缺陷宽度 /mm	缺陷深度 /mm	相对缺陷深度 /%
128	1 698.22	7:14	25	10	1.590	10
129	1 699.13	6:28	18	15	1.590	10
130	1 699.31	6:26	23	15	2.067	13
131	1 699.61	6:47	18	11	1.590	10
132	1 699.66	6:36	21	16	1.590	10
133	1 700.02	6:41	20	12	1.590	10
134	1 700.07	6:45	18	15	1.590	10
135	1 703.84	6:13	30	20	2.385	15
136	1 703.95	6:20	25	18	1.749	11
137	1 704.72	6:39	26	12	2.067	13
138	1 707.36	6:38	26	11	1.749	11
139	1 708.18	7:03	30	16	1.590	10
140	1 709.99	6:42	23	16	1.749	11
141	1 715.62	6:20	26	15	1.749	11
142	1 721.60	6:31	24	19	1.590	10
143	1 737.84	6:30	26	17	1.590	10
144	1 740.21	6:36	20	10	1.590	10
145	1 740.38	6:20	25	10	1.590	10
146	1 742.85	6:30	26	10	1.749	11
147	1 746.48	6:23	23	32	2.385	15
148	1 751.78	6:44	21	10	1.590	10
149	1 753.92	6:30	20	12	1.590	10
150	1 780.86	6:26	22	20	1.590	10
151	1 783.54	6:19	27	12	1.749	11
152	1 787.05	6:36	36	23	1.749	11
153	1 787.67	6:43	22	27	2.067	13
154	1 788.34	7:05	24	16	1.590	10
155	1 789.17	6:29	25	20	1.749	11
156	1 790.49	6:57	26	15	1.749	11
157	1 791.71	6:36	22	29	1.908	12
158	1 793.59	6:48	21	16	1.749	11
159	1 793.87	6:44	21	14	1.590	10
160	1 796.49	7:05	27	13	2.544	16
161	1 801.78	6:32	26	27	1.590	10
162	1 802.58	6:33	19	13	1.908	12

序　号	缺陷位置 /m	时钟位置 /(hh:mm)	缺陷长度 /mm	缺陷宽度 /mm	缺陷深度 /mm	相对缺陷深度 /%
163	1 806.18	6:33	23	14	1.590	10
164	1 808.86	6:27	27	10	1.908	12
165	1 810.70	7:03	22	27	1.908	12
166	1 815.85	6:47	23	10	1.590	10
167	1 816.96	6:46	30	10	1.590	10
168	1 823.58	6:42	22	18	1.590	10
169	1 824.30	6:50	21	16	1.590	10
170	1 847.70	6:24	25	12	1.908	12
171	1 847.78	6:18	18	25	1.590	10
172	1 849.79	6:13	20	12	1.590	10

表 2.7.3 中数据为管道不同里程位置的缺陷数据,缺陷几何尺寸包括缺陷长度、宽度及深度,为体积型缺陷。首先对标准数据进行统计分析。表 2.7.4 给出了平均值、标准差、最大值、最小值及不同分位数对应的数据。

表 2.7.4　数据统计

统计数据	缺陷位置 /m	圆周位置 /(°)	缺陷长度 mm	缺陷宽度 /mm	相对缺陷深度 /%
平均值	1 439.52	6.51	24.46	15.06	11.08
标准差	269.12	0.41	6.19	5.43	1.65
最小值	314.36	5.47	13.00	10.00	10.00
25%分位数	1 177.00	6.30	20.00	11.00	10.00
50%分位数	1 422.60	6.50	24.00	13.50	10.00
75%分位数	1 699.18	6.69	28.00	17.00	12.00
最大值	1 849.79	10.27	51.00	42.00	20.00

利用 Python 对缺陷数据进行拟合,结果见表 2.7.5。

表 2.7.5　缺陷拟合数据

编　号	拟合数据	长度拟合			
		分布函数	*loc*	*scale*	统计量
1	长　度	耿贝尔分布	21.91	4.99	0.061
2	宽　度	耿贝尔分布	14.81	7.09	0.246
3	深　度	耿贝尔分布	11.74	1.02	0.215

以长度缺陷数据为例,其拟合图形如图 2.7.4 所示。

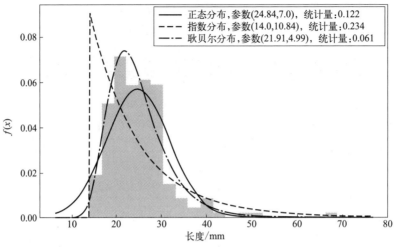

图 2.7.4 分布拟合曲线

长度缺陷数据的最优化拟合分布函数为耿贝尔分布,参数为(21.91,4.99)。利用 Python 模型可以计算出 20 mm≤长度缺陷<22.5 mm 的概率为 0.18。根据数据筛选,长度缺陷在此范围内的个数为 34 个,总共缺陷个数为 175 个,实际概率为 0.19,拟合概率与实际概率相近。

第 3 章　可维修性模型

可维修性是装备(系统)的基本属性之一,是与装备的维修密切相关的设计特性,反映了装备是否具备维修方便、快捷、经济的能力。如果维修处理不好,不仅可能导致经济的损失,而且可能因为不能及时修复而导致整个装备或产品的使用效用降低[28,29]。

1959 年,美国颁布了有关维修性的第一个军用规范 MIL-M-26512《空军航空航天系统与设备维修性要求》,标志着维修性工程的诞生。20 世纪 60 年代中期,美国国防部提出了减少规范数量的标准化计划,用军标来统一要求,形成了 MIL-STD-470《维修性大纲要求》、MIL-STD-471《维修性验证、演示和评估》、MIL-STD-472《维修性预计》等主要的应用标准文件。

随着我国研究与应用的深入,维修性标准日趋完善,颁布了 GJB 2072—1994《维修性试验与评定》、GJB/Z 57—1994《维修性分配与预计手册》和 GJB/Z 91—1997《维修性设计技术手册》等标准,出版了《维修性设计与验证》《维修性设计与分析》等专著。

3.1　维修分类与维修数据

3.1.1　维修分类

设备维修分为预防性维修、预知性维修及事后(故障)维修。

(1) 预防性维修(preventive maintenance):为降低设备设施失效概率或防止功能退化,按预定的时间间隔或按规定准则实施的维修。

(2) 预知性维修(predictive maintenance):根据设备设施监测与检测结果,视设备的具体状态,确定修理时机及方法的维修。

(3) 事后(故障)维修(breakdown maintenance):设备发生故障或者性能下降至不合格水平时所采取的非计划性维修,或对事先无法预计的突发故障进行的维修。

3.1.2　失效数据与维修数据

石油天然气工业设备失效数据有以下两种类型:

(1) 识别数据,如失效记录和设备位置;

(2) 失效数据,具体表征一次失效的数据,如失效日期、失效的维修组件、严重度等级、失效模式、失效原因、观测方法。

设备失效数据详情见表 3.1.1。

表 3.1.1　失效数据

种　类	数　据	描　述
识别数据	失效记录*	特定的失效识别
	设备位置*	设备标牌号通常由制造商给出,标签号通常由企业进行编号
失效数据	失效日期*	失效发现的日期(年/月/日)
	失效模式*	在设备单元水平
	失效对工作的影响	没有、部分或全部(可能还包括安全性影响)
	严重度等级*	对设备单元功能的影响,包括致命失效、非致命失效
	失效描述	失效的描述
	失效原因	失效的原因
	失效的子单元	失效的子单元名称
	失效的维修组件	详细说明失效的维修组件
	观测方法	如何观测失效
注	补充信息	如可能,给出导致失效的环境、关于失效原因的补充信息等更详细的情况

注:* 表示满足 GB/T 20172—2006《石油天然气工业　设备可靠性和维修数据的采集与交换》目标的最少数据。

石油天然气工业设备维修数据有以下特点:

(1) 识别数据,如维修记录、设备位置、失效记录;

(2) 维修数据,即以维修为特点的参数,如维修日期、维修种类、维修活动、被维修的产品等;

(3) 维修资源,如专业维修人时、总维修人时;

(4) 维修时间,如实际维修时间、不可用时间。

更多的详情参见表 3.1.2。

表 3.1.2　维修数据

种　类	数　据	描　述
识别数据	维修记录*	特有的维修识别
	设备位置*	设备标牌号通常由制造商给出,标签号通常由企业进行编号
	失效记录*	相应的失效识别(只对修复性维修)[①]
维修数据	维修日期*	采取维修措施的日期
	维修种类	修复性维修或预防性维修
	维修活动	维修活动的描述
	维修对工作的影响	没有、部分或全部(可能还包括安全性影响)
	被维修的子单元	被维修的子单元名称
	被维修的产品	详细说明被维修的产品

种　类	数　据	描　述
维修资源[②]	各专业维修人时[②]	各专业的维修人时(机械、电、仪器及其他)
	总维修人时	总的维修人时
维修时间	实际维修时间	对设备的实际维修工作时间[③]
	不可用时间	一个产品处于不可用状态的时间
注	补充信息	如可能,对其他维修任务的维修措施,如非正常等待时间,应给出更详细的信息

注:① 对修复性维修,被维修的子单元一般用失效事件报告中规定的单元识别。
② 对水下设备,下列信息适用:
使用的主资源类型和天数,如钻井、潜水器、补给船;
使用的补充资源类型和小时数,如潜水员、机器人/遥控工具、平台人员。
③ 这些数据可用于 RAM 分析和 RCM 分析,现在在维修管理系统中不常记录,其报告应改善。
＊ 表示满足本标准目标的最少数据。

3.2　维修性工作通用要求

GJB 368B—2009《装备维修性工作通用要求》提出了五大系列维修性工作项目。这些要求虽然针对的是军事装备,但它是对国内外相关领域工作经验的良好总结,对不同行业产品的维修性工作也具有指导意义。图 3.2.1 概括汇总了 GJB 368B—2009 中规定的工作项目,其中包括五大系列、22 个子项。

1) 维修性及其工作项目要求的确定(工作项目 100 系列)

本项目包括 2 个子项目,其工作目的是:

(1) 协调并确定维修性定量、定性要求,以满足系统战备完好性、任务成功性要求和保障资源等约束。

(2) 选择并确定维修性工作项目,以可接受的生命周期费用实现规定的维修性要求。

2) 维修性管理(工作项目 200 系列)

本项目包括 6 个子项目,分别从计划、监督、控制角度提出了管理工作要求,其目标是有效实施过程控制。

3) 维修性设计与分析(工作项目 300 系列)

本项目包括 8 个子项目,是维修性设计与分析方面的主要技术内容,提出了针对定量和定性设计目标的设计与分析技术途径,其目标是确定合适的维修性设计措施。

4) 维修性试验与评价(工作项目 400 系列)

本项目包括 3 个子项目,规定了多种对维修性设计结果的评价与考核办法,其目标是检验维修性设计问题并验证设计目标的实现程度。

5) 使用期间维修性评价与改进(工作项目 500 系列)

本项目包括 3 个子项目,可进一步评价装备在使用环境中维修性水平并进行再设计以

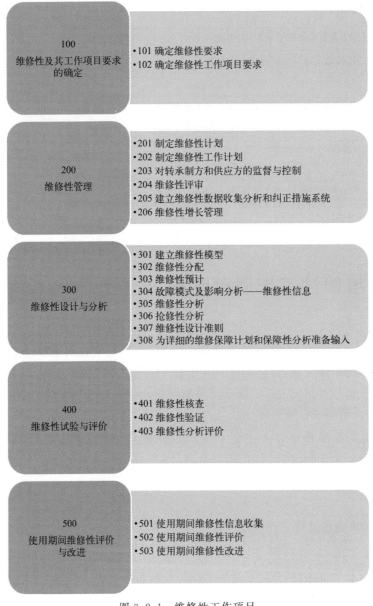

图 3.2.1　维修性工作项目

改进工作，其目标是确定装备在真实环境下的维修性表现并实现维修性持续增长。

该标准给出了维修性参数，维修性参数可分为以下三类：

（1）维修时间参数，如平均修复时间（MTTR）、系统平均修复时间（MTTRS）、平均预防性维修时间（MPMT）等；

（2）维修工时参数，如维修工时率（MR）；

（3）测试诊断类参数，如故障检测率（FDR）、故障隔离率（FIR）、虚警率（FAR）、故障检测隔离时间（FIT）等。

其中，平均修复时间（MTTR）在 RAM 分析中是关键输入参数。

3.3　维修性建模

建立产品的维修性模型,它可用于定量分配、预计和评定产品的可维修性。GJB/Z 145—2006《维修性建模指南》提供了建立维修性模型的程序和方法。图 3.3.1 概括汇总了 GJB/Z 145—2006 中的主要内容。

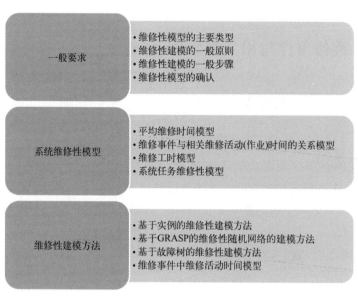

图 3.3.1　维修性建模指南

3.3.1　平均修复时间模型

系统的维修包括各种不同的维修事件,所需时间之间的关系可以通过全概率公式进行描述。系统的平均修复时间 $\overline{M}_s$ 为:

$$\overline{M}_s = \sum_{i=1}^{n} \alpha_i \overline{M}_i \qquad (3.3.1)$$

式中　$\overline{M}_i$——第 i 项维修事件的平均修复时间;

　　　α_i——第 i 项维修事件发生的概率,$\sum_{i=1}^{n} \alpha_i = 1$;

　　　n——在所建模的维修级别上系统的维修事件数。

在研究系统的平均修复时间时,α_i 只与产生修复性事件的故障所对应的故障率相关,即

$$\alpha_i = \frac{\lambda_i}{\sum_{i=1}^{n} \lambda_i} \tag{3.3.2}$$

式中 λ_i——产生第 i 个维修事件的故障所对应的故障率。

在研究系统的平均预防性维修时间时,α_i 只与预防性维修事件发生的频率相关,即

$$\alpha_i = \frac{f_{pi}}{\sum_{i=1}^{n} f_{pi}} \tag{3.3.3}$$

式中 f_{pi}——第 i 个预防性维修事件的发生频率。

3.3.2 维修事件与相关维修活动(作业)时间的关系模型

3.3.2.1 串行作业模型

如果构成一个维修事件的各维修活动(作业)是按一定顺序依次进行的,前一个作业完成时后一个作业开始,既不重叠也不间断,就称之为串行作业模型,如图 3.3.2 所示。在这种情况下,完成一次维修事件的时间就等于各项维修活动(作业)时间的累加值,维修度则为各项活动在规定时间 t 内完成的概率的卷积。

图 3.3.2 串行作业模型

$$T = t_1 + t_2 + \cdots + t_m = \sum_{i=1}^{m} t_i \tag{3.3.4}$$

$$M(t) = M_1(t) * M_2(t) * \cdots * M_m(t) \tag{3.3.5}$$

式中 T——完成某维修事件的维修时间;

t_i——该次维修中第 i 项串行活动时间;

$M(t)$——该维修事件在时间 t 内完成的概率,即维修度;

$M_i(t)$——第 i 项串行维修活动(作业)在时间 t 内完成的概率;

m——维修活动(作业)的数目;

$*$——卷积。

3.3.2.2 并行作业模型

如果构成一个维修事件的各项维修活动(或基本维修作业)同时开始,则为并行作业模型,如图 3.3.3 所示。在复杂系统中,并行作业的情况经常会出现,即常常由多人(组)同时进行维修,以缩短维修时间。因此,在并行作业中,维修事件的维修时间应是各项活动时间

中的最大值,即

$$T = \max\{t_1, t_2, \cdots, t_m\} \tag{3.3.6}$$

该维修事件(活动)在时间 t 内完成的概率 $M(t)$ 表示为:

$$M(t) = M_1(t) \times M_2(t) \times \cdots \times M_m(t) \tag{3.3.7}$$

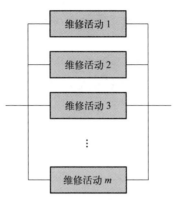

图 3.3.3　并行作业模型

3.3.2.3　网络作业模型

如果组成维修事件的各项维修活动(作业)既不是串行关系又不是并行关系(图 3.3.4),则一般无法直接用简单的数学模型关系进行描述。此时,可采用网络规划技术或随机网络理论来计算维修时间,也可以采用网络仿真的方法来计算维修时间。

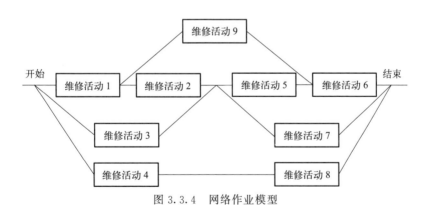

图 3.3.4　网络作业模型

若假定各维修活动的时间分别为 $t_1, t_2, t_3, t_4, t_5, t_6, t_7, t_8, t_9$,则完成维修事件的维修时间 T 为:

$$T = \max\{t_1 + t_9 + t_6, t_3 + t_7, t_1 + t_2 + t_5 + t_6, t_4 + t_8\} \tag{3.3.8}$$

利用网络图研究的有关内容,如事件的最早期望完成时间、事件的最迟必须完成时间、事件松弛时间以及关键路径等概念,可以方便地得到维修事件的维修时间以及维修事件按期完成的概率等。

3.3.3　维修性建模方法

可以通过研究现有装备维修性设计特征,利用现有相似装备的维修性数据来建立新型装备的维修性模型。利用实例建立维修性模型的方法很多,比较有代表性的是回归分析法和 BP 神经网络算法[30,31]。

基于实例的维修性模型的输入主要是影响维修性的结构设计因素、维修保障资源因素及人员素质因素;输出则是维修性的基本特征量,一般为维修时间。维修性模型输入与输出关系如图 3.3.5 所示。

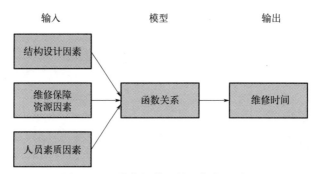

图 3.3.5　维修性模型输入与输出关系

3.3.3.1　回归分析法

回归分析法是指利用数据统计原理,对大量统计数据进行数学处理,并确定因变量与某些自变量的相关关系,建立一个相关性较好的回归方程(函数表达式),并加以外推,用于预测因变量变化的分析方法。根据因变量和自变量的个数,回归分析可分为一元回归分析和多元回归分析;根据因变量和自变量的函数表达式,可分为线性回归分析和非线性回归分析。

以线性回归为例,它是利用数理统计中的回归分析来确定两种或两种以上变量间相互依赖的定量关系的一种统计分析方法,其应用十分广泛,数学形式为:

$$y = \theta + \theta_1 x_1 + \theta_2 x_2 + \cdots + \theta_n x_n \tag{3.3.9}$$

$$h_w(x) = w_0 + \sum_{i=1}^{n} w_i x_i \tag{3.3.10}$$

式中　y——真实值;

　　　x_i——自变量;

　　　w_i——回归系数。

引入一个函数 $J(w)$,用以衡量 $h_w(x)$ 与真实值 y 好坏的程度,即损失函数。损失函数可描述线性回归模型与真实数据之间的差异。如果完全没有差异,则说明此线性回归模型完全描述数据之间的关系。如果需要找到最佳拟合的线性回归模型,就需要使对应的损失

函数最小,相关的公式描述如下:

$$J(w) = \frac{1}{2m} \sum_{i=1}^{m} \left[h_w x^{(i)} - y^{(i)} \right]^2 \tag{3.3.11}$$

式中　w——回归系数;

$\quad\quad m$——样本数量。

迭代过程需要最小化损失函数,即 $\min\{J(w)\}$。

梯度下降法求解过程:

(1) 首先对 w 赋值,这个值可以是随机的;

(2) 改变 w 的值,使 $J(w)$ 沿梯度下降的方向减小。

梯度方向由 $J(w)$ 对 w 的偏导数确定,由于求的是极小值,所以梯度方向是偏导数的反方向,迭代更新。

3.3.3.2　反向传播（BP）神经网络算法

人工神经网络无须事先确定输入、输出之间映射关系的数学方程,仅通过自身的训练,学习某种规则,在给定输入值时即得到最接近期望输出值的结果。作为一种智能信息处理系统,人工神经网络实现其功能的核心是算法。BP 神经网络是一种按误差反向传播(简称误差反传)训练的多层前馈网络,其算法称为 BP 算法,它的基本思想是梯度下降法,目标是使网络的实际输出值和期望输出值的误差均方差最小。

计算过程如下:从输入层到隐藏层,用 X 代表输入层,H 代表隐藏层,则 $H = f(W_1 X + B_1)$,其中 W_1 代表权重,B_1 代表偏置,函数 f 通常是非线性的,称为激活函数,其作用是去线性化。常见的激活函数包括 sigmoid 函数、tanh 函数以及 relu 函数,函数形式如图 3.3.6 所示,神经网络结构如图 3.3.7 所示。

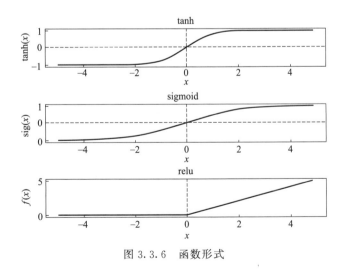

图 3.3.6　函数形式

(1) sigmoid 为 S 型激活函数,将输入映射到一个 0 到 1 之间的值,其表达式为:

$$\text{sig}(x) = (1 + e^{-x})^{-1} \tag{3.3.12}$$

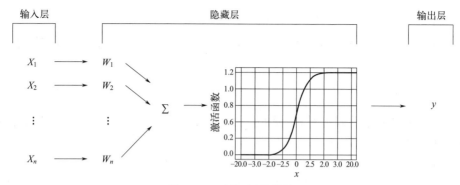

图 3.3.7　神经网络结构

（2）tanh 为双曲正切函数，将输入映射到一个 −1 到 1 之间的值，其表达式为：

$$\tanh(x) = \frac{e^x - e^{-x}}{e^x + e^{-x}} \tag{3.3.13}$$

（3）relu 近似生物神经激活函数，其函数形式为：

$$f(x) = \max(0, x) \tag{3.3.14}$$

这样得到一个从输入到输出的关系，最终通过监督学习方法求得 W_1 和 B_1，W_2 和 B_2。通常利用反向传播算法（BP）和最优化算法对权重进行更新，迭代更新参数，直至满足某个条件为止。

3.3.4　基于 Python 的建模分析案例

3.3.4.1　线性回归

Python 中的 sklearn. linear_model 模型实现了广义线性模型，包括线性回归、Ridge 回归、Bayesian 回归等，其中线性回归为 Linear Regression 模型[32]。

1）定义回归对象

定义回归对象的代码如下：

```
sklearn. linear_model. LinearRegression(fit_intercept=True,normalize=False,copy_
X=True,n_jobs=1)
# 参数含义：
    -fit_intercept:布尔类型,可选参数;设置模型是否计算截距,false 表示不使用截距。
    -normalize:布尔类型,可选参数,默认值为 false;设置为 true 之前,解释变量 x 将在回归前进
        行标准化。
    -copy_X:布尔类型,可选参数,默认值为 true;如果为 true,x 将被复制;否则被重写。
    -n_jobs:int 类型,可选参数,默认值为 1;如果设为 1,将启动所有 CPU。
```

2）拟　合

拟合的代码如下：

```
fit(X,y,[sample_weight])  # 拟合线性模型
# 参数含义:
     -X:训练数据,形状如[n_samples,n_features]
     -y:函数值,形状如[n_samples,n_targets]
     -sample_weight:每个样本的个体权重,形状如[n_samples]
```

```
get_params(deep=True):返回对 regression 的设置值
```

```
predict(X)# 利用训练好的模型进行预测,返回预测的函数值
# 参数含义:X:预测数据集,形状如(n_samples,n_features)
```

```
score(X,y,[sample_weight])# 评估
# 参数含义:
     -X:训练数据,形状如[n_samples,n_features]
     -y:关于 X 的真实函数值,形状如(n_samples)or(n_samples,n_outputs)
     -sample_weight:样本权重
```

3.3.4.2　多层感知回归

多层感知回归(MLP Regressor)是一种机器学习的算法,属于人工神经网络(ANN)的范畴。它是一种基于反向传播算法的前向式人工神经网络,常用于回归问题。MLP Regressor 是在 sklearn 库中实现的。

由于 MLP Regressor 是一种前向式人工神经网络,因此在数据处理时需要对数据进行归一化处理,否则会影响模型的预测精度。与其他回归模型相比,MLP Regressor 不需要对数据的线性特征做出任何假设,因此可以更好地处理复杂的非线性数据模型。

1) 数据预处理

MLP Regressor 的训练和预测分别通过 fit()和 predict()函数实现。fit()函数用于训练模型,即将训练数据和目标值传递给 fit()函数后,模型会根据数据自动进行训练。predict()函数则用于预测数据,即将测试数据传递给该函数后,模型会根据训练好的参数对数据进行预测。

在进行模型训练时,需要设置一些参数,包括隐藏层的数量、每个隐藏层的神经元数量、学习速率等。在 MLP Regressor 中,这些参数可以在创建 MLP Regressor 对象时进行设置。

下面是一个数据预处理代码示例:

```
from sklearn.neural_network import MLPRegressor
# 创建 MLPRegressor 对象
mlp=MLPRegressor(hidden_layer_sizes=(20,20),max_iter=500,learning_rate_init=
0.01)
# 模型训练
mlp.fit(X_train_scaled,y_train)
# 模型预测
y_predict=mlp.predict(X_test_scaled)
```

2）模型评估

模型的性能可以通过计算模型的精度来评估。在回归模型中，通常使用 R 平方和均方误差（MSE）来评价模型的预测精度。其中，R 平方反映的是模型对方差的解释能力，R 平方越大，表明模型的解释能力越强；而均方误差则反映模型预测的准确性，均方误差越小代表模型的预测精度越高。

下面是一个模型评估的代码示例：

```
from sklearn.metrics import r2_score,mean_squared_error
# 计算 R2 值
r2=r2_score(y_test,y_predict)
# 计算 MSE 值
mse=mean_squared_error(y_test,y_predict)
print('R2 值为：',r2)
print('MSE 值为：',mse)
```

3.3.4.3 案 例

根据 3.3.3 节可知，构建模型的关键是明确输入项与输出项，采用回归分析方法、BP 神经网络算法构建出函数关系。

根据实际情况，构建了表 3.3.1 中的数据，其中 X_1 与 X_2 为输入项，Y 为输出项，即 X_1 与 X_2 导致了 Y，共获取了 39 组数据。

表 3.3.1 建模数据

序 号	X_1	X_2	Y	序 号	X_1	X_2	Y	序 号	X_1	X_2	Y
1	1.63	61.42	29	14	1.54	58.67	36	27	1.46	56.23	23
2	1.62	61.08	42	15	1.53	58.38	24	28	1.43	55.56	25
3	1.61	60.84	24	16	1.53	58.28	22	29	1.42	55.22	24
4	1.60	60.57	29	17	1.52	58.10	26	30	1.41	54.78	25
5	1.60	60.45	28	18	1.51	57.75	25	31	1.39	54.36	24
6	1.60	60.41	33	19	1.50	57.62	25	32	1.38	54.02	22
7	1.58	59.97	27	20	1.50	57.43	26	33	1.37	53.84	19
8	1.58	59.97	26	21	1.49	57.30	26	34	1.35	53.13	21
9	1.58	59.8	27	22	1.48	56.95	23	35	1.34	52.80	19
10	1.57	59.66	31	23	1.48	56.95	29	36	1.33	52.54	22
11	1.56	59.31	26	24	1.48	56.89	24	37	1.32	52.36	18
12	1.56	59.22	26	25	1.47	56.72	27	38	1.31	52.07	21
13	1.55	58.91	32	26	1.47	56.63	26	39	1.16	47.47	15

采用 31 组数据作为训练集，剩余 8 组作为验证集。

（1）基于 Python 的 Linear Regression 对数据进行线性回归分析，回归拟合结果如图 3.3.8 所示，拟合函数为：

$$Y = -0.116\ 835\ 53X_1 + 37.277\ 545\ 47X_2 - 23.156\ 281\ 94$$

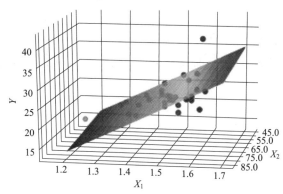

图 3.3.8　线性回归拟合结果

（2）基于 Python 的 MLP Regressor 对数据进行分析，采用 tanh 函数作为激活函数，拟合结果如图 3.3.9 所示。该方法无法给出具体的函数形式，但可以保存拟合的数据模型，当获取新的输入数据时，可以根据该模型预测输出值。

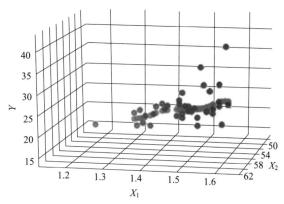

图 3.3.9　神经网络拟合结果

Linear Regression 与 MLP Regressor 拟合代码示例：

LinearRegression 方法
import numpy as np
import matplotlib. pyplot as plt
from sklearn import preprocessing
from sklearn. linear_model import LinearRegression
from sklearn import metrics
from mpl_toolkits. mplot3d import Axes3D
import math
import pandas as pd
file=pd. read_csv('quexian. csv',encoding='gbk')
depth=file. loc[:,["depth"]]. values
from scipy import stats

```python
from scipy. stats import *
import seaborn as sns

# 数据处理,将保留的数据写到 test. csv 中
data=file[0:200]. sort_values(by="depth",ascending=False). head(1)
data. to_csv('test. csv',index=True)
for i in range(1,77):
    data=file[200* i:200* (i+ 1)]. sort_values(by="depth",ascending=False). head
(1)
    data. to_csv('test. csv',mode='a',header=False)

# 读取 test. csv 文件
file1=pd. read_csv('test. csv',encoding='gbk')
X=file1. loc[:,["x1","x2"]]. values
Y=file1. loc[:,["y"]]. values
print(X)
# 模型训练
train_X,val_X,train_Y,val_Y=train_test_split(X,Y,test_size=0. 2,random_state=42)
model=LinearRegression()
model. fit(train_X,train_Y)
W1=model. coef_[0][0] # 获得预测模型的参数
W2=model. coef_[0][1] # 获得预测模型的参数
b=model. intercept_[0] # 获得预测模型的截距
print(model. coef_)
print(model. intercept_)

# 模型预测
pred_y=model. predict(val_X)
val_loss=metrics. mean_squared_error(val_Y,pred_y)
print(val_loss)

# 绘图
ax=plt. subplot(111,projection='3d')
ax. scatter(train_X[:,0],train_X[:,1],train_Y)

line_x=np. linspace(45,65,50)
line_y=np. linspace(1,1. 7,20)
line_x,line_y=np. meshgrid(line_x,line_y)
line_z=W1* line_x+ W2 *  line_y+ b
ax. plot_surface(line_x,line_y,line_z,rstride=1,cstride=1,cmap='rainbow')
ax. view_init(elev=5,azim=5)
```

MLP Regressor 方法

```
from sklearn. neural_network import MLPRegressor
from sklearn. model_selection import train_test_split
import numpy as np
import matplotlib. pyplot as plt
from sklearn import metrics
from mpl_toolkits. mplot3d import Axes3D
import math
import pandas as pd
from scipy import stats
from scipy. stats import *
import seaborn as sns


# 打开数据文件,并对数据进行处理,将保留的数据写到 test. csv 中

file=pd. read_csv('quexian. csv',encoding='gbk')
depth=file. loc[:,["depth"]]. values
data=file[0:200]. sort_values(by="depth",ascending=False). head(1)
data. to_csv('test. csv',index=True)
for i in range(1,77):
    data=file[200* i:200* (i+ 1)]. sort_values(by="depth",ascending=False). head
(1)
    data. to_csv('test. csv',mode='a',header=False)


file1=pd. read_csv('test. csv',encoding='gbk')


# 读取处理的数据
X=file1. loc[:,["temperature","pressure"]]. values
Y=file1. loc[:,["depth"]]. values


# 模型训练
X_train,X_test,Y_train,Y_test=train_test_split(X,Y,test_size=0. 2)
print(X_train. shape,Y_train. shape)
print(X_test. shape,Y_test. shape)


model_mlp=MLPRegressor(
    hidden_layer_sizes=(10,8),activation='tanh',solver='adam',alpha=0. 0001,batch
_size='auto',
    learning_rate= 'constant ',learning_rate_init= 0. 001,power_t= 0. 5,max_iter=
10000,huffle=True,
```

```
    random_state=1,tol=0.0001,verbose=False,warm_start=False,momentum=0.9,nest-
erovs_momentum=True,
    early_stopping=False,beta_1=0.9,beta_2=0.999,epsilon=1e-08)
model_mlp.fit(X_train,Y_train)
import time
import datetime
startTime=time.time()

mlp_score=model_mlp.score(X,Y)
print('sklearn多层感知器-回归模型得分',mlp_score) # 预测正确/总数
result=model_mlp.predict(X)
stopTime=time.time()
sumTime=stopTime-startTime
print('总时间是：',sumTime)

# 绘图
ax=plt.subplot(111,projection='3d')
ax.scatter(X[:,0],X[:,1],Y)
ax.scatter(X[:,0],X[:,1],result)
ax.view_init(elev=15,azim=12)
```

3.4 可维修性分析工具

3.4.1 FMECA

在确定设备边界和划分单元后，就开始失效模式及其影响分析（failure mode and effects analysis，FMEA）或失效模式、影响及危害性分析（failure mode，effects and criticality analysis，FMECA）[33,34]。

有多种已发布的标准可以帮助建立 FMECA 流程。这些标准可以按规定使用，但通常会根据特定的组织要求或愿望进行调整。此外，也可以设计自己的 FMECA 流程。

常见的风险评估方法包括风险优先级编号、行动优先级或临界值编号。

3.4.1.1 失效模式及其影响分析

失效模式及其影响分析（FMEA）是美国 20 世纪 50 年代为评价飞机发动机故障而开发的一种方法，目前在许多国家的核电、化工、机械、电子、仪表工业中广泛应用。失效模式及

其影响分析是定性化和定量化相结合的程序化工作,通过专业人员的系统分析可达到如下目的:

(1) 找出设备运行中潜在的故障及其影响后果;

(2) 确定故障发生的频率及降低故障发生频率的办法;

(3) 分析出影响设备安全、稳定、长周期运行的关键失效模式;

(4) 分析出潜在故障发生的机理及预防、解决办法。

FMEA 的主要步骤如下:

(1) 在分析转动设备结构和历史维护检修记录的基础上,结合设备故障库,分析出部件可能发生的所有失效模式,并分析是显性故障还是隐蔽故障,然后结合现场实际应用状况分析故障原因。

(2) 分析出转动设备失效模式后,分别从安全、环境、停机时间和维修成本等方面讨论失效可能造成的影响。在分析失效影响时,原则上应当考虑"常见的、经常发生的"情况和"常见的、经常发生的"后果及相关的故障,不考虑极端小概率事件下发生的故障后果。当项目组不确定部件或相应的失效模式对应的后果时,原则上风险评估取较为保守的结果。

(3) 根据历史维修记录和现场工程师提供的信息,确定每种失效模式发生的频率。如果没有设备故障统计资料,则采用同类设备的失效频率或专家经验值。

3.4.1.2　失效模式风险分析

风险是由设备失效概率和失效后果两个方面共同确定的,是失效概率和失效后果的逻辑乘积。

总风险(R)或重要级别由两个因数计算得到:

$$R = CS \times EL \tag{3.4.1}$$

式中　CS——后果严重性;

　　　EL——事件的可能性。

后果严重性(CS)用于评估功能性故障造成的结果的严重程度,事件可能性(EL)用于评估平均故障间隔时间(MTBF)。

3.4.1.3　FMECA 分析表格

FMECA 分析表和维修策略表可参考表 3.4.1、表 3.4.2,设备失效代码见表 3.4.3。

表 3.4.1　FMECA 分析表

风险编号	子单元	可维修部件	失效模式描述	失效影响	可能性(EL)	后果严重性(CS)				风险评价	风险等级
						人员	经济	环境	声誉	计算风险	
DJ1	主体结构	驾驶室	结构变形	对驾驶室造成损坏	3	A	A	A	A	A3	低风险

续表

风险编号	子单元	可维修部件	失效模式描述	失效影响	可能性(EL)	后果严重性(CS)				风险评价	风险等级
						人员	经济	环境	声誉	计算风险	
DJ2	主体结构	驾驶室	锈蚀	对驾驶室造成损坏	3	A	A	A	A	A3	低风险
DJ3	主体结构	驾驶室	门窗破损	对驾驶室造成损坏	3	A	A	A	A	A3	低风险
DJ4	主体结构	吊臂	结构变形	对吊机造成损坏,影响载荷	3	A	B	A	A	B3	中等风险

表 3.4.2 维修策略表

风险编号	风险等级	子单元	可维修部件	失效模式	失效影响	隐性故障	故障原因	维修保养策略			
								缓解措施	缓解类型	频率	专业
DJ4	中等风险	主体结构	吊臂	结构变形	对吊机造成损坏,影响载荷	无	超载起吊	检查吊臂结构是否变形	例行检查	30 d	操作
DJ5	中等风险	主体结构	吊臂	焊缝裂纹	对吊机造成损坏,影响载荷	无	超载起吊	按操作规程操作,严禁超载起吊	监测-报警状态		操作
DJ5	中等风险	主体结构	吊臂	焊缝裂纹	对吊机造成损坏,影响载荷	无	超载起吊	检查焊缝裂纹情况,根据情况进行无损探伤检测	检测-NDT	1年	第三方
DJ6	中等风险	主体结构	吊臂	锈蚀	对吊机造成损坏,影响载荷	无	时间及环境影响	检查吊臂的锈蚀情况,必要时进行刷漆	例行检查	1年	维修
DJ6	中等风险	主体结构	吊臂	锈蚀	对吊机造成损坏,影响载荷	无	时间及环境影响	无损探伤检测	检测-NDT	1年	第三方
DJ8	中等风险	主体结构	吊臂组件(轴销)	松动	产生振动,影响工作运行	无	日常维护不到位	吊臂连接轴销有无异响,销轴润滑油道是否通畅,吊臂销轴安全销有无缺失,吊臂连接销轴制动板有无松动	例行紧固	30 d	维修

注:NDT 表示无损探伤。

表 3.4.3 设备失效代码

代 码	英文全称	定 义	描 述
AIR	abnormal instrument reading	仪表读数异常	如错误报警、错误读数
AOH	abnormal output-high	高输出异常	趋向于 OWD 失效,如高输出
AOL	abnormal output-low	低输出异常	趋向于 FTF 失效,如低输出

续表

代 码	英文全称	定 义	描 述
BRD	breakdown	严重损坏	严重损坏(卡住、破裂、爆炸等)
DOP	delayed operation	推迟工作	开关时间与规范不同
ELF	external leakage-fuel	燃油外漏	燃气或柴油泄漏
ELP	external leakage-process medium	过程介质外漏	过程介质逃到环境中
ELU	external leakage-utility medium	有用介质外漏	润滑、密封油,冷却剂等外漏
ERO	erratic output	不稳定输出	波动或不稳定压力流量
FCH	fail to change between fuel type	不在两种燃料形式间转换	双燃料机:不从一种燃料转到另一种
FOF	faulty output frequency	输出频率故障	
FOV	faulty output voltage	输出电压故障	
FTC	fail to close on demand	不按指令关闭	常开或不全关
FTF	fail to function on demand	不按指令完成功能	不能激励输出功能
FTO	fail to open on demand	不按指令打开	常关或不全开
FTR	fail to regulate	不调节	不调节的阀,只对控制阀
FTS	fail to start on demand	不按指令启动	不能启动设备
HIO	high output	高输出	规范以上的输出压力/流量
HIU	high output-unknown reading	高输出-读数未知	
IHT	insufficient heat transfer	不充分的热传递	不充分的加热/冷却
ILP	internal leakage-process medium	过程介质内漏	如环空和生产孔连通
ILU	internal leakage-utility medium	有用介质内漏	如液压流体或化学剂内漏
INL	internal leakage	内漏	如润滑油中的过程介质内漏
LCP	leakage in closed position	关闭位置的泄漏	泄漏通过关闭位置
LOO	low output	低输出	规范以下的输出压力/流量
LOU	low output-unknown reading	低输出-读数未知	
NOI	noise	噪声	噪声过大
NON	no immediate effect	无立即影响	
NOO	no output	无输出	有试验气读数低于爆炸下限的10%
OHE	overheating	过热	温度过高
OTH	other	其他	
OWD	operation without demand	无指令而工作	不希望的启动
PDE	parameter deviation	参数偏离	监测的参数超过允许值
PLU	plugged/choked	堵塞	水合物、结垢、石蜡等造成部分或全部流动限制
SER	minor in-service problems	工作中的小问题	零部件松动、变色、脏污等

代　码	英文全称	定　义	描　述
SHH	spurious high level alarm signal	错误的高报警信号	如爆炸下限的 60%
SLL	spurious low level alarm signal	错误的低报警信号	如爆炸下限的 20%
SPS	spurious stop	误停机	意外停机或关闭
STD	structural deficiency	结构性缺陷	如支座或吊架的断裂
STP	fail to stop on demand	不按指令停机	不能停机或不正确的关闭过程
SYN	fail to synchronise	不能同步	不能使发电机同步
UNK	unknown	未知	不充足或遗漏的信息
VIB	vibration	振动	振动大
VLO	very low output	很低的输出	

3.4.2　RCM

RCM（reliability centered maintenance）为以可靠性为中心的维护，它以一种确保系统按最佳方式保持运行的方式进行维护规划。对于任何系统而言，都需要在纠正性维护（修复故障设备）、预防性维护（执行任务使系统保持良好的工作状态以防止出现故障）、系统正常运行时间和资源之间进行权衡。RCM 是审视所有这些变量并规划维护计划的一种方法，可提供最佳方法[35,36]。

可接受的 RCM 标准包括 MSG-3，MIL-STD-3034，MIL-STD-2173 和 SAE JA1011。RCM 是一个对系统组件提出一系列问题的过程。考虑的问题包括：

（1）该组件的功能要求是什么？

（2）为什么该项目无法满足其功能要求？

（3）每次失败的原因是什么？

（4）每次失败的影响是什么？

（5）每种故障的风险等级是什么？

（6）可以执行哪些任务来预防、检测或减轻每种故障？

（7）如果无法确定预防任务，该怎么办？

RCM 与 FMEA 密切相关。RCM 分析通常以 FMEA 数据为起点。RCM 分析研究通过 FMEA 确定的失效模式，并确定解决这些失效模式所需的维护任务，结果得到要遵循的整体维护计划。其目的之一是确保维护计划侧重于对系统运行造成最大干扰的故障，以便最有效地利用资源。

3.4.2.1　RCM技术路线

RCM 分析技术路线如图 3.4.1 所示，主要工作步骤如下：

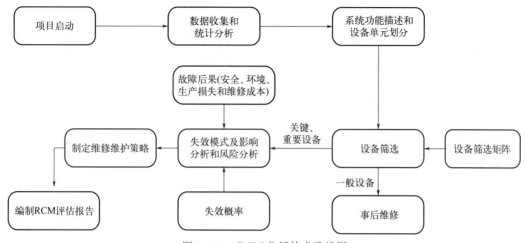

图 3.4.1　RCM 分析技术路线图

1）资料收集和梳理

可靠性数据和维修数据的置信度以及以后任何分析结果的置信度都取决于采集数据的质量。数据的收集可以参考 GJB 1378A—2007《装备以可靠性为中心的维修分析》、GJB 451A—2005《可靠性维修性保障性术语》、GB/T 20172—2006《石油天然气工业　设备可靠性和维修数据的采集与交换》等标准。

根据分析进程要求,应尽可能收集下列有关信息,以确保后面的分析工作能顺利进行:

（1）设备设施概况,如设备设施的构成、设备树层次、功能和冗余情况等;

（2）设备设施的失效信息,如设备设施的失效模式、失效原因、失效率、失效影响（如安全影响、环境影响、经济影响、维修成本等）、P-F 间隔期、失效的监测方法等;

（3）设备设施的维修保障信息,如维修设备、工具、备件、工种、工时等;

（4）费用信息,如维修费用;

（5）相似设备设施的上述信息。

2）设备筛选

为了识别出对装置运行存在重大风险等级影响的设备（关键和重要设备）,同时筛选出低风险设备（一般设备）,根据设备重要度,制定针对性的管理策略,合理配置资源（包括但不限于人力、物力、财力）,提高设备设施的可靠性和管理效率,实现设备设施经济可靠运行。

需要对设备进行初步的筛选,以确保 RCM 可以针对关键和重要设备开展分析。设备的初步筛选风险评价应从安全、环境、生产损失和维修成本 4 个方面综合考虑。设备的初步筛选风险矩阵如图 3.4.2 所示。

3）设备单元划分

一台设备通常是由若干不同的部件组成的,如一台泵是由联轴器、轴、轴承、机械密封、泵壳、叶轮等不同单元组成的,显然它们的功能和结构是不同的,在进行 RCM 分析时不能把它们放在一起进行分析,而需要把它们分别进行考虑。对于一些复杂的设备,如柴油机、

失效可能性	风险类别	
高失效概率(B,C,D,E)	重要设备	关键设备
低失效概率(A)	一般设备	重要设备
失效后果	可接受的失效后果(A)	不可接受的失效后果(B,C,D,E)

图 3.4.2　设备初步筛选风险矩阵图

发电机等设备是由大量的零部件组成的,如果层次划分得太高,则达不到分析的目的;如果层次划分得太低,则会导致工作量大幅增加,且抓不住问题的关键。

单元划分通常根据 RCM 分析团队的经验开展,或参考 GB/T 20172—2006《石油天然气工业　设备可靠性和维修数据的采集与交换》的设备分级体系指南建议规定设备的分级体系。最高等级是设备单元的类别,到底细分为几个等级取决于设备单元的复杂程度和数据的用途。为增强意义和便于比较,可靠性数据需要在设备分级体系方面与一定的水平相对应。例如,可靠性数据"严酷度等级"对应设备单元,而失效原因对应设备分级体系的最低水平。单个的仪器不需要进一步拆分,而压缩机需要分成几个等级。对于可用性分析,可靠性数据只需要在设备单元水平上即可,而以可靠性为中心的维修分析则需要维修产品级的失效机制方面的数据。图 3.4.3 所示的实例分成设备单元、子单元和维修产品。

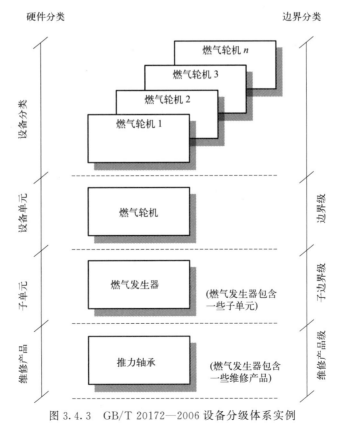

图 3.4.3　GB/T 20172—2006 设备分级体系实例

设备层次划分得越多越细,FMECA 的工作量就越大,通常划分到可维修产品。

4)FMECA 分析

在确定设备边界和划分单元后,就开始失效模式及其影响分析(FMEA)或失效模式、影响及危害性分析(FMECA)。

5)维修策略和维修任务

在危害度分析的基础上,针对危害程度不同的故障制定不同的应对措施,应按照消除、替代、工程控制、标志、警告、管理控制和个体防护的优先顺序,达到消除、降低和控制风险的目的。通常采取如下应对措施:

(1)极高、高风险为不可接受风险,不能进行作业。如果风险被发现无法容忍,那么需要决定是否必须进行这项作业。如果一定要做,那么需要采取控制措施将风险的级别降低到尽可能低的程度。只有安全人员和现场负责人都认为风险已经降到了可以接受的程度,工作才可以重新开始。

(2)中等风险为有条件接受风险,可以进行作业。有必要考虑进一步的控制措施以将风险降低到尽可能低的程度,同时在作业过程中持续改进风险控制效率,以进一步降低风险。

(3)低风险为可接受风险,可以进行作业,风险控制措施是足够的。然而为了追求良好的绩效表现,进一步采取控制措施也是值得鼓励的。

对于不可接受的极高、高风险的故障,应根据失效模式,识别失效产生的原因、失效发生的征兆,并描述一种或几种缓解措施。缓解措施是防止失效模式发生,并对其发生提出预警,或降低失效后果的措施。对于每种缓解措施,需要确定安排措施的依据(按照日历天或小时的数量,根据工作条件,或根据启动/停止次数)以及额定的周期(多少小时/多少天)。各种缓解措施按类型和子类进行分类,这样的分类有助于在维修程序中对维修工作进行归类。

制定缓解措施时,应考虑以下 3 个方面:

(1)确定已经考虑和采用了所有可行且经济的风险缓解措施;

(2)确定已经考虑和排除了无效的、多余的或低回报的(根据量化的风险分析)缓解措施;

(3)确定没有缓解措施可用,或需要重新设计。

设备的失效模式和失效原因确定之后,下一步的工作就是针对具体的失效原因选择相应的维修策略和维修工作内容。预防性维修策略可以依据 RCM 逻辑决断图进行选择。

RCM 逻辑决断分析的流程始于决断图的顶部,首先判断失效模式后果类型是否为隐性后果,通过对问题回答“是”或“否”确定分析流程的方向。以此类推,通过对设备功能的每一个失效原因进行逻辑决断分析,寻找出相应的有效维修策略、维修工作内容、所需要的工种和维修间隔期等。常见的维修策略类型包括事后维修、定期维修和视情维修。

逻辑决断的流程较多,通常根据用户的具体需求进行选择。图 3.4.4 所示为一种逻辑决断图。

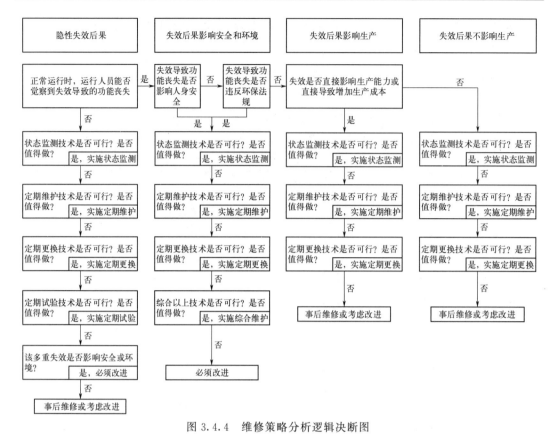

图 3.4.4　维修策略分析逻辑决断图

动设备监测/检测是利用相关的先进技术对数据进行采集分析,从而掌握动设备现行的状态,可为动设备的稳定运行提供强有力的保障。目前,石油天然气站场动设备常用的监测/检测技术包括振动监测/检测技术、润滑油监测/检测技术、红外检测技术和声信号检测技术。

3.4.2.2　振动信号监测/检测技术

振动信号监测/检测技术包括便携式振动检测仪、振动频谱检测仪和在线振动监测设备。振动信号监测应测量设备的加速度、速度或位移,低频(<10 Hz)振动时宜测量位移,中频(10~1 000 Hz)振动时宜测量速度,高频(>1 000 Hz)振动时宜测量加速度。

在线监测:通过建立远程故障诊断分析中心,建立机泵远程监测诊断与数据云服务,将服务机构和设备使用单位结合在一起,充分发挥专业人员的作用,实现现场设备长时间运行数据的实时监测,对机泵的早期故障进行诊断和分析,有效指导设备管理人员对设备的预知性维修,及时、有预见性地整理备品备件需求信息,实现设备的全生命周期管理。该方式弥补了系统应用初期业主人员技术能力不足的欠缺,提高了机泵振动监测分析系统的使用效果。

离线检测:利用专业的振动数据采集仪器,定期对现场动设备进行振动数据采集,将采集到的振动数据进行处理,由相关专业的分析技术人员开展振动数据分析,利用振动检测评估标准、趋势分析、频谱分析、过程量参数分析等手段进行设备故障诊断,从而实现故障提前预警和状态维修的目的。离线检测适用于需要进行振动监测,但未安装或不便安装振动探头的设备。

1)测点的选择

测点最好选在振动能量向弹性基础或系统其他部分传递的地方。依据振动监测行业规则,通常首选监测点为轴承,此外设备的地脚、机壳、缸体、进出口管道、基础等部位也是振动的常设测点。对于旋转设备,建议将测点选在轴承处或机器的安装点处,也可以选择其他的测点,但要能够反映设备的运行状态。低频振动常常具有方向性,如在水平方向上不平衡、在轴向上不同轴、在垂直方向上松动比较容易发生。

在轴承处测量时,一般建议测量 3 个方向的振动。铅垂方向标注为 V,水平方向标注为 H,轴线方向标注为 A,如图 3.4.5 所示。测点一经确定,就要经常在同一点进行测定,尤其对于环境条件差的场合,这一点更加重要。在测高频振动时,易出现测点偏移几毫米后测定值相差几倍的情况。

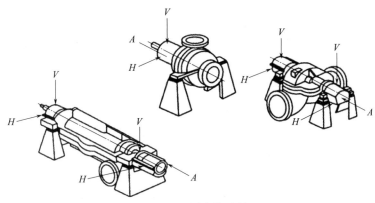

图 3.4.5 测点的选择

2)各类设备推荐的测点位置

各类设备推荐的测点位置如下。

(1)泵类:轴承。

(2)往复式压缩机:曲轴箱轴承、十字头滑轨、缸头端盖、阀片端盖。

(3)螺杆式压缩机:轴承。

(4)风机:轴承。

(5)电动机和发电机:轴承位置。

3)振动监测/检测周期

振动监测/检测周期设置过长,不易捕捉到设备开始劣化的信息;周期设置过短,又会增加监测/检测的工作量和成本。因此,应根据设备的结构特点、传动方式、转速、功率以及失效模式等因素,合理选择振动监测/检测周期。当设备处于稳定运行期时,监测/检测周期可以长一些;当设备出现缺陷和故障时,应缩短监测/检测周期。在确定设备监测/检测周期时,应遵守以下原则:

(1)在安装设备或大规模维修后的设备运行初期,周期要短(如每天监测/检测 1 次),

待设备进入稳定运行期后,监测/检测周期可以适当延长。

(2)监测/检测周期应尽量固定。

(3)对点检的设备,多数设备的检测周期一般定为7~14 d,对接近或高于3 000 r/min的高速旋转设备,应至少每周检测1次。

(4)对特定设备监测/检测,周期一般可定为每天1次或每班1次。

(5)实测振动值接近或超过该设备报警标准值时,要缩短监测/检测周期。如果实测振动值接近或超过该设备停机值,应及时停机安排检修;如果因生产原因不能停机,则要加强监测/检测,周期可缩短为1 d或更短。

3.4.2.3 润滑油监测/检测技术

润滑油监测/检测技术是以润滑油为磨粒信息载体,对设备的摩擦学系统所产生的故障实施诊断的方法与技术。润滑油分析技术将采集到的润滑油利用光谱、铁谱、颗粒计数器和磁塞等方法,分析理化指标,检测油液本身的物理和化学性质的变化,对油液中设备磨损颗粒的分布、油液中外侵物质的构成以及分布进行分析,对设备的当前工作状况以及未来工作状况做出判断,从而为设备的正确维护提供有效的依据,达到预知性维修的目的。

(1)故障诊断:通过各种界限值,预报设备可能发生的故障与异常状况。

(2)科学确定设备的磨合期:通过测定油液中磨损金属含量的变化,了解设备模糊状况,科学地确定设备的磨合期,并代替经验统计或数理统计的磨合期。

(3)为设备结构改进提供依据:通过测定油液中磨损金属成分、含量,确定设备磨损部位及磨损程度,并提出改进设备结构、加工工艺和材料的建议。

(4)确定油液的使用寿命:监测油液使用中性能的变化,确定油液使用寿命,将定期换油转变为按质换油。

(5)评定油品:确定与新设备相匹配的油品。

(6)了解油液衰变的情况:通过测定油液中添加剂的消耗,确定油液衰变程度。

(7)确定设备油液系统污染状况:通过测定油液中污染物的数量和尺寸,确定油液污染程度。

(8)采用多种措施将油液的状态恢复到原状态。

润滑油常用监测/检测项目和方法见表3.4.4。

表3.4.4 润滑油监测/检测项目和方法

监测检测项目	标准方法	监测检测项目	标准方法
运动黏度	GB/T 11137—1989	机械杂质或不溶物	GB/T 511—2010, GB/T 8926—2012
黏度指数	GB/T 1995—1998, GB/T 2541—1981	光谱元素分析	ASTM D6595-00(AES)
闪点(闭口或开口)	GB/T 261—2021, GB/T 3536—2008	红外光谱分析	ASTM E2412-2023
水 分	GB/T 260—2016	铁谱分析	SH/T 0573—1993

续表

监测检测项目	标准方法	监测检测项目	标准方法
水分(微量法)	GB/T 11133—2015	污染度(颗粒计数)	NAS 1638-2011, ISO 4406-2017
酸值或酸度	GB/T 264—1983, GB/T 258—2016	残　炭	GB/T 17144—2021
总酸值 (电位滴定法)	GB/T 7304—2014, ASTM D664-18	光谱元素分析 (燃料油、润滑脂)	IP 501-05, ASTM D7303-17
总碱值	ASTM D2896-15		

润滑油监测/检测方法包括磁塞法、光谱分析法、铁谱分析法。

1）磁塞法

磁塞是一种带有磁性探头的检测器。将磁塞安装到润滑油管路中的适当部位,磁塞会吸附润滑油中的磨损产物、脱落的腐蚀产物和疲劳破坏的金属鳞片等。定期取下磁塞,将磁塞捕捉到的铁质颗粒取下,在光学或电子显微镜下观察金属颗粒的形貌和尺寸,可分析并诊断故障的部位和故障达到的程度。磁塞分为普通磁塞和电磁塞,其中电磁塞在吸附量达到规定值时可自动报警。磁塞法适用于铁磁性材料,磨粒尺寸为 $25\sim400~\mu m$。磁塞应安装在润滑油管路中便于捕捉磨粒的合适部位,例如将磁塞安装在管路中管子转弯处的外侧。磁塞法油液检测具有设备简单、成本低、使用方便等优点。

2）光谱分析法

光谱分析法是利用原子和分子发射或吸收光谱来进行物质化学成分及含量分析的物理方法。由于各种物质的原子和分子都具有自身特定波长的谱线,所以利用光谱的特性进行物质构成的分析是光谱分析的基本原理。润滑油的光谱分析是通过分析润滑油中金属磨粒和污染物微粒的光谱来确定它们的成分和含量,以评价设备和零件的磨损程度及剩余寿命。光谱分析法又分为原子发射光谱分析法和原子吸收光谱分析法。

原子发射光谱分析法是利用物质内部的原子和分子受到外界能量作用激发产生能量变化而获得的。原子在正常情况下处于能量最低的稳定状态,称为基态。当原子受到外界能量(如热能、电能或高速粒子能量)作用时,核外电子被激发而跃迁到较高能级轨道,处于不稳定状态,称为激发态。激发态原子仅存在 $8\sim10~s$ 的时间就能从高能级的激发态迁回低能级的基态,同时以光的形式释放多余的能量。这时使光通过棱镜或光栅就可获得按一定波长顺序排列的图谱,即光谱。根据光谱谱线的长度,可以鉴别元素的成分;根据光谱谱线的强度,可得到元素的含量。因此,利用特征谱线可以测定油液中磨粒的成分、含量,从而确定运动副的技术状态。

原子吸收光谱分析法是利用热能或电能将待测元素物质的试样在高温下变为原子蒸气,再用特殊光源(空心阴极灯)发射出包含该元素特征谱线的光波(具有一定的波长),光波穿过原子蒸气,其中部分被蒸气中待测元素的基态原子吸收,使特征光波的强度减弱,透过光波经单色器分离掉其他波长的谱线,检测减弱后的特征辐射线的光强度,以测定待测元素的种类和含量。

3）铁谱分析法

铁谱分析法是利用高梯度强磁场将磨损产物的微粒和污染物微粒从润滑油中分离出

来，并使之按微粒的几何尺寸依次沉积排列于透明的玻璃谱片上，再借助光学或电子显微镜对磨粒和污染物微粒的形貌、成分、尺寸和分布进行定性、定量分析和研究的技术。铁谱分析法具有以下特点：

（1）检测范围宽，可检测 0.1～1 000 μm 尺寸的磨粒。如果检测出的磨粒尺寸大于 5 μm，则表明机器有严重磨损。

（2）可以同时获得磨粒的多种信息，既可以观察磨粒的形貌、测定磨粒的尺寸、鉴定磨粒的成分，又可以确定磨粒的数量，从而实现磨粒的定量和定性分析。

3.4.2.4　红外检测技术

动设备的旋转与传动机构的热源来自摩擦热，由轴心偏移、润滑不良或组件之间材质与规格不匹配等因素造成的过度摩擦会产生大量的摩擦热并致使温度上升，造成机械快速磨耗损毁，传动效率下降或过度振动，导致无法达到精密控制的要求。红外检测技术可应用于电机、轴承、联轴器、水泵、压缩机、传动装置（皮带、齿轮或链条）等设备。

红外热成像检测技术是通过红外热成像仪测量设备温度或温度场的分布情况，判断运行设备有无异常，对异常设备采取处理或监视运行等措施。红外监测是温度监测中的非接触式测温技术之一。太阳光由红、橙、黄、绿、青、蓝、紫 7 种可见光组成，波长在 0.3～0.76 μm 之间。在红光和紫光以外有不可见光——红外光和紫外光。可见光与不可见光均是电磁波，红外光是介于可见光与微波之间的电磁波，波长在 0.76～1 000 μm 之间。研究物质结构可知，构成物质的原子、分子都在做热运动，并且不时地改变其能量状态，当能量状态由高级向低级跃迁时会辐射出电磁波，电磁波以光子形式将能量带走。

物体表面温度与其辐射功率的关系由斯特藩-玻尔兹曼定律给出，即物体辐射强度与其热力学温度的 4 次方成正比，所以物体辐射强度随温度升高而显著增加。自然界中，任何温度高于绝对零度（−273 ℃）的物体都是红外辐射源，通过探测物体的红外辐射强度可以了解物体表面温度，进而诊断故障。因此，红外检测技术就是利用物体的红外辐射能量与其表面温度的关系实现非接触检测温度的技术，并通过温度变化测定物体内部的缺陷。红外测温仪是最轻便、最直观、最快速和最廉价的表面测温仪器，分为红外点温仪和红外线温仪，可用指针或数字显示。

3.4.2.5　声信号检测技术

声信号检测技术包括声和噪声检测、超声波检测和声发射检测，宜采用声音监听法或声强法等来寻找设备噪声来源、辨别故障原因及故障部位。

1）声和噪声检测技术

根据设备在运行中发出的声和噪声来判别它是否发生故障的技术称为声和噪声检测技术。该技术利用传声器一类声学传感器采集声音信号，然后进行信号处理，完成频谱和倒频谱、频率和倒频率分析，最后根据这些分析的图形进行故障诊断。对于结构和机械零部件的损伤，常采用敲击声诊断法。

2）超声波检测技术

超声波检测技术包括回波脉冲法、穿透传输法、共振测量法。

（1）回波脉冲法：用一个探头同时发射超声波并接收反射回来的超声波。

（2）穿透传输法：用一个探头发射超声波，另一个探头接收超声波。

（3）共振测量法：利用超声波共振来判别被测物的厚度，计算公式如下：

$$t = nC/2f = n\lambda/2 \tag{3.4.2}$$

式中　t——被测物厚度，mm；

　　　C——超声波速度，km/s；

　　　f——频率，MHz；

　　　λ——波长，mm；

　　　n——谐波阶次。

超声波检测技术常用于管壁腐蚀、铸锻焊件缺陷、柴油机活塞裂纹等关键零件的现场检测。

3）声发射检测技术

金属材料内部的结晶位错、晶界位移和裂纹发生及发展都会释放弹性波，称为声发射现象，其频率范围为从能听到的声音到超声波。声发射检测技术用于检测和诊断构件的裂纹发生和发展、中子辐射脆化、应变老化、周期性超载焊接质量等。

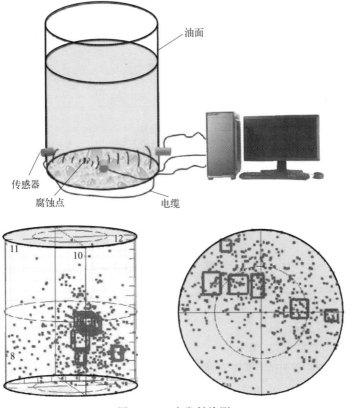

图 3.4.6　声发射检测

3.5 维修维护过程的人因工程

人为因素是指在工作场所提高或改善人的表现的所有因素。作为一门学科,人为因素涉及理解人与复杂系统的其他元素之间的相互作用。人为因素应用科学知识和原则,以及从以前的事件和操作经验中吸取的教训,以优化人类健康、整体系统性能和可靠性。该学科有助于组织、任务、工作和设备、环境、产品、系统的设计和评估,侧重于人的固有特征、需求、能力和局限性,以及可持续和安全工作文化的发展。

IOGP 的 *Human factors engineering in projects*(Report No. 454)[37]给出了人因工程的良好作业实践。IOGP 认为人为因素工程(简称人因工程)在确保石油和天然气行业中设备设施的质量、安全和快速性方面做出了重要贡献。

人因工程(human factors engineering, HFE)是一种多学科的工程方法,受以下 5 个要素影响(图 3.5.1)。

(1)人员:操作、维护、支持和使用设施的人员的特征、能力、期望、局限性、经验和需求。

(2)工作:操作、维护和支持设施所涉及的工作性质。

(3)工作组织:人员的组织方式,如团队结构、职责、工作时间和临时工作安排。

(4)设备:使用的设备和技术,包括设备的布置方式以及人们需要在身体和精神上互动的元素。

(5)环境:人们预期的工作环境,包括气候、照明、噪声、振动和其他健康危害。

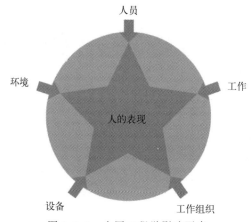

图 3.5.1 人因工程学影响要素

设计中的 HFE 概念模型如图 3.5.2 所示,图中的相关要求通常有以下两种类型。

(1)法律、法规、规范、标准等规定性要求:规定工程师和设计师可以直接应用于技术图纸,用于计算距离、尺寸、空间、重量等。例如,在许多标准中对人行道上方净空做了要求。

(2)目标导向的要求:指定目标或要实现的目标,但不指定要应用的特定设计参数。例如,要求将人为错误的可能性降低到最低合理可行(as low as reasonably practicable,ALARP)或提供支持控制态势感知范围的人机界面图形。

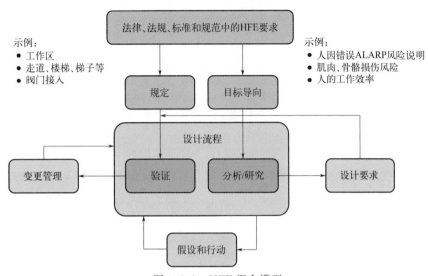

图 3.5.2　HFE 概念模型

对于规定性要求,设计和开发期间只需要确保符合这些要求即可。这通常通过设计审查(审查平面图、三维模型、控制室布局等)来实现。但在目标导向的需求下,需要进行分析或研究,将目标转化为可在设计中实施的特定技术需求。所需的分析类型各不相同,但通常包括任务分析、阀门分析、控制室分析等。

因缺乏 HFE 设计引起的典型问题案例有很多,如操作空间受限(图 3.5.3)和可达性差(图 3.5.4)、操作高度过高(图 3.5.5,采用全球标准化设计,而标准是基于美国民用人体测量,不适合当地劳动力的规模)等。

图 3.5.3　操作空间受限

HFE 工作可分为以下 5 个阶段:

(1) HFE 筛选。

该阶段审查新项目的潜在 HFE 风险、问题和机遇;确定适用的标准,并定义所需的 HFE 工作范围;制定战略和行动,确保已识别的风险得到充分控制。

图 3.5.4　开关阀门无操作通道

图 3.5.5　操作高度过高

（2）HFE 设计分析。

进行 HFE 设计分析，以获取和提出支持关键任务安全有效执行所需的额外要求，并体现在前端工程设计（FEED）中。

前端工程设计阶段应制订详细设计阶段的人因工程实施计划。确保措施通过设计将人为失误风险降低到 ALARP 范围内，措施包含在初始设计安全案例（safety case）中。

前端工程设计阶段通常进行的 HFE 活动包括：

① 工作环境健康风险评估（working environment health risk assessment，WEHRA）；

② 阀门临界分析（valve criticality analysis，VCA）；

③ 供应商包装筛选(vendor package screening);

④ 任务需求分析(task requirements analysis,TRA);

⑤ 人机接口(human machine interface,HRI)需求分析;

⑥ 控制室需求分析(control room requirements analysis);

⑦ 控制系统及报警管理分析(control system and alarm management analysis);

⑧ 安全关键任务清单(safety critical task inventory);

⑨ 关键任务分析(critical task analysis);

⑩ 人为错误 ALARP 演示(human error ALARP demonstration);

⑪ HFE 的 HAZOP 分析(HFE in HAZOP)。

(3) HFE 设计验证。

第三阶段完成人因工程设计分析,开展详细设计和设计验证,确保 HFE 设计质量在施工期间不会受到影响,确保最终设计安全案例(safety case)反映了所做的工作并将人为不可靠性风险降低至 ALARP 范围内。

(4) 启动的 HFE 支持。

第四阶段确保 HFE 计划已经实施,且所有确定的行动已经完成;支持启动前审查或调试检查。

(5) 运营反馈。

在启动后的一年内,审查 HFE 实施得成功与否,并总结经验教训。

3.6　可维修性分析案例

3.6.1　某锚泊系统可维修性数据统计

某海洋石油平台电动锚机,经过 20 年的使用,存在较多的故障问题。作业现场从设备使用状况梳理、失效数据统计、维修工时统计等方面进行了记录与分析,为设备的可维修性提供了数据支撑。

锚机各部件名称见表 3.6.1,主要部件现状见表 3.6.2。图 3.6.1 给出了锚机故障次数统计情况,表 3.6.3 和图 3.6.2 汇总了锚机各部件检维修时间。

表 3.6.1　锚机各部件名称

代　号	名　　称	代　号	名　　称	代　号	名　　称
A	机　座	B	轴　承	C	锚链孔
D	拔　叉	E	锚链轮	F	主　轴
G	大齿轮	H	刹车毂	I	过桥轴
J	过桥轴大齿轮	K	过桥轴小齿轮	L	牙嵌式离合器

续表

代号	名　　称	代号	名　　称	代号	名　　称
M	猫头	N	齿轮联合器	O	电机
P	滑动离合器	Q	齿轮箱	R	小齿轮
S	钢带	T	刹车片	U	止链器
V	底脚销	W	底　脚		

表 3.6.2　锚机部件规范要求与设备状况

序　号	部件	规范要求	设备状况
1	锚链轮	ISO 4568:2021 第 4.2.1 条要求锚链轮最少有 5 齿,且必须能与驱动装置脱开;CB/T 3179—2013 给出了锚链轮的设计尺度标准	① 锚链轮与锚链的接合面表面出现凹坑;② 锚链轮凹槽与锚链啮合不好,在链轮转动时锚链出现跳动,其相互作用力很大,加剧了相互间的磨损
2	气动/手动刹车	① 对于装有止链器的锚机,CCS《钢质海船入级规范》要求它应能承受锚链或钢索断裂负荷 45% 的静拉力,或能承受锚链上的最大静负荷;其受力零件不应有永久变形,制动装置不应有打滑现象。② CCS《海上移动平台入级与建造规范》要求每一台锚机应设有 2 套独立的动力操纵制动系统,每套制动系统应能承受至少 50% 锚链断裂强度相当的静载荷,其中一套制动系统可由手动操纵制动器代替。③ CCS《船用产品检验指南》对制动器的强度提出了要求,并给出了计算紧边拉力及松边拉力的欧拉公式	① 刹车毂接触面因锈蚀及腐蚀已经出现不同程度的不平整,刹车力由于刹车片的接触面减小而变小,严重影响刹车效果。② 为解决接触面减小的问题,将锚机的刹车毂光车,光车厚度为 1.6～3.2 mm。光车后的刹车毂直径有所减小,减小尺度与 1 850 mm 的直径相比为小量,因此计算所需刹车力矩增大值约为 0.3%,在合理范围之内。但由于钢带弧度未变,故与刹车毂的配合有所改变,目前通过调整吊顶弹簧来解决这个问题,但仍影响刹车效果,而且目前通过吊顶弹簧控制钢带与刹车毂间隙的模式也不利于现场维护和保养
3	止链器	CCS《钢质海船入级规范》要求一般应装有有效的止链器,应能承受相当于锚链的试验负荷,且应力应不大于其材料屈服点的 90%	止链器本身设计的结构问题导致其保养不便,锈损严重
4	电机	① ISO 4568:2021 和 CCS《钢质海船入级规范》要求制动系统应能支持锚链上 1.5 倍的工作负载,电磁制动器应附有人工释放装置;② CCS《钢质海船入级规范》要求电机必须具有在工作负载下连续工作 30 min 的能力	① 电机本体锈蚀。② 电机持续作业能力弱,温度升高较快。③ 刹车片间隙不当,电机打开时偶尔会抱紧,导致提升锚链时始终处于刹车状态。每次进行起抛锚时都要将电机拆开进行刹车片的检查调整。④ 电机端部通过螺栓密封,由于长年使用,密封面有一定的腐蚀,导致湿气进入电机,使刹车片受潮,刹车时打滑;另外电机需要添加干式石墨粉,但由于受潮,石墨粉的物理性能受到影响,变为黑胶泥,使刹车片滑动阻力增加,影响刹车效果。由于维修时污染严重,影响操作人员的职业健康安全
5	过桥轴与传动轴	—	① 传动轴锈蚀较为严重。② 主轴温度较高;拆开相关附件发现,齿轮和输出轴与马达的同心度最大偏差为 1.633 mm,目测外观暂无问题

续表

序　号	部　件	规范要求	设备状况
6	称重胶囊	每套系统有两个布置在机座底部的液压称重胶囊,可自动记录锚链的张力	① 由于甲板变形,锚机称重胶囊很难保持水平,影响了读数的准确性,在使用过程中需要电气工程师经常进行调整; ② 称重胶囊经常发生漏油现象,需要换新
7	锚链轮	GB/T 3179—2013 给出了设计锚链轮的尺度标准	① 海浪将锚链轮上通往甲板的黄油铜管线打坏,影响锚链轮的润滑保养; ② 目前锚链轮水平方向的摇摆较为困难
8	齿轮箱	—	① 齿轮箱第一级输入轴主轴温度较高; ② 齿轮箱内部齿轮尖及齿轮根情况良好,定期添加黄油润滑即可
9	滑动离合器	—	滑动离合器与电机直接相连,添加碳粉进行工作,目前未发现异常
10	底脚螺栓	CCS《钢质海船入级规范》要求底脚螺栓应符合相关要求	由于锈蚀严重,螺栓无法取下
11	机　座	—	机座本体锈蚀严重
12	电缆管线	—	电缆管线老化严重,电缆管线外部起保护作用的钢管腐蚀极其严重
13	用于气动控制的气缸	—	未见异常现象,定期保养并校正压力表读数即可

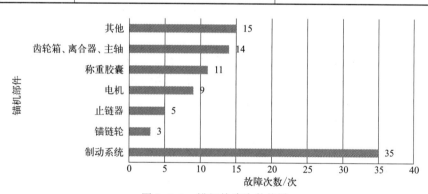

图 3.6.1　锚机故障次数统计

表 3.6.3　部件检修时间

部件检修	时　间			合　计
	年次数	人	d	人·d/年
更换刹车片	1	3	7	21
调整刹车气缸	8	4	0.5	16
检修集气器	2	2	0.5	2
更换称重胶囊	3	4	2	24
称重胶囊读数调校	8	2	1	16
电刹车清理黑胶泥	3	3	0.5	4.5

部件检修	时 间			合 计
	年次数	人	d	人·d/年
更换轴承	0.5	8	2	8
检修室外电控	2	2	0.5	2

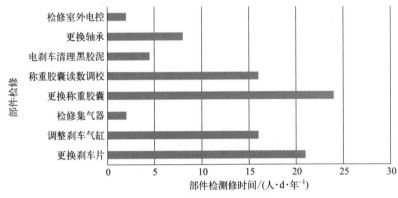

图 3.6.2　部件检修时间统计

3.6.2　天然气压缩机预防性维修策略制定

预防性维修是指为防止生产设备的意外损坏,按照预定的计划进行一系列预防性的维护和修理。其目的是保证生产设备经常保持生产能力,避免设备遭受不应有的磨损、老化和腐蚀等损坏,延长设备使用寿命,充分发挥设备潜力。

表3.6.4、表3.6.5给出了国内某天然气压缩机的预防性维修策略,包括备件清单以及不同预防性维修周期(日、周、半年、年)的具体工作内容。

表 3.6.4　备件清单

备件清单						
设备名称			所属系统			
设备技术参数			制造厂家			
设备位号			铭牌内容			
主要设备备件	厂　家	机　型	最小安全库存	库存量	日期	记录人
1						
2						
3						
⋮						

注:① 该表每天由材料员进行填写并签字确认。
　　② 如果设备规格型号不同,需补充以上表格并填写完整。
　　③ 各专业师、监督定期确认并根据备件库存情况及时申请采购。

表 3.6.5　预防性维修工作内容

维修周期	维修工作内容					
	检查/检测	清洁	润滑	试验	更换	其他
每日	① 检查各分离的液位是否正常； ② 检查各级压力，温度是否正常； ③ 检查润滑油压力是否正常； ④ 检查海水压力是否正常； ⑤ 检查压缩机振动，噪声是否正常； ⑥ 检查润滑油箱液位，注油器工作是否正常，曲箱箱液位是否正常； ⑦ 检查自动补油装置工作是否正常； ⑧ 检查润滑油滤清器压差是否正常； ⑨ 检查各个压力表，温度表是否良好； ⑩ 检查仪表气压力有无异常； ⑪ 检查每个开关，温度开关有无异常； ⑫ 检查自动排液阀工作是否正常； ⑬ 检查指示灯泡是否损坏； ⑭ 检查控制盘上的润滑油液位是否正常； ⑮ 检查主马达运行情况，声音是否正常； ⑯ 检查冷却风机马达运行情况，声音是否正常	清洁机组及外壳	视情况添加润滑油（并做好加油记录）	指示灯试验		启机前，将注油泵手动启动
每周	① 做每日检查的全部内容； ② 检查管线及各接头是否松动； ③ 检查冷却器风扇及风扇皮带是否正常； ④ 检查主填料放空口与二级放空口是否有喷溢，根据情况更换填料； ⑤ 检查各级进，排气阀温度及振动是否正常	清洁现场仪表、阀门				
每月	① 做每周检查的全部内容； ② 做设备的振动检测； ③ 检查强编程逻辑控制器（PLC）工作情况； ④ 检查控制盘内的电源；		① 化验润滑油油质； ② 根据情况对主马达、冷却风机马达，预润滑油泵马达加注润滑脂			

维修周期	维修工作内容					
	检查/检测	清 洁	润 滑	试 验	更 换	其 他
每季度	① 做每月检查的全部内容； ② 紧固控制盘内接线； ③ 检查自动补油装置润滑油是否正常； ④ 对机组进、排气阀进行拆检					
每4 000 h	① 排放或替换曲轴箱内润滑油，并清洁滤网； ② 打开曲轴箱检查是否有杂质； ③ 用扭矩扳手检查各螺栓是否松动； ④ 进行软底座检查，如有必要须须重新对中		更换注油泵的润滑油，根据运行环境改变注油频率			
每8 000 h	① 检查所有的进、排气阀不是否磨损或损坏的阀片和阀座； ② 检查活塞及活塞环是否磨损严重，必要时更换； ③ 检查气缸是否有磨损，如有磨损，进行修复； ④ 测量活塞前后端间隙； ⑤ 机身部分，检查主轴瓦的磨损情况及表面情况； ⑥ 测量主轴承大端间隙，如磨损严重应更换； ⑦ 测量连杆大端瓦间隙，如磨损严重应更换； ⑧ 检查曲轴推力间隙，并测量曲轴轴向间隙； ⑨ 检查十字头导板及十字头销套和连杆小端衬套内径工作表面合情况； ⑩ 检查十字头销及十字头销套与滑道磨合情况，并测量其间隙； ⑪ 添加润滑油； ⑫ 清洗曲轴箱油底壳和轴箱呼吸器，并注入新的润滑油； ⑬ 调整冷却风扇传动皮带张紧度； ⑭ 检查撬内流程上的关断阀； ⑮ 检查关断阀的电磁阀是否良好； ⑯ 检查旁通阀及控制器是否良好； ⑰ 检查控制器/执行机构是否良好； ⑱ 检查盘内端子排接线紧固/输出继电器； ⑲ 检测PLC模块状态	① 对主马达进行解体，并进行清洁维护； ② 对冷却风机马达进行清洁维护； ③ 对预润滑油泵马达进行解体，并进行清洁维护	对曲轴箱进行清洁并将全部润滑油进行更换	① 对电缆进行绝缘检查； ② 校验压力开关、温度开关； ③ 校验安全阀； ④ 校验液位开关	① 更换润滑油滤清器； ② 更换活塞杆填料函	

3.6.3　燃气发电机组 RCM 分析

3.6.3.1　基于 RCM 的维修策略

OREDA 数据库不仅给出了不同失效模式对应的失效率,同时给出了不同部件的失效率。因此,在采用 FMECA 方法对燃气发电机进行可靠性分析评估时,从典型失效模式和部件失效率两个方面进行分析[38]:

(1) 分析的失效模式包括不能启动、排烟异常、输出功率不足、温度异常、声音异常、振动过大、仪表读数异常、电压不稳定、爆震、有用介质外漏、燃气外漏、误停机等。

(2) 分析的部件包括进排气系统、配气机构、机体组件、曲柄连杆机构、点火系统、润滑与冷却系统以及启动系统。

部件检维修周期基于部件可靠度制定,可靠度用 $R(t)$ 表示:

$$R(t) = P(T>t) = \int_t^\infty f(t)\mathrm{d}t \tag{3.6.1}$$

式中　$P(T>t)$——$T>t$ 时的概率;

　　　$f(t)$——失效概率密度函数。

本次分析考虑失效概率密度函数呈指数分布,即 $f(t) = \lambda \mathrm{e}^{-\lambda t}$,则可靠度为:

$$R(t) = \mathrm{e}^{-\lambda t} \tag{3.6.2}$$

根据可靠性数据库 OREDA 中相关设备的失效率,计算各子单元的维修介入时间。这里以不能启动为例进行 FMEA 分析(表 3.6.6),从部件维度以点火系统为例进行 FMEA 分析(表 3.6.7)。根据 OREDA 数据库,燃气发电机失效率为 1 199.23 次/(106 h),其中点火系统失效频率为 0.54%。

表 3.6.6　FMEA 分析(失效模式:不能启动)

失效原因	失效根源分析	维修策略	缓解措施	保养周期/h
电池充电不足或电瓶损坏	电解液位低或电池老化	定期检查	补足电解液或更换电池	250
接触不良/线路短路	接头氧化或松动	定期检查	排除任何短路/接触不良故障,检查接头有无氧化,如有必要则进行清洗	250
燃气滤清器堵塞	滤清器使用时间过长或杂质过多	状态监测,定期检查	定期检查燃气滤清器	105
		定期检查	更换燃气滤清器	1 000
空气滤清器堵塞	滤清器使用时间过长或杂质过多	状态监测,定期检查	定期检查空气滤清器	105
		定期检查	更换燃气滤清器	1 000
缸套水温度过低	启动前未加热缸套水	状态监测,定期检查	启动前检查加热缸套水,加强人员培训	1

表 3.6.7　FMEA 分析(点火系统)

功　能	失效模式	失效原因	影　响	检测方法	维修策略		基于 OREDA 计算检维修时间/h
					预防措施	周期/h	
将点火线圈的脉冲高压引入燃烧室,在火花塞的两个电极间产生电火花,引燃混合气	损坏	①沉积物;②达到使用寿命	火弱断火,点火时间过早或过晚	定期更换	火花塞检查、调整、更换	2 000	7 921
能够按时在火花塞两电极间产生电火花的全部装置	损坏	①点火开关短路;②点火线圈、充电线圈等短路或开路	火弱断火,点火时间过早或过晚	定期检查	点火系统定期检查,点火变压器定期更换	4 000/8 000	7 921

对燃气发电机组开展 FMEA 分析,结合燃气发电机组《操作和保养手册》以及 OREDA 对各部件的失效数据统计,对比检维修时间(图 3.6.3),并得出如下结论。

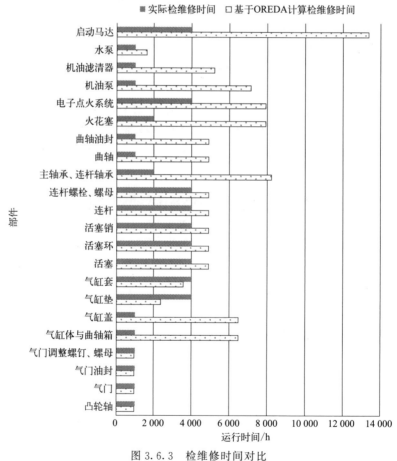

图 3.6.3　检维修时间对比

(1)仪表系统:根据 OREDA 数据库,仪表存在失效可能,特别是压力表、温度表所占失效比例较高,但机组维修保养计划中未明确压力表校验标定与检查。在日常管理中,应结合运行经验,关注仪表系统,如燃料压力表、除烟滤清器压力表等。

（2）配气机构:检维修时间与基于 OREDA 数据库计算的检维修时间基本一致。

（3）机体组件:检维修时间与基于 OREDA 数据库计算的检维修时间基本一致,根据《操作和保养手册》每 4 000 h 进行一次气缸压力测试,能够在一定程度上反映气缸的运行状况。气缸套存在水垢、磨损、拉缸、锈蚀、裂纹等失效模式,通过采取水质/润滑油检测、保证气缸紧固、避免过大振动的手段能够保证其安全运行。

（4）曲柄连杆机构:检维修时间与基于 OREDA 数据库计算的检维修时间基本一致,根据《操作和保养手册》每 4 000 h 进行气缸压力测试,可对机体组件和曲柄连杆机构进行检测。曲轴存在异响、磨损、弯曲、疲劳断裂等失效模式,通过采取润滑、定期检查曲轴减振器等手段能够保证其安全运行,应做好曲轴减振器的检测记录,以作为后期分析的基础。

3.6.3.2　基于 Python XGBoost 监测参数重要度分析

监测参数反映了局部构件的运行状态,进而影响内燃发电机的整体运行效率。通过各参数与内燃发电机功率的拟合,分析影响机组效率的关键参数,可以指导参数的优化调整,从而提升机组效率,降低燃料消耗率。

对燃气发电机组的部分运行参数进行了统计,主要包括有功功率、缸套水入口压力、缸套水温度、燃气计量阀开度、发动机转速、NO_x 质量浓度实际值、空气过滤器压差、润滑油温度等。2017 年 1 月—2019 年 6 月的发电机功率及相关参数的部分数据见表 3.6.8。

表 3.6.8　运行数据

时间	有功功率/kW	缸套水入口压力/kPa	缸套水温度/℃	燃气计量阀开度/%	发动机转速/(r·min⁻¹)	NO_x 质量浓度实际值/(mg·L⁻¹)	空气过滤器压差/kPa	润滑油温度/℃
08 时	1 862.4	298.00	91.00	32.80	1 488.75	91.75	1.00	85.78
09 时	2 392.4	320.00	94.00	37.20	1 488.75	89.75	2.00	86.28
10 时	2 416.8	292.00	94.00	37.20	1 488.75	92.50	2.00	86.44
11 时	1 566.0	284.00	88.00	30.00	1 488.75	88.50	1.00	84.16
12 时	1 497.6	288.00	88.00	29.20	1 488.75	95.50	1.00	84.09
13 时	1 492.8	300.00	89.00	29.20	1 488.75	98.00	1.00	84.34
…	…	…	…	…	…	…	…	…

采用极度梯度提升树算法（XGBoost）,对燃气发电机组的运行数据进行分析。

1）特征工程

对原始数据进行分析后,选取发电机有功功率作为分析目标,选取缸套水入口压力 f_0、缸套水温度 f_1、燃气计量阀开度 f_2、发动机转速 f_3、NO_x 质量浓度实际值 f_4、空气过滤器压差 f_5、润滑油温度 f_6 这 7 个参数作为分析特征变量。

2)模型建立

从历史运行数据集中选取 20%(246 组)作为预测数据集(不参与训练),剩余的 80%(984 组)用于回归模型的训练,其中训练数据中 80%(787 组)作为训练集,20%(197 组)作为验证集。

3)数据预测

利用训练好的模型对预测数据集进行分析。经分析,损失函数值为 0.997 517 6,模型拟合程度比较好。

4)变量重要性分析

对特征工程处理后的特征变量,利用 XGBoost 进行特征变量挑选,可判断对质量预测结果的影响较为明显的特征变量。经分析,润滑油温度 f_6、NO_x 质量浓度实际值 f_4 对发电机功率的影响较大,而缸套水温度 f_1、空气过滤器压差 f_5 对电机功率的影响较小,如图 3.6.4 所示。

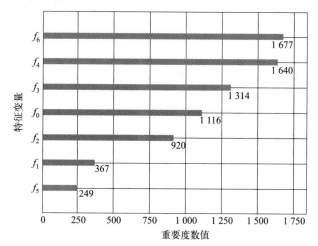

图 3.6.4　发电机功率相关的特征重要性排序

由机组参数变量重要性分析结果可知,应重点监控润滑油温度与 NO_x 实际值,在实际运行中应重点保障这两个运行参数平稳,以期达到较高的有功功率。

第4章 可用性模型

4.1 设备可用性

设备的可靠性与可维修性共同决定了设备可用性[39-41]。可用性是衡量设备处于可操作状态的程度,即在规定的时刻或时间区间内,处于可执行规定功能状态的能力。简单地说,可用性是指设备在需要时能够执行任务的概率。可用性主要取决于故障发生的频率或需要进行纠正/预防性维护的频率(可靠性),以及故障需要多长时间修复或进行预防性维护(可维修性)。可用性计算公式为:

$$A = MTTF/(MTTF + MTTR)$$

式中 A——可用性。

可用性可以根据正常运行时间和停机时间来衡量。当设备投入使用后,可以测量设备"启动"(即能够执行所有所需功能)的小时数和在任何给定日历间隔内应达到的总小时数。然后,通过将设备启动的时间除以应达到的时间来测量操作可用性 A_o:

$$A_o = \frac{t_{up}}{t_{up} + t_{down}} = \frac{t_{up}}{t_{total}} \tag{4.1.1}$$

式中 t_{up}——设备能够在给定的日历间隔内执行所有所需功能的时间,即正常运行时间(uptime);

t_{total}——在给定的日历间隔内设备应该启动的总时间(总时间=正常运行时间+停机时间);

t_{down}——停机时间(downtime),至少由 3 部分组成,即等待备件通过供应链到达的时间(称物流停机时间)、维修时间,以及等待维护人员开始工作所花费的时间。

设备可用性与其计划作业时间有关。如果一台机器在 12 h 轮班期间运行 8 h,停机时间为 4 h,那么该机器的可用性为 66.7%。

4.2 设备停机时间案例

现场作业发现某液压泵断路器跳闸,试送电 1 次后又立刻跳闸。液压泵电机轴承如

图 4.2.1 所示。本次停机情况如下：

（1）断电隔离，在顶驱电控房测量液压泵电机三相直阻，分别为 326 Ω，665 Ω 和 400 Ω，对地绝缘 300 MΩ，初步判断为电缆接触不良或电机三相直阻不平衡。

（2）检查紧固插头插座，未见松动；测量液压泵电机直阻，分别为 2.8 Ω，2.7 Ω 和 2.8 Ω，电机绕组正常。

（3）液压泵送电，上电测试，检查发现液压泵电机只有嗡嗡电磁声音，电机轴无法转动，怀疑液压泵卡死。

（4）将液压泵与电机分离，液压泵轴盘车正常，液压泵电机轴无法盘动，判断为液压泵电机轴承卡死。

（5）现场更换液压泵电机并进行调试，运转正常。

本次停机的直接原因为液压泵电机轴承卡死，根本原因为：

（1）电机轴承装配不良；

（2）电机轴承存在质量问题。

图 4.2.1　液压泵电机轴承卡死

4.3　提高设备可用性的方法

设备可用性完全取决于正常运行时间。如果计划外停机时间很长，将遭受可用性损失。同样，如果计划内停机时间效率低下，则设备可用性也会降低。

以下是优化设备可用性的几种方法：

1）文 化

设备可用性的提高始于文化的转变。管理者需要了解生产的可用时间，以及系统需要如何更改以提高设备整体效率。这种变化通常是由竞争压力、成本、市场波动和其他因素驱动的自上而下的决策。

2）维 修

大部分停机时间与维修/维护事件有关。设备维护计划、备品备件、审批流程、工具组织等因素都会导致维修所需时间超过应有时间。同时，为了减少过度维护造成的不必要的停机事件，制造商可以收集设备数据，以更好地了解设备的性能和运行状况。保持设备高效运行需要管理设备计划生产时间、停机维护时间的动态平衡。如果处理不好将会受到计划外停机、计划外维护和高故障率的影响。

3）数据平台

使用机器数据平台，可实现数据收集标准化和自动化。通过这种方式，维护团队可以了解设备的性能和健康状况，并可基于设备状态数据来了解停机频率及其根本原因。这些有价值的数据可以用于优化维护策略。

4）优化的流程

许多停机事件都与低效的标准操作程序（SOP）有关，如不太理想的库存管理可能会耽误维修时间。随着等待时间的增加，设备可用性也会降低。

5）培 训

培训也可能是停机时间过长的一个原因。例如，未经培训或者无标准作业程序时，操作人员清理堵塞和重新启动机器的时间比经过培训或有标准作业程序的操作人员长14%。根据数据采集和分析结果，管理人员可以通过设备维护情况和轮班来识别这些问题，从而制定更好的标准作业程序或提供额外培训。

第 5 章　蒙特卡罗算法

5.1　蒙特卡罗算法基本原理

在计算机科学和数学领域,蒙特卡罗算法是一种用来估计数值的强大方法,它基于随机模拟,能够解决许多复杂的问题。蒙特卡罗算法是由科学家 Stanislaw Ulam 和 John von Neumann 在 20 世纪 40 年代首次提出的。"蒙特卡罗"象征了随机性和不确定性[42]。

蒙特卡罗算法又称统计模拟法、统计试验法,是将概率现象作为研究对象的数值模拟方法,是按抽样调查法求取统计值来推定未知特性量的计算方法,故适用于对离散系统进行计算仿真试验。该算法在计算仿真中,通过构造一个和系统性能相近似的概率模型,并进行随机试验,模拟系统的随机特性。

蒙特卡罗算法的核心思想是通过随机采样来解决问题,其工作过程如下:

(1) 问题建模。将要解决的问题转化为数学模型,通常涉及概率和随机性。

(2) 生成随机样本。随机生成一组输入,这些输入在问题的输入空间内是均匀分布的。该步骤模拟了实际问题中的随机性。

(3) 执行模拟。对每个随机样本,使用模型进行计算,得到输出结果。这一步模拟了问题的计算过程。

(4) 统计分析。收集所有模拟结果,计算它们的平均值或其他感兴趣的统计量,以得出对问题的估计。

(5) 收敛性检验。通过增加样本数量,不断重复上述步骤,观察估计值是否趋于稳定。通常,样本数量越多,估计值越接近真实值。

5.1.1　伪随机

在采用蒙特卡罗算法进行分析时,为保证输入数据一致时能够获取同样的计算结果,通常采用伪随机的方式。商用 RAM 分析软件大多采用伪随机方式。下面介绍伪随机的典型算法及实现方式。

5.1.1.1　线性同余发生器（LCG）

线性同余发生器(linear congruential generator，LCG)是一种能产生具有不连续计算的伪随机序列的分段线性方程的算法，它是最古老和最知名的伪随机序列生成器算法之一，其理论相对容易理解，并且易于实现，特别是在可以通过存储位截断提供模运算的计算机硬件上。

生成器由循环关系定义：

$$X_{n+1} = (aX_n + b) \bmod m, \quad n \geqslant 0 \tag{5.1.1}$$

式中　X_n——随机序列；

　　　a——系数，$0 \leqslant a \leqslant m$；

　　　m——模，$m > 0$；

　　　b——制定生成器的整数常量，$0 \leqslant b < m$。

式(5.1.1)中，如果 $b=0$，则该发生器通常称为乘法同余发生器(MCG)；如果 $b \neq 0$，则该发生器称为混合同余发生器。

线性同余发生器的优点：通过适当选择参数，区间长度可知且很长。虽然区间长度不是唯一标准，但是一般情况下太短的区间长度在伪随机序列生成器中是一个致命的缺陷。

虽然 LCG 能够产生伪随机数，且可以通过正规的随机性测试，但它对参数 m 和 a 的选择极为敏感。例如，$a=1$ 和 $b=1$ 产生一个简单的 m 进制计数器，它具有长的周期，但显然非随机。

常见的参数选择有以下 3 种：

(1) m 为素数，$b=0$；

(2) m 为 2 的幂，$b=0$；

(3) $b \neq 0$。

5.1.1.2　现代随机数生成器（RNG）

随机数生成器(random number generator，RNG)是在各种应用领域中不可或缺的一种工具，它能够生成一系列预测性极低的数字序列。

由 Mersenne-Twister Matsumoto 等于 1998 年提出的 RNG 有以下特征：

(1) 周期长度为 $2^{19\,937} - 1$；

(2) 服从 623 维的均匀分布；

(3) 对于不理想的初始值，生成器会在 700 000 个随机数后稳定下来。

Well Panneton 等于 2006 年提出的 RNG 有以下特征：

(1) 同样具有很长的周期和高维的均匀分布；

(2) 对于不理想的初始值，生成器会在 700 个随机数后稳定下来。

其他的 RNG 主要为：

(1) Wichmann-Hill；

(2) Marsaglia Multicarry;

(3) Super-Duper;

(4) Knuth-TAOCP;

(5) Knuth-TAOCP-2002;

(6) ISAAC(cipher/AES)。

5.1.1.3 Python 中的伪随机

Python 的 random 模块用于生成伪随机数。

在实数轴上,有计算均匀、正态(高斯)、对数正态、负指数、伽马和贝塔分布的函数。几乎所有模块函数都依赖于基本函数 random(),它在右开左闭区间 $0.0 \leqslant X < 1.0$ 内均匀生成随机浮点数。Python 使用 Mersenne-Twister 作为核心生成器,产生 53 位精度的浮点数且周期为 $2^{19\,937} - 1$。Mersenne-Twister 是目前经过广泛测试的随机数生成器之一,但是因为它是完全确定性的,所以不适用于所有目的,并且完全不适用于加密目的。

1)实值分布

表 5.1.1 中函数生成特定的实值分布。如常用数学实践中所使用的那样,函数形参以分布方程中的相应变量命名,大多数方程都可以在统计学教材中找到。

表 5.1.1 Python 中的随机函数

函　　数	解　　释
random. random()	返回 $0.0 \leqslant X < 1.0$ 范围内的下一个随机浮点数
random. uniform(a,b)	返回一个随机浮点数 N,当 $a \leqslant b$ 时 $a \leqslant N \leqslant b$,当 $b < a$ 时 $b \leqslant N \leqslant a$； 取决于等式 $a + (b-a) \times$ random() 中的浮点舍入,终点 b 可以包括或不包括在该范围内
random. triangular(low,high,mode)	返回一个随机浮点数 N,使得 $low \leqslant N \leqslant high$ 并在这些边界之间使用指定的 $mode$。low 和 $high$ 的边界默认为 0 和 1,参数 $mode$ 默认为边界之间的中点,给出对称分布
random. betavariate(alpha,beta)	贝塔分布。参数的条件是 $alpha > 0$ 和 $beta > 0$,返回值的范围介于 0 和 1 之间
random. expovariate(lambd=1.0)	指数分布。$lambd$ 是 1.0 除以所需的平均值,它应该是非零的。如果 $lambd$ 为正,则返回值的范围为 0 到正无穷大；如果 $lambd$ 为负,则返回值从负无穷大到 0。 (参数 $lambd$ 本应命名为"$lambda$",但前者是 Python 中的保留字)
random. gammavariate(alpha,beta)	伽马分布。$alpha$ 和 $beta$ 为形状参数,即 $alpha$ 和 $beta$ 必须为正值。(调用规范有变动并且有些源码会将 $beta$ 定义为逆向的 $scale$)
random. gauss(mu=0.0,sigma=1.0)	正态分布,也称高斯分布。mu 为平均值,而 $sigma$ 为标准差
random. lognormvariate(mu,sigma)	对数正态分布。如果采用这个分布的自然对数,则将得到一个正态分布,平均值为 mu,标准差为 $sigma$。mu 可以是任何值,$sigma$ 必须大于 0

续表

函　数	解　释
random. normalvariate(mu＝0.0,sigma＝1.0)	正态分布。mu 为平均值,$sigma$ 为标准差
random. vonmisesvariate(mu,kappa)	冯・米塞斯分布。mu 为平均角度,以弧度表示,介于 0 和 2π 之间,$kappa$ 为浓度参数,必须大于或等于 0。如果 $kappa＝0$,则该分布在 $0\sim2\pi$ 的范围内减小到均匀的随机角度
random. paretovariate(alpha)	帕累托分布。$alpha$ 为形状参数
random. weibullvariate(alpha,beta)	威布尔分布。$alpha$ 为比例参数,$beta$ 为形状参数

2) 再现性

多线程运行有时能够重现伪随机数生成器给出的序列,这是很有用处的。通过重用一个种子值,只要没有运行多线程,相同的序列就可在多次运行中重现。

大多数随机模块的算法和种子函数都会在 Python 版本中发生变化,但应保证以下两个方面不会改变:

(1) 如果添加了新的播种方法,则将提供向后兼容的播种机;

(2) 当兼容的播种机被赋予相同的种子时,生成器的 random()方法将继续产生相同的序列。

Python 中使用随机数种子来产生随机数,随机数种子确定了随机序列的产生,只要定义了随机数种子的值,则输出结果就是一致的。当确定随机数值种子时,即定义 seed(0),随机生成 10 个数据,包含随机生成的 5 个数据,如下 Python 程序所示。因此在确定随机数值种子时,无论运行多少次程序,计算结果都是一致的。

```
import numpy as np
np. random. seed(0)  # 定义一个随机数种子
print(np. random. rand(5))  # "随机"生成 5 个数
```
输出结果:
```
[0. 5488135  0. 71518937 0. 60276338 0. 54488318 0. 4236548]
```

```
import numpy as np
np. random. seed(0)  # 定义一个随机数种子
print(np. random. rand(10))  # "随机"生成 10 个数
```
输出结果:
```
[0. 5488135  0. 71518937 0. 60276338 0. 54488318 0. 4236548
0. 64589411 0. 43758721 0. 891773  0. 96366276 0. 38344152]
```

5.1.2　随机采样方法

随机采样方法包括直接采样和接受-拒绝采样。

5.1.2.1 直接采样

一般而言,均匀分布 $U(0,1)$ 的样本是相对容易生成的。通过线性同余发生器可以生成伪随机数,用确定性算法生成 $[0,1]$ 之间的伪随机数序列后,这些序列的各种统计指标和均匀分布 $U(0,1)$ 的理论计算结果非常接近。这样的伪随机数序列具有比较好的统计性质,可以当成真实的随机数使用。

常见的概率分布,无论是连续的还是离散的,都可以基于 $U(0,1)$ 的样本生成。

直接采样步骤为:

（1）从 $U(0,1)$ 中随机产生一个样本 z;

（2）令 $z = h(y)$,其中 $h(y)$ 为 y 的累积概率分布;

（3）计算;

（4）结果 y 为对概率密度函数 $p(y)$ 的采样。

直接采样需要知道累积概率分布的解析表达式,且累积概率分布函数存在反函数。但是如果 $h(x)$ 不能确定或者无法解析求逆,则直接采样不再合适。对于复杂的现实模型,直接采样其实是不常用的。

例 5.1 指数分布是连续型概率分布,经常用于描述时间间隔。其概率密度函数（probability density function,pdf）和累积分布函数（cumulation distribution function,cdf）定义如下:

概率密度函数

$$f(t) = \lambda e^{\lambda t}, \quad t \geq 0$$

累积分布函数

$$F(t) = 1 - e^{-\lambda t}, \quad t \geq 0$$

式中 λ——正的参数,表示平均单位时间事件发生的次数。

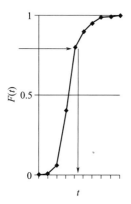

图 5.1.1 以均匀分布方式
对指数分布进行采样

对该指数分布进行采样。以均匀分布的方式实现指数分布采样的步骤如下:

（1）采用伪随机的方式,从 $U(0,1)$ 中随机产生一个样本 z。

（2）令随机样本 $z = F(t)$,$F(t)$ 为指数分布的累积分布函数。此时累积分布的值为 $[0,1]$,如图 5.1.1 中纵坐标所示。

（3）根据纵坐标的值,计算指数分布函数对应的横坐标的值。

（4）重复步骤（1）~（3）,获得基于指数分布的采样,采样次数根据需求而定。

运行如下 Python 程序,绘制成的直方图符合指数分布。

```
from scipy import stats
import numpy as np
```

```
import random
import scipy. stats as stats
import matplotlib. pyplot as plt
np. random. seed(0)    # 定义随机数种子
samples=2000 # 抽样数量
z=np. random. uniform(0,1,samples)# 均匀分布 0-1 取随机数
lmd=1/2.5   # λ=1/2.5x=(np. log(1-z))/-lmd   # np. log(z)对 x 求自然对数,根据累积分布曲线
由随机数 z 读取对应 x
print("random number x shape",x. shape)
print(x[:10])   # 输出前 10 个对应 x 值
plt. hist(x,bins=50,density=True,alpha=0.7,color='steelblue')# 绘制 x 的直方图
plt. show()
输出:
random numeberz shape(2000,)
[1. 98968627 3. 13982691 2. 30805786 1. 96800288 1. 37762123 2. 59539824
1. 438798 5. 55881103 8. 28728046 1. 20900525]
```

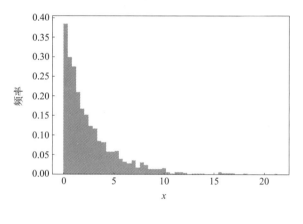

还可以直接从 Python 中的指数分布中进行抽样,当设定的种子数一致时(参见伪随机),其随机数据与例 5.1 中一致。运行如下 Python 程序,输出的数据和直方图与例 5.1 一致。

```
from scipy import stats
import numpy as np
import random
import scipy. stats as stats
import matplotlib. pyplot as plt
np. random. seed(0)   # 定义随机数种子
lmd=1/2.5  # λ=1/2.5
samples= stats. expon. rvs(scale=1/lmd,size=2000)   # λ=1/2.5 的指数分布函数,抽样
数 2000
```

```
print(samples[:10])   # 输出抽样的前 10 个数据
plt.hist(samples,bins=50,density=True,alpha=0.7,color='steelblue')   # 绘制抽样值
的直方图
plt.show()
输出
[1.98968627 3.13982691 2.30805786 1.96800288 1.37762123 2.59539824
1.438798 5.55881103 8.28728046 1.20900525]
```

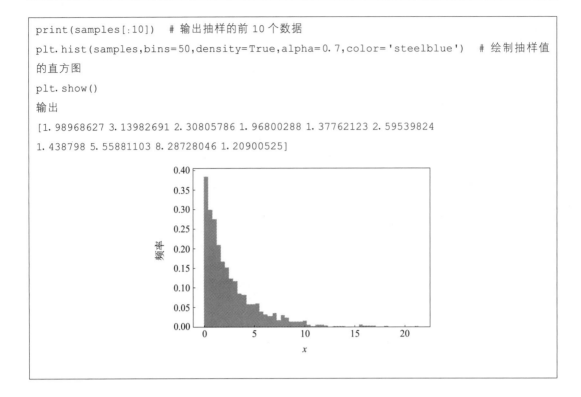

5.1.2.2 接受-拒绝采样

接受-拒绝采样简称拒绝采样,其基本思想为:假设需要对一个分布 $f(x)$ 进行采样,但很难直接进行采样,所以想通过另外一个容易采样的分布 $g(x)$ 的样本,利用某种机制去除掉一些样本,使剩下的样本就是来自所求分布 $f(x)$ 的样本。

较为简单的拒绝采样如图 5.1.2 所示,对如下函数进行接受-拒绝采样:

(1) 取 $y_{max} = \max\{f(x)\}$;

(2) 从 x 的区间 $[x_{min}, x_{max}]$ 中随机抽样 x_i;

(3) 从 y 的结果 $[0, y_{max}]$ 中随机抽样 y_i;

(4) 如果 $y_i < f(x)$,则接受样本,否则就拒绝并回到步骤(1)。

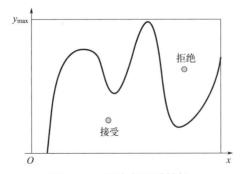

图 5.1.2 接受-拒绝采样例 1

考虑以已知函数为基础的拒绝采样如图 5.1.3 所示,存在 M 使得 $Mq(x) \geqslant p(x)$,对所有的 x 成立,接受-拒绝采样重复如下步骤:

(1) 从 $q(x)$ 中获得一个随机采样点 x_i;

(2) 对于 x_i,计算接收概率(acceptance probability)α,$\alpha = \dfrac{p(x_i)}{Mq(x_i)}$;

(3) 从 $U(0,1)$ 中随机生成一个值,用 u 表示;

(4) 如果 $\alpha \geqslant u$,则接受 x_i 作为一个来自 $p(x)$ 的采样值,否则就拒绝 x_i 并回到步骤(1)。

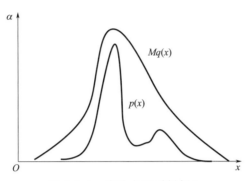

图 5.1.3　接受-拒绝采样例 2

5.2　蒙特卡罗算法应用

蒙特卡罗算法因其强大的灵活性和广泛的适用性,为各种复杂问题提供近似解,尤其在面对那些难以用解析方法求解的问题时显示出其独特的优势。本节以求积分与求圆周率为例,采用 Python 程序演示蒙特卡罗算法的应用。

5.2.1　求积分

蒙特卡罗方法通过构造匹配一定规则的随机数来解决数学上的各种问题。对于那些由于计算过于复杂而难以得到解析解或者根本没有解析解的问题,蒙特卡罗方法是一种有效的求数值解的方法。蒙特卡罗方法在数学中最常见的应用是求函数积分。

利用蒙特卡罗方法计算定积分 $J = \int_a^b g(x)\mathrm{d}x$,核心步骤是求取随机的 $g(X_1)$,$g(X_2)$,$\cdots$,$g(X_n)$,其中 $n \in [a,b]$,由数学期望和大数定理可以近似计算定积分,公式为:

$$J = \int_a^b g(x)\mathrm{d}x \approx (b-a)\frac{g(X_1) + g(X_2) + \cdots + g(X_n)}{n} \tag{5.2.1}$$

以 $f(x) = 3x^2 + 4\cos x - 4x\sin x$ 为例,经过 10 000 次随机模拟,其计算结果为

2 366.508 157 479 758,直接用原函数计算的定积分为 2 362.981 586 391 528 7,偏差为 0.149 2%,随着采样点数的增加,计算误差逐渐减小。Python 程序如下所示。

```python
import math
import random
# 积分区间
upper_bound=15
lower_bound=10
# 定义积分函数
def f_x_(x):
    outcome=3*(x* * 2)+ 4* math.cos(x)-4* x* math.sin(x)
    return outcome
# 生成随机数,用蒙特卡罗方法计算定积分
DefiniteIntegral_By_MonteCarloMethod=0
# 随机生成 10000 个 f(x),10<=x<=15,求和
sum=0
count=1
while count<=10000:
    sum=sum+f_x_(random.uniform(lower_bound,upper_bound))
    count=count+ 1

DefiniteIntegral_By_MonteCarloMethod=(upper_bound-lower_bound)* (sum/10000)

print("用蒙特卡罗方法计算的定积分:")
print(DefiniteIntegral_By_MonteCarloMethod)
print("")
```

5.2.2　求圆周率

要估计 π 的值,需要知道正方形的面积和圆的面积。为了找到这些区域,在表面上随机放置点,并计算落在圆内的点数和落在正方形内的点数。使用点数作为面积,而不是使用实际面积。圆形和正方形的面积比(图 5.2.1)为:

$$\frac{S_{\text{圆}}}{S_{\text{正}}} = \frac{\pi r^2}{(2r)^2} = \frac{\pi}{4} \tag{5.2.2}$$

式中　$S_{\text{圆}}$,$S_{\text{正}}$——圆形和正方形面积;

r——圆半径。

当求出圆形和正方形的面积比,即求出圆内随机点数与总随机点数之比时,即可估算出 π 的值。Python 程序如下所示。

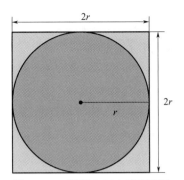

图 5.2.1　圆形和正方形面积比

```
import numpy as np
# 初始化参数
n_simulations=10000
n_points_circle=0
n_points_square=0

# 建立 xy 坐标
sx=[]
sy=[]

# 随机抽样
for _in range(n_simulations):
    x=np.random.uniform(-1,1)
    sx.append(x)
    y=np.random.uniform(-1,1)
sy.append(y)

# 计算抽样点到原点的距离,小于 1 时在圆内。
for i in range(n_simulations):
    dist_from_origin=sx[i]** 2+ sy[i]** 2
    if dist_from_origin <=1:
        n_points_circle+=1
    n_points_square+=1

# 估计 π
pi=4 * n_points_circle/n_points_square
print(pi)
```

5.3 蒙特卡罗法计算软件

蒙特卡罗算法可以通过多种软件实现,目前最常见的软件是 Crystal Ball。另外,采用 Python 及 Matlab 等编程软件,同样可编写蒙特卡罗算法程序。

5.3.1 Crystal Ball

Oracle Crystal Ball(甲骨文水晶球)是甲骨文公司旗下的一款功能强大的风险管理软件,是基于电子表格的应用,用于预测式建模、预测、模拟和优化,可帮助深入了解影响风险的关键因素[43]。

Oracle Crystal Ball 的分析步骤如下:

(1) 假设(what-if)分析。使用蒙特卡罗模拟法自动计算和记录数千种假设情况的结果。

(2) 确定工作重点。分析假设(what-if)场景,进而揭示一系列可能的结果及其发生概率、对模型具有最高影响力的输入以及工作重点。

(3) 传达结果。通过图形、图表共享结果,以便生动地呈现和传达分析结果。

5.3.1.1 废弃有毒工地风险评估案例

本案例预测了来自废弃有毒工地的人群患癌症的风险。废物场址的污染物和场址附近的人口都是不确定性的来源,这使风险评估值的计算复杂化。高估风险可能意味着在不必要的补救措施上浪费资源,而低估风险则可能对当地群众造成非常现实的危险。

设定假设变量以及对应分布(正态分布、三角分布、对数正态分布以及相对应的参数——平均值、标准差、最小值、最有可能值、最大值、位置),设定预测变量的对应公式,如图 5.3.1 所示。

直接运行被称为一维的模拟,即所有的假设变量都被同等对待。例如,第 95 百分位的风险为 2.06×10^{-4},危险性较高,如图 5.3.2 所示。

5.3.1.2 净现值预测案例

贴现现金流(DCF)电子表格模型包含 5 年期的公式和预测。在模拟之前,使用平均值来计算确定性(非概率)净现值(NPV),结果为 502 080 美元。该案例目标是检查 5 年内可能的净现值预测,参数设定如图 5.3.3 所示。运行 Crystal Ball,进行 2 000 次试验,并分析结果。

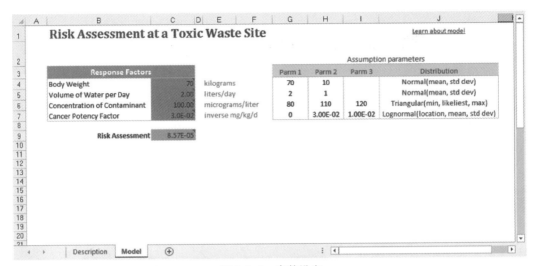

图 5.3.1　参数设定

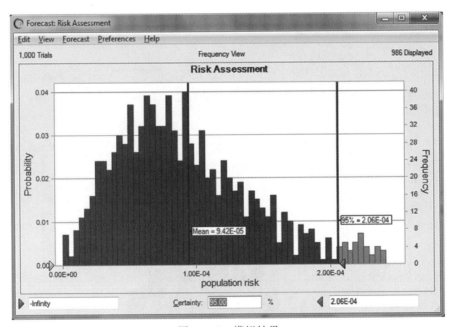

图 5.3.2　模拟结果

图 5.3.4 是在 2 000 次迭代期间生成的 NPV 的简单直方图。底部的横轴显示输出值的范围;图右侧纵轴表示出现频率;左侧纵轴表示出现概率,最大值为 0.04。默认情况下,Crystal Ball 不会显示极端异常值,以免扭曲图表。虽然极值可能没有显示在图表上,但它们包含在所有统计计算中。图 5.3.5 给出了模拟的统计数据计算结果。

此外,可以在预测窗口(Forecast)中显示模拟的统计信息。

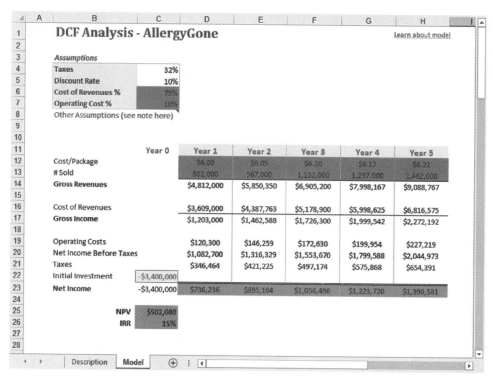

图 5.3.3　参数设定

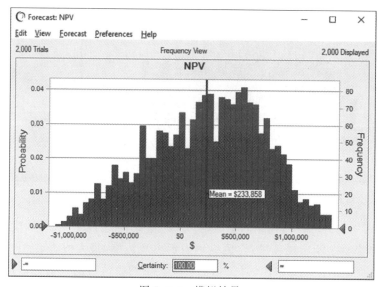

图 5.3.4　模拟结果

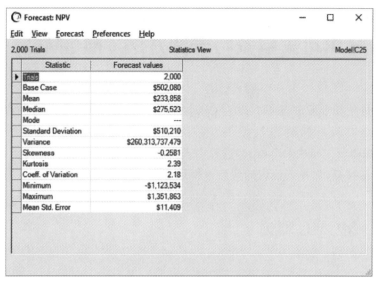

图 5.3.5　模拟统计数据

5.3.2　Talemu

Talemu 是拥有独立知识产权的国产软件,其核心功能是进行蒙特卡罗仿真。通过应用多项自研成果,能够对主流开发语言编写的模型自动创建蒙特卡罗仿真模型,还能够对依赖特定软硬件环境的模型创建仿真模型。利用模型可自动生成仿真数据并完成蒙特卡罗仿真实验,有效地解决了传统仿真方式适用面窄、工作量大、难度高、复杂模型仿真能力弱等诸多问题。

1）仿真模型构建

Talemu 以向导方式创建仿真模型,主要包括设置入口函数、设置输入变量数据、设置输出数据等步骤。

2）蒙特卡罗仿真

Talemu 根据用户设定的仿真次数自动对当前仿真模型进行仿真实验,并获取相关的实验数据。

3）仿真结果的基础分析

获取实验结果数据后,Talemu 会对实验结果数据进行基础分析,得到均值、标准差、最大值、最小值等统计数据。

4）实验数据导出

Talemu 将实验数据按照特定的格式导出到文件中存储,用户可以根据实际需要进行更深层次的数据分析。

5.4 马尔可夫链蒙特卡罗方法（MCMC）

马尔可夫链蒙特卡罗方法（Markov Chain Monte Carlo，简称 MCMC）产生于 20 世纪 50 年代早期，是在贝叶斯理论框架下，通过计算机进行模拟的蒙特卡罗方法（Monte Carlo）。该方法将马尔可夫（Markov）过程引入蒙特卡罗模拟中，实现抽样分布随模拟的进行而改变的动态模拟，弥补了传统的蒙特卡罗积分只能静态模拟的缺陷。

5.4.1 MCMC 理论

5.4.1.1 马尔可夫链

假设有一个系统，该系统具有 M 种可能的状态，并且在各状态之间移动。真实世界中，常常见到这种例子，例如天气从炎热到温和，股票市场从熊市到牛市再到停滞的状态。

马尔可夫性质是指在给定的一个随机过程（random process）中，在某一个时间点的状态为 X_n，其下一个状态 $X_{n+1}=k$ 的概率（k 代表 M 种状态里的任何一种）仅仅依赖于当前状态，而与过去的状态无关。换句话说，该随机过程没有记忆性。

马尔可夫链的数学表达式为：

$$P(X_{n+1}=k \mid X_n=k_n, X_{n-1}=k_{n-1}, \cdots, X_1=k_1)=P(X_{n+1}=k \mid X_n=k_n) \quad (5.4.1)$$

式中，X_n 为随机变量，当 $X_n=k$ 时，称该过程在时间 n 时的状态为 k。

马尔可夫链是随机过程的一个数列。

5.4.1.2 Metropolis Hastings 算法

蒙特卡罗采样提供估计分布的各种特征：如均值、方差、峰值或其他研究人员感兴趣的统计特征。马尔可夫链包含一个随机的顺序过程，并从平稳分布中采样。马尔可夫链蒙特卡罗（MCMC）算法的目的是利用模拟的方法，直接从后验分布中生成参数向量的仿真样本。后续的统计推断工作可以完全基于这些样本开展。利用 MCMC 算法，可得到参数向量 $\boldsymbol{\theta}$ 的一个仿真序列 $\theta^{(j)}$，$j=1,2,\cdots$。MCMC 算法能够保证，当 j 足够大时，$\theta^{(j)}$ 将收敛于一个由后验分布生成的随机序列中。

MCMC 算法事实上构造了一个马尔可夫链，该马尔可夫链的平稳分布就是要采样的分布，这就是所谓的目标分布。换句话说，希望从马尔可夫链的状态中采样等同于从目标分布中采样。这个想法是用一些方法设置转移函数，使得无论马尔可夫链的初始状态是什么最终都能够收敛到目标分布。有很多方法使用相对简单的过程实现这个目标，如 Metropolis Hastings 算法和 Gibbs Sampling 算法。下面重点介绍 Metropolis Hastings 算法。

假设待估参数 $\boldsymbol{\theta}$ 是 q 维实参数向量,如对数正态分布(含有 2 个位置参数 μ 和 σ^2),那么 $\boldsymbol{\theta}$ 即为 (μ, σ^2),$q=2$。Metropolis Hastings 算法的实施步骤如下:

(1)生成候选点,并将候选点记为 θ^*。一般,候选点只与当前点在一个或者两个元素上发生更新。例如,对于一个正态分布,可能会交替更新参数 μ 和 σ^2。生成候选点 θ^* 的一种常用方法是在当前点 $\theta^{(j-1)}$ 的某一个元素 $\theta_i^{(j-1)}$ 上叠加一个服从零均值正态分布的随机元素。此时,候选点 θ^* 的各个元素可以表示为:

$$\theta^* = \theta_i^{(j-1)} + sZ$$
$$\theta_k^* = \theta_k^{(j-1)}, \quad k \neq i \tag{5.4.2}$$

式中　Z——服从标准正态分布的随机变量;

　　　s——常数。

当参数向量的元素连续取值时,将 $f(\theta^* | \theta^{(j-1)})$ 称为建议密度函数,建议密度函数被用于从 $\theta^{(j-1)}$ 中生成 θ^*。例如,式(5.4.2)中的建议密度函数 $f(\cdot)$ 为一个均值为 $\theta_i^{(j-1)}$、标准差为 s 的正态分布。当参数向量的元素离散取值时,$f(\cdot)$ 代表用于生成候选点的分布律函数。类似地,将由 θ^* 生成 $\theta^{(j-1)}$ 的概率密度函数记为 $f(\theta^{(j-1)} | \theta^*)$。

(2)生成候选点之后,计算候选点的接受概率。接受概率是指候选点被接收作为下一个仿真点的概率,记为 r,可用下式表示:

$$r = \min\left\{1, \frac{f(\theta^* | data)}{f(\theta^{(j-1)} | data)} \frac{f(\theta^{(j-1)} | \theta^*)}{f(\theta^* | \theta^{(j-1)})}\right\} \tag{5.4.3}$$

接受概率被表示为两项的乘积与 1 取小,两项乘积中第一项为产品在候选点和当前点的后验分布比值,即 $f(\theta^* | data) / f(\theta^{(j-1)} | data)$,第二项为当前点和候选点的建议密度函数的比值,即 $f(\theta^{(j-1)} | \theta^*) / f(\theta^* | \theta^{(j-1)})$。其中,第一项使参数移动到具有较高的后验概率的取值上,第二项使参数移动到建议密度函数中更大的取值上。需要注意的是,如果建议密度函数是对称的,也就是说,如果 $f(\theta^{(j-1)} | \theta^*) = f(\theta^* | \theta^{(j-1)})$,那么第二项的比值就是 1,在公式中可以被忽略。

(3)计算得到一个接受概率后,按照概率 r 接受候选点,使之成为下一个仿真数据。具体步骤为:生成一个服从均匀分布 $U(0,1)$ 的随机数,即 u,并比较 u 与 r 的大小。如果 $u \leqslant r$,那么接受候选点,即 $\theta^j = \theta^*$;如果 $u > r$,则拒绝候选点,即 $\theta^j = \theta^{(j-1)}$(保持相同的值)。上述过程将对 θ 的每一个元素重复进行。

以例 2.6 来说明 Metropolis Hastings 算法。在该例中,数据服从二项分布,概率为参数 π,则似然函数正比于 $\pi^3(1-\pi)^8$。

假设 π 的先验分布为共轭贝塔分布。在这里,假设基于以往的数据确定的先验分布为区间 $(0.1, 0.9)$ 上的均匀分布。也就是说,π 的先验分布为:

$$p(\pi) \propto \begin{cases} 1, & 0.1 < \pi < 0.9 \\ 0, & \text{其他情形} \end{cases} \tag{5.4.4}$$

将似然函数和先验分布相乘后,后验概率密度为:

$$p(\pi | data) \propto \begin{cases} \pi^3(1-\pi)^8, & 0.1 < \pi < 0.9 \\ 0, & \text{其他情形} \end{cases} \tag{5.4.5}$$

采用 Metropolis Hastings 算法对后验分布做数值评估:

（1）赋初值，$j=0$，$\pi^j=0.5$；

（2）在均匀分布 $U(0.1,0.9)$ 上抽取 π^*；

（3）计算 $r=\dfrac{(\pi^*)^3(1-\pi^*)^8}{[\pi^{(j-1)}]^3[1-\pi^{(j-1)}]^8}$；

（4）在均匀分布 $U(0,1)$ 中抽取 u；

（5）如果 $u \leqslant r$，则令 $\pi^j=\pi^*$，否则令 $\pi^j=\pi^{(j-1)}$；

（6）令 $j=j+1$，并回到步骤（2）。

针对设备失效概率分布，可以根据行业标准选取相应的先验分布，同时结合企业自身数据，基于贝叶斯方法，采用 MCMC 算法，获取优化的后验分布，作为 RAM 分析的依据。

5.4.2　Python PyMC 库

PyMC 是一个实现贝叶斯统计模型和马尔可夫链蒙特卡罗采样工具拟合算法的 Python 库。PyMC 的灵活性及可扩展性使得它能够适用于解决各种问题。除了包含核心采样功能外，PyMC 还包含统计输出、绘图、拟合优度检验和收敛性诊断等方法。

考虑一个简单的贝叶斯线性回归模型，其参数具有正态分布（normal distribution）先验。预测的具有正态分布的观测值 Y，其期望 μ 是两个预测变量 X_1 和 X_2 的线性组合。

$$Y \sim N(\mu,\sigma^2)$$
$$\mu=\alpha+\beta_1 X_1+\beta_2 X_2$$

式中　α——截距；

　　β_i——变量 X_i 的系数；

　　σ——观测误差。

建立贝叶斯模型，模型中的未知变量需要赋予先验分布，这里选择零均值的正态先验。其中，系数 α 和 β_i 的方差为 100，代表参数的弱信息。选择半正态分布作为观测误差 σ 的先验分布。

$$\alpha \sim N(0,100)$$
$$\beta_i \sim N(0,100)$$
$$\sigma \sim |N(0,1)|$$

模拟步骤如下：

1）模拟观测数据

np.random.randn() 返回指定维度的数组（array），一个位置参数为一个维度，位置参数的值为该维度的数据量，具有标准正态分布 $N(0,1)$。此处为返回一维数组，具有 100 个标准正态数据，其中 $sigma$ 描述误差，$beta$ 为权重，$alpha$ 为偏置，此处为已知值，通过随机的输入数据以及随机的误差获得观测的数组为 y。

2）定义模型

认为 $sigma$，$beta$，$alpha$ 均为未知变量，尝试以观测值为其恢复参数（即进行后验估计）。在贝叶斯理论中，未知的变量都应指定先验分布。$alpha$, $beta$, $sigma$ 均具有如上所示的先验分布（后面会根据观测值对先验进行更新）。mu 为随机变量之间的运算结果，注意此时输入仍然是 x_1 和 x_2，只是 $sigma$, $beta$, $alpha$ 不再是确定值，而是随机变量。

此时获得的输出 mu 可以作为 y 的均值 mu（实际上它为确定性随机变量，通过随机变量的运算得到）。

此时的方差就是之前设置的误差 $sigma$，也就是线性回归误差。

Y_obs 为一个观测随机变量，表示模型数据的可能性，通过观测参数来告诉这个观测变量是被观测到的，与其他直接假设先验的随机变量不同，它不会因为拟合算法而发生改变。

导入观测数据，就可以获得指定先验分布的变量的一些估计值。

3）模型拟合

MAP 方法即极大后验估计方法。虽然极大后验估计是一个简单、快速地估计未知参数的方法，但是它没有对不确定性进行估计，这是其缺陷。

为了使用 MCMC 采样以获得后验分布的样本，PyMC3 需要指定与特定 MCMC 算法相关的步进方法（采样方法），如 Metropolis，Slice sampling 或 the No-U-Turn Sampler（NUTS）。

sample 函数用指定的迭代器（采样算法）进行了 2 000 次迭代，收集到的采样值按照采样值获得的先后顺序存储在 Trace 对象中。

4）后验分析

图 5.4.1 左侧为每个随机变量的边际后验的直方图（纵坐标为频率，横坐标为变量自身的取值），使用核密度估计进行了平滑处理，右侧是马尔可夫链采样值按顺序绘制的趋势图。对于向量参数 beta 会有两个后验分布直方图和后验采样值。计算过程后验采样的趋势图如图 5.4.1 所示。

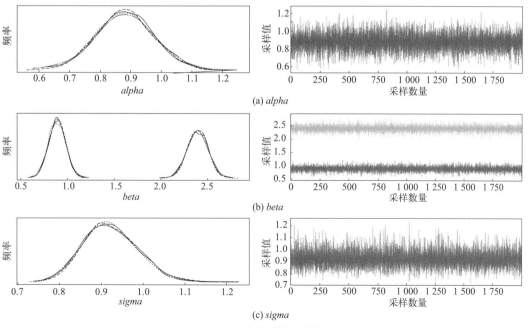

图 5.4.1　后验采样的趋势图

    本例中,在拥有观测值集合 y(包含误差等外界因素),输入数据(x_1 和 x_2),输入和输出的函数关系,去求解 $sigma$(线性回归的误差,表示为方差)、$beta$(权重)、$alpha$(偏置)的估计值(也就是线性回归参数)。通过采样获得待求解变量的后验分布数据,从而获得其最高概率时的取值,这样就获得了参数值,完成了一个线性回归的拟合。Python 程序如下所示。

```python
import numpy as np
N=100
x1=np.random.randn(N)
x2=np.random.randn(N)
alpha=1
sigma=1
beta=[1,2.5]
y=alpha+ beta[0]* x1+beta[1]* x2+np.random.randn(N)* sigma
if __name__=='__main__':
    basic_model=pm.Model()
    with basic_model:
        alpha=pm.Normal('alpha',mu=0,sd=10)
        beta=pm.Normal('beta',mu=0,sd=10,shape=2)
        sigma=pm.HalfNormal('sigma',sd=1)
        mu=alpha+ beta[0]* x1+ beta[1]* x2
        y_obs=pm.Normal('y_obs',mu=mu,sd=sigma,observed=y)
map_estimate=pm.find_MAP(model=basic_model)
trace=pm.sample(2000)
pm.traceplot(trace)
plt.show()
print(pm.summary(trace))
# 用 MAP 获得初始点
start=pm.find_MAP(fmin=optimize.fmin_powell)
# 实例化采样器
step=pm.Slice(vars=[sigma])
# 对后验分布进行 5000 次采样
trace=pm.sample(5000,step=step,start=start)
```

第6章 RAM 评估技术

6.1 DNV MAROS 软件分析流程

MAROS 软件是目前 RAM 分析评估行业的领先软件,Statoil,BP,Shell,Petronas 等油公司的许多项目都利用 MAROS 软件进行计算。该软件在实际计算与使用中具备以下特点:

(1) 软件界面友好,操作简单;

(2) 具有强大的帮助功能;

(3) 软件技术参考资料齐全;

(4) 拥有多个不同装置的案例;

(5) 报告分文字和图形两部分,文字报告可直接导出,并可进行编辑;

(6) Excel 输入与导出功能可直接用于建模;

(7) 软件模型经过实验验证及实际项目考证。

目前行业中的 RAM 分析软件质量参差不齐,大部分 RAM 分析软件只能对当前状况进行分析,无法做性能预测,而 MAROS 作为行业领先的 RAM 分析软件,除了能够分析当前的装置性能外,还能预测未来 10~20 年的装置性能和产量变化,它作为行业通用软件,被大部分项目引用。

6.1.1 MAROS 基于全生命周期场景的分析

MAROS 利用仿真模拟技术预测系统的可靠性,可靠性意味着设计效率。根据系统的可靠性、可维修性和运行策略,采用事件驱动算法创建系统的生命周期场景。在生命周期场景处理中产生了关于系统如何执行的重要信息。针对给定的约束条件,通过研究可靠性结果以及它们如何对设计中的特定参数的改变做出反应,进而对系统进行优化。

一个生命周期场景是一个事件的时间序列,它代表了一个系统的实时行为。MAROS可以为任何给定的系统创建无数个这样的场景,每个场景都是唯一的,但各场景拥有相同的可靠性、可维修性和操作策略。通过分析生命周期场景组,可以提取与系统性能相关的统计数据。图 6.1.1 所示为一个特定系统的 2 个生命周期场景以及从 100 个生命周期的结果中得到的统计结果。

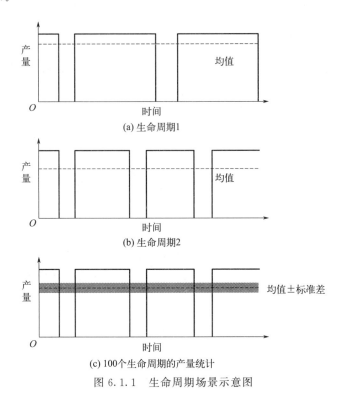

图 6.1.1　生命周期场景示意图

6.1.2　MAROS 事件

在 MAROS 中,事件包括系统生命周期内影响系统行为的任何事件。一个系统可以引发一系列的事件,从常规(预期的)事件,如设备的故障和修理、例行检查和大修等,到异常(不希望的)事件,如灾难性故障(海啸)、原料损失、人力损失(罢工)等。在 MAROS 中,事件的特征如图 6.1.2 所示。一个事件可以由以下 6 个重要的参数完全定义:

(1) 无故障时间(time to failure);

(2) 维修时间(time to repair);

(3) 故障时产能损失(capacity loss at failure);

(4) 维修时产能损失(capacity loss at repair);

(5) 维修延迟(delay in commencing the repair stage of the event);

(6) 实际维修时间(actual repair time)。

图 6.1.2 展示了最常见的事件概要,其中事件有两个不同的阶段:第一阶段是故障发生并产生后果,第二阶段是在短时间延迟后故障开始被修复,导致系统进一步退化。然而,系统中有许多不同的配置,如有些可能没有延迟;有些事件可以启动另一个事件,从而扩展概要文件等。

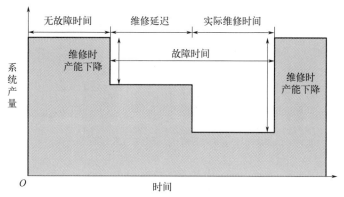

图 6.1.2　事件特征示意图

事件可以根据其启动机制进行分类。MAROS 包含三类事件：计划外事件、预定事件和条件事件。

1）计划外事件

计划外事件是计划外的，并且是随机发生的（即它们的故障时间是不规则的），如图 6.1.3 所示。然而，计划外事件的出现通常对应于特定的数学分布。最常见的计划外事件组是那些与系统内设备故障相关的事件。

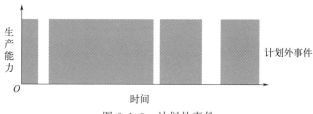

图 6.1.3　计划外事件

2）预定事件

预定事件是计划好的活动（即故障发生的时间是已知的），通常是设备的例行检查和大修、系统部件的分阶段进入（或退出）等。预定事件生产能力情况如图 6.1.4 所示。

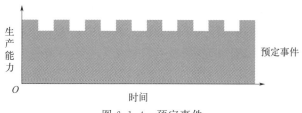

图 6.1.4　预定事件

3）条件事件

条件事件是一组特殊的事件，由其他事件的发生来启动。根据布尔逻辑表达式，条件事件提供了一种非常强大的机制来表示单个事件之间的依赖关系，以及一组事件对系统性能和系统可操作性的净影响,如图6.1.5所示。

事件是由代表系统功能的逻辑模型的元素生成的。这些元素通常与设备失效模式、检查和维修计划等有关。

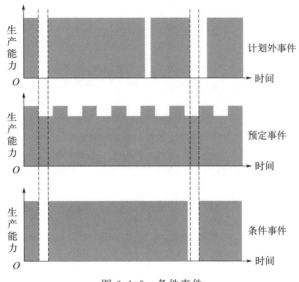

图6.1.5 条件事件

6.1.3 MAROS建模

MAROS中应用的模拟技术是基于事件生成的,通常被称为直接模拟法。模型数据形成的数字系统模型从一个不同的状态移动到另一个状态,并由一系列事件的发生控制。模型在任何时间点(模拟时间)的状态由一组变量表示,当每个新事件发生时,表示模型的一个或多个变量更改。模拟过程是分步骤进行的,从一个事件的发生到下一个事件的发生,直到模拟时间超过建模系统的指定设计寿命。

建模的目的是为目标系统创建一个虚拟的表示。在MAROS中,事件的可靠性和可维修特性涉及多种数学分布,而每种分布所基于的可靠性和可维修性数据的质量和适用性是用户的责任,因为再多的模拟也不能从可疑的输入数据中提供有代表性的结果。不管输入数据的质量如何,输入数据准确性的变化在一定程度上是不可避免的。尽管在MAROS中使用的伪随机抽样技术将提供一定程度的可变性,但所有的分析工作应包括敏感性研究,以调查基础数据变化的影响。

与现代工程的许多其他分支一样,系统可靠性分析在本质上是基于概率计算的,而不是确定性的。在可靠性评估中,事件发生的概率通常被评估为时间的函数。在MAROS中,除了处于冗余块的备用单元中的事件外,所有事件都基于经过的模拟时间(生命周期时间)。前者基于构件的原位寿命,不考虑其工作量。在冗余模式下,项目的失败取决于它们的实际运行时间。

6.1.3.1　可修复系统中的故障

MAROS 中包含了指数分布、正态分布、威布尔分布等多种分布函数。

在 MAROS 中,用来描述部件故障特征的可靠性分布定义了单次故障事件。在可修复系统中,通过假设部件在修复后总是恢复到原始状态,对相同部件的重复故障进行建模。这意味着相同的分布被用来描述组件的故障特征,而与运行时间或以前的失效数量无关。具有这种特征的故障常被称为独立同分布故障。部件在系统的生命周期内会经历多次故障和维修周期,可靠性分布并没有定义故障在该生命周期内是如何分布的。可靠性分布所定义的只是重复故障时间的变化是如何分布的。这意味着故障的发生频率是恒定的,与所使用的可靠性分布无关。

这一点可以通过考虑由任意分布定义的故障特征的组件的 3 个模拟生命周期来说明。为简便起见,假定组件在发生故障时立即进行修复。

连续故障之间的时间变化遵循用于表示该部件可靠性分布的函数。在部件的生命周期内,故障发生的平均速率(即故障发生率)是恒定的,其平均值由用于对连续故障之间的时间进行建模的可靠性分布的平均值决定。

之所以使用这种恒定的故障发生率,是因为绝大多数可修复部件的可靠性数据都没有量化可靠性如何随总寿命或以前的故障次数而变化。如果有足够多的用户认为这些特性很重要,则可以将描述可靠性分布是如何分布的更高阶函数合并到 MAROS 特性中。

在分析 MAROS 模拟结果时,一个容易引起混淆的现象是,模拟产生的平均故障时间可能与分布的平均值不一致,这是由于在每个生命周期结束时采样被截断。

通过对模拟部件的故障分布进行随机抽样,得到模拟部件在整个寿命内的模拟寿命。然后,通过计算这些生成的寿命在模拟寿命中的平均值,计算出故障的平均时间。生成的平均值将小于分布的平均值,因为较长的寿命更有可能超过模拟寿命,从而给出一个小于分布平均值的生成平均值。

当模拟持续时间无限长时,生成的平均值将与分布平均值相同。在分布平均值大于模拟持续时间的情况下,这种现象将会加剧。这是因为只有由随机抽样产生的较短的寿命才会对计算的平均值有贡献。此外,一部分仿真周期可能根本没有记录故障,从而进一步减少了每个仿真周期的平均故障数量。这样的实例可能导致系统性能有相对较高的标准差。

6.1.3.2　逻辑网络

在建模过程中,第一个也是最重要的步骤是生成所研究系统的逻辑网络。逻辑网络可以被认为是一个块流程图(block flow diagram,BFD),它定义了节点的连接性,并关注系统的生产方面,如流量和产品质量平衡。网络中的每个节点都需要自己的可靠性框图(reliability block diagram,RBD)来识别系统的组件及其运行模式。

构造块流程图有一些方便的起点。可以充分利用现有的系统信息,如设备布置图、工艺流程图等。然而,有些情况下数据并不存在。例如新系统的概念开发,有些系统的逻辑非常抽象,以至于现有的信息几乎没有用处。在大多数情况下,一个系统的逻辑网络将是一个比其相应的过程和仪器更简单的表示。

逻辑网络反映系统的功能和元素的相互依赖性。系统的逻辑网络表示不必是唯一的,新手往往会形成与原始流程图非常相似的逻辑网络,因此它们往往包含过多的节点。

在许多情况下,可以提出一种简化的方案。图6.1.6展示了基于监控产品功能的一种可能的逻辑网络。该网络定义了各单元的功能模式,识别了并行块,并引入了节点号。为了能够区分不同的节点,有必要指定它们的性能等级(production rate,PR),这对于生产系统来说与产品流量有关。性能等级表示为系统整体功能、可用性或生产率的百分比。

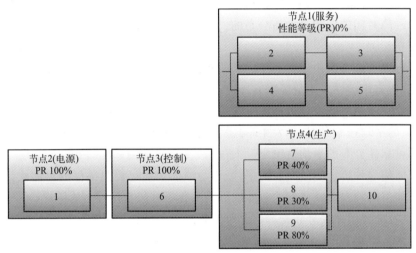

图 6.1.6　逻辑网络示意图

从网络的源头或汇流点开始,节点被定义为一串不间断的串联单元和/或共享相同流量或功能的并行块(如工艺气或油)。

流动节点用于节点的改变——任何形成一个节点的流程图元素都应该是下游逻辑节点的一个成员(如元素10)。上面的示例包含2组独立的节点,其中一组用于服务功能(节点1),另一组(节点2~4)反映生产逻辑。电源和控制功能(元素1和6)是产品逻辑的成员,因为电源或控制的丢失会导致产品的完全丢失。最初的4个节点都包括在逻辑网络内,但性能等级是针对系统生产力的。图中,假设服务功能完全独立于产品功能,这在网络模型中是很明显的,因为节点1和其他节点之间没有逻辑连接,并且给出了0%的性能评级。根据分析的层次,如果计算生产效率是分析的主要目标,则不需要将节点1添加到流量网络中,因为它不影响生产。但是,如果执行维护工作负载评估(其中正在评估维护资源的数量),则可能将节点1包括在内,因为当一个工作人员正在修复节点1中的一个元素时,它无法在其他位置执行另一个修复。

6.1.3.3　可靠性框图

逻辑网络中的每个节点都需要自己的可靠性框图(RBD),该框图确定了系统的组件和它们的运行模式。RBD 概述了设备和系统之间的逻辑关系,并且可以识别相关的设备能力和操作冗余的区域。

在流程图的基础上,建立所需的逻辑网络和相关的 RBD 主要有两个步骤:成员识别以及识别功能模式。

1)成员识别

确定要包括在分析中的组件、模块和/或工具。一般来说,硬管道和结构部件不包括在模型中,因为它们的故障率相对于机械部件来说非常低。给每个成员一个唯一的标识(ID)号,称为元素 ID。在系统的生命周期中,每个元素原则上都会产生一系列的事件。

2)识别功能模式

确定模型的元素功能的方式,即确定哪些成员是串联的,哪些是并行的(主动或被动)。对于那些处于并行模式的成员,应识别它们所在的并行块。逻辑网络中的每个并行块都有一个 ID 号和引用描述,使用类似的约定作为元素 ID。可以将任何类型的主动或被动单元混合在一个并行块中,也可以将主动单元作为嵌套块的宿主,这为模拟所有冗余排列提供了可能性。

关于被动设备可靠性,有一个重要的方面:设备在无源模式下的故障率取决于部件的实际运行寿命,而其他所有功能模式的故障率取决于现场寿命。

"单元"用来定义一个并行块内的独立个体,它也必须被赋予一个 ID 号。

RBD 还表示每个并行单元的容量,以及该并行单元是活动的(——)还是被动的(___╱___)。活动单元与被动单元示意图如图 6.1.7 所示。

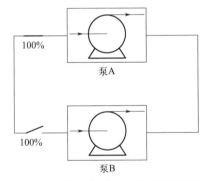

图 6.1.7　活动单元与被动单元示意图

6.1.4　MAROS 分析流程案例

MAROS 分析流程如下所示:

(1)设置模拟参数,包括系统运行时间、模拟循环周期、单位、产品性质、原始产量等,如图 6.1.8、图 6.1.9 所示。

(2)建立节点、系统,设定节点性能,如图 6.1.10 所示。

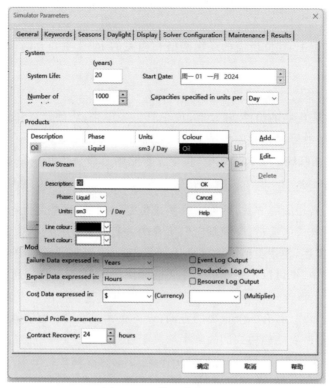

图 6.1.8　模拟参数设置

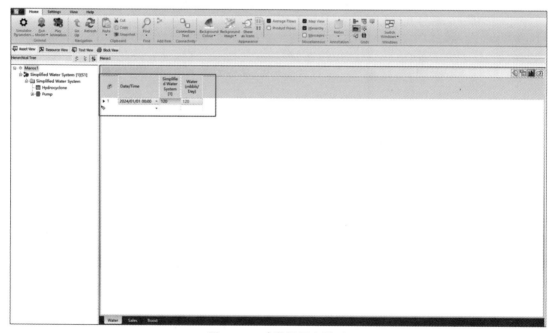

图 6.1.9　参数设置主界面

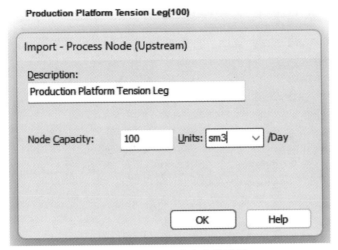

图 6.1.10　工艺节点参数设置

（3）建立设备，同时输入名称、MTTF、MTTR 等参数，如图 6.1.11 所示。

图 6.1.11　建立设备

（4）设定并行块，输入并行块参数（备用、产量），如图 6.1.12 所示。

（5）设定模型的模拟周期与模拟时长，保存并运行模型，如图 6.1.13 所示。

（6）查阅系统及子系统计算分析的可靠性，如图 6.1.14 所示。

（7）查阅系统 RBD 框图，如图 6.1.15 所示。

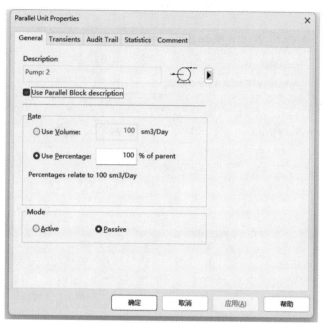

图 6.1.12　设备并行块参数设置

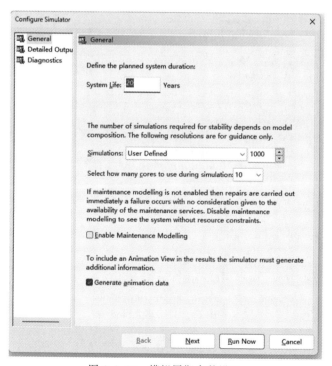

图 6.1.13　模拟周期参数设置

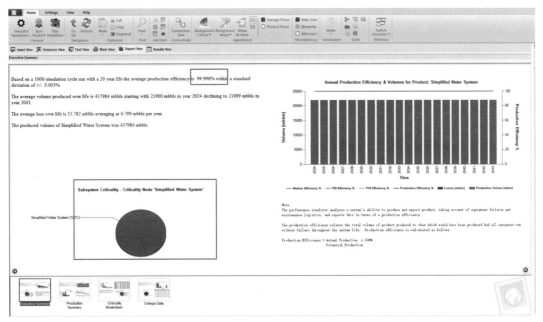

图 6.1.14　计算结果查询界面

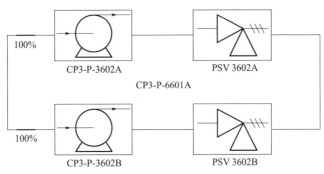

图 6.1.15　RBD 框图查询

6.2　单一设备 RAM 分析研究

对于单台设备,在确定其失效分布函数、MTTF、MTTR 后,采用蒙特卡罗法即可模拟全生命周期的可用性[44,45]。

例 6.1　某台泵的故障分布为指数分布,MTTF 为 2.5 年,MTTR 为 37.3 h,设计寿命为 20 年,模拟其可用性。

解　因故障分布为指数分布,因此其可靠性 R 为:

$$R = \mathrm{e}^{-\lambda t}$$

$$MTTF = \frac{1}{\lambda}$$

针对该案例采用基于 Python 编程与行业软件 DNV MAROS 进行对比分析。

6.2.1　基于 Python 的 RAM 分析

采用蒙特卡罗算法在全生命周期内进行抽样,假设模拟 200 次循环(life cycle＝200),确定每次循环的失效次数,具体流程如下:

(1) 对于第一次循环,即生命周期♯1(life cycle),采用均匀分布在[0,1]随机抽样;

(2) 根据累积分布曲线读取失效年份;

(3) 如果失效年份小于生命周期,继续进行第二次抽样,直至累计的年份超过生命周期,此时进行了几次抽样即表示有几次失效次数;

(4) 根据设定的模拟循环次数,重复步骤(1)～(3)。

抽样情况如图 6.2.1 所示,基于 Python 的程序代码如下。

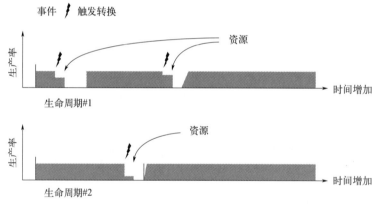

图 6.2.1　全生命周期抽样示意图

```
from scipy import stats
import numpy as np
import random
import scipy.stats as stats
import matplotlib.pyplot as plt
T=20  # 设备寿命
lmd=1/2.5 # 根据 MTTF 给出 lmd
samples=200
np.random.seed(8)  # 定义随机种子数
N_event=[]
for i in range(samples):
```

```
    y=np. random. uniform(0,1)
    t_failure=(np. log(1-y))/-lmd
    num_event=0
    while t_failure <=T:
        y=np. random. uniform(0,1) # 均匀分布 0-1 取随机数
        t=(np. log(1-y))/-lmd # 根据累计分布曲线由随机数 y 读取失效年份
        t_failure+=t
        num_event+ =1
    N_event. append(num_event)
mean=np. mean(N_event)
std=np. std(N_event)
print("失效次数均值",mean)
print("失效次数标准差",std)
plt. figure(figsize=(16,5))
plt. xlabel("Number of Cycles")
plt. ylabel("Number of event")
plt. plot(N_event)
u,counts=np. unique(N_event,return_counts=True)
print(np. asarray((u,counts)). T) # 输出失效次数对应频次
print(N_event) # 输出每次循环的失效次数
plt. figure(figsize=(6,4))
bins=range(0,max(N_event),1)
plt. hist(N_event,bins,density=True,alpha=0. 7,color='steelblue')
plt. show()
失效次数均值 8. 02
失效次数标准差 2. 754922866433832
[[ 1    1]
 [ 2    1]
 [ 3    9]
 [ 4 10]
 [ 5 11]
 [ 6 23]
 [ 7 30]
 [ 8 33]
 [ 9 32]
 [10 17]
 [11 10]
 [12 13]
 [13    6]
 [15    2]
 [17    1]
```

[18 1]]

[3,11,5,7,8,7,10,10,8,8,6,7,4,7,9,10,9,12,11,8,6,6,18,4,4,6,9,10,10,7,11,10,5,12,9,
8,7,12,8,4,13,7,13,9,6,6,6,12,6,7,12,12,9,6,6,7,7,12,7,9,6,10,6,7,7,7,9,7,9,17,9,8,8,
7,5,7,8,8,4,6,9,3,10,12,8,9,8,8,9,9,10,4,3,11,5,8,8,3,3,3,3,7,7,6,7,13,6,6,9,5,4,11,13,
7,8,8,8,9,8,6,13,15,9,9,9,10,12,6,7,4,8,12,9,8,8,5,8,6,3,9,8,9,8,7,12,3,11,5,6,10,9,
9,15,10,10,10,8,8,9,11,10,7,7,8,8,5,9,9,5,12,11,6,3,11,7,2,5,6,8,11,5,9,12,9,1,9,7,8,
13,9,4,7,10,10,7,8,4,7,9,6,8]

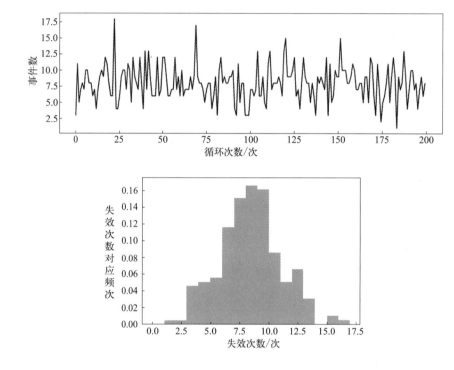

泵的设定参数为 $MTTF=2.5$ 年,表示平均失效间隔周期为 2.5 年,对于 20 年寿命,失效次数均值为 20/2.5=8 次。通过蒙特卡罗随机抽样模拟计算,失效次数均值为 8.02,表明模拟结果可信。

另外,当设定的随机数种子值不同时,计算的结果会有所不同(表 6.2.1),但统计值基本一致。图 6.2.2 给出了设定不同随机数种子值时计算的不同失效次数对应的频次。从图中可以看出,不同种子数时计算的不同失效次数对应的频次是均值为 8 的正态分布。

表 6.2.1　不同随机数种子值下失效次数模拟

失效次数/次	不同随机数种子值下失效次数对应的频次								
	0	1	2	3	4	5	6	7	8
1	4	0	1	0	1	0	0	0	1
2	1	0	3	2	0	0	0	2	1
3	7	7	5	5	8	3	7	6	9

续表

失效次数/次	不同随机数种子值下失效次数对应的频次								
	0	1	2	3	4	5	6	7	8
4	11	12	12	8	12	14	11	10	10
5	26	21	18	18	18	18	26	12	11
6	25	28	22	29	22	27	26	30	23
7	29	29	30	33	26	32	34	26	30
8	19	32	19	30	26	36	22	31	33
9	30	22	27	20	30	20	19	27	32
10	13	20	17	21	24	17	19	18	17
11	13	12	19	13	10	11	18	17	10
12	10	8	9	10	10	9	8	4	13
13	8	4	10	6	5	5	6	7	6
14	0	4	3	5	7	7	2	5	0
15	0	1	2	0	1	1	2	2	2
16	3	0	2	0	0	0	0	1	0
17	0	0	0	0	0	0	0	2	1
18	1	0	1	0	0	0	0	0	1
均　值	7.695	7.750	8.180	7.935	8.015	7.930	7.780	8.155	8.020

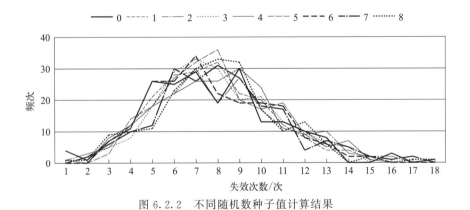

图 6.2.2　不同随机数种子值计算结果

6.2.2　基于 DNV MAROS 的 RAM 分析

在 MAROS 中建立泵模型,选择失效分布函数,输入 MTTF、MTTR、设备寿命、循环次数,即可得到设备的可用性以及失效次数[46],计算结果如表 6.2.2 和图 6.2.3 所示。

表 6.2.2 基于 DNV MAROS 的计算结果

循环次数/次	运行平均值/%	平均可靠性/%	失效次数/次	输入量	输出量
1	99.7630	99.763	11	1 019 581.000	1 019 581.000
2	99.827 5	99.892	5	1 020 900.375	1 020 900.375
3	99.791 7	99.720	13	1 019 141.188	1 019 141.188
4	99.8060	99.849	7	1 020 460.625	1 020 460.625
5	99.823 2	99.892	5	1 020 900.375	1 020 900.375
6	99.831 2	99.871	6	1 020 680.500	1 020 680.500
7	99.815 3	99.72	13	1 019 141.188	1 019 141.188
8	99.811 5	99.785	10	1 019 800.875	1 019 800.875
9	99.806 1	99.763	11	1 019 581.000	1 019 581.000
10	99.816 9	99.914	4	1 021 120.313	1 021 120.313
11	99.821 8	99.871	6	1 020 680.500	1 020 680.500
12	99.818 8	99.785	10	1 019 800.875	1 019 800.875
13	99.8310	99.978	1	1 021 780.000	1 021 780.000
14	99.830 8	99.828	8	1 020 240.688	1 020 240.688
15	99.839 2	99.957	2	1 021 560.125	1 021 560.125
16	99.841 2	99.871	6	1 020 680.500	1 020 680.500
17	99.835 4	99.742	12	1 019 361.125	1 019 361.125
18	99.830 2	99.742	12	1 019 361.125	1 019 361.125
19	99.832 3	99.871	6	1 020 680.500	1 020 680.500
20	99.835 3	99.892	5	1 020 900.375	1 020 900.375
21	99.828 8	99.699	14	1 018 921.188	1 018 921.188
22	99.829 7	99.849	7	1 020 460.625	1 020 460.625
23	99.831 5	99.871	6	1 020 680.500	1 020 680.500
24	99.829 6	99.785	10	1 019 800.875	1 019 800.875
25	99.830 4	99.849	7	1 020 460.625	1 020 460.625
26	99.828 6	99.785	10	1 019 800.875	1 019 800.875
27	99.828 6	99.828	8	1 020 240.688	1 020 240.688
28	99.830 8	99.892	5	1 020 900.375	1 020 900.375
29	99.830 0	99.806	9	1 020 020.813	1 020 020.813
30	99.827 0	99.742	12	1 019 361.125	1 019 361.125
31	99.829 9	99.914	4	1 021 120.313	1 021 120.313
32	99.831 8	99.892	5	1 020 900.375	1 020 900.375
33	99.834 3	99.914	4	1 021 120.313	1 021 120.313
34	99.833 5	99.806	9	1 020 020.813	1 020 020.813

循环次数/次	运行平均值/%	平均可靠性/%	失效次数/次	输入量	输出量
35	99.832 7	99.806	9	1 020 020.813	1 020 020.813
36	99.833 7	99.871	6	1 020 680.500	1 020 680.500
37	99.832 4	99.785	10	1 019 800.875	1 019 800.875
38	99.834 0	99.892	5	1 020 900.375	1 020 900.375
39	99.831 1	99.72	13	1 019 141.188	1 019 141.188
40	99.830 4	99.806	9	1 020 020.813	1 020 020.813
41	99.830 4	99.828	8	1 020 240.688	1 020 240.688
42	99.830 8	99.849	7	1 020 460.625	1 020 460.625
43	99.832 8	99.914	4	1 021 120.313	1 021 120.313
44	99.832 2	99.806	9	1 020 020.813	1 020 020.813
45	99.832 1	99.828	8	1 020 240.688	1 020 240.688
46	99.834 8	99.957	2	1 021 560.125	1 021 560.125
47	99.834 6	99.828	8	1 020 240.688	1 020 240.688
48	99.834 5	99.828	8	1 020 240.688	1 020 240.688
49	99.830 4	99.634	17	1 018 261.500	1 018 261.500
50	99.829 9	99.806	9	1 020 020.813	1 020 020.813
51	99.831 6	99.914	4	1 021 120.313	1 021 120.313
52	99.833 6	99.935	3	1 021 340.188	1 021 340.188
53	99.834 3	99.871	6	1 020 680.500	1 020 680.500
54	99.833 0	99.763	11	1 019 581.000	1 019 581.000
55	99.834 8	99.935	3	1 021 340.188	1 021 340.188
56	99.835 1	99.849	7	1 020 460.625	1 020 460.625
57	99.835 3	99.849	7	1 020 460.625	1 020 460.625
58	99.835 5	99.849	7	1 020 460.625	1 020 460.625
59	99.835 4	99.828	8	1 020 240.688	1 020 240.688
60	99.836 0	99.871	6	1 020 680.500	1 020 680.500
61	99.836 2	99.849	7	1 020 460.625	1 020 460.625
62	99.835 7	99.806	9	1 020 020.813	1 020 020.813
63	99.837 0	99.914	4	1 021 120.313	1 021 120.313
64	99.836 9	99.828	8	1 020 240.688	1 020 240.688
65	99.836 1	99.785	10	1 019 800.875	1 019 800.875
66	99.836 9	99.892	5	1 020 900.375	1 020 900.375
67	99.835 8	99.763	11	1 019 581.000	1 019 581.000
68	99.835 4	99.806	9	1 020 020.813	1 020 020.813

循环 次数/次	运行平均值 /%	平均可靠性 /%	失效次数 /次	输入量	输出量
69	99.834 9	99.806	9	1 020 020.813	1 020 020.813
70	99.834 8	99.828	8	1 020 240.688	1 020 240.688
71	99.834 8	99.828	8	1 020 240.688	1 020 240.688
72	99.834 7	99.828	8	1 020 240.688	1 020 240.688
73	99.835 2	99.871	6	1 020 680.500	1 020 680.500
74	99.834 8	99.806	9	1 020 020.813	1 020 020.813
75	99.834 4	99.806	9	1 020 020.813	1 020 020.813
76	99.833 5	99.763	11	1 019 581.000	1 019 581.000
77	99.832 8	99.785	10	1 019 800.875	1 019 800.875
78	99.832 8	99.828	8	1 020 240.688	1 020 240.688
79	99.832 7	99.828	8	1 020 240.688	1 020 240.688
80	99.832 6	99.828	8	1 020 240.688	1 020 240.688
81	99.833 1	99.871	6	1 020 680.500	1 020 680.500
82	99.832 3	99.763	11	1 019 581.000	1 019 581.000
83	99.832 5	99.849	7	1 020 460.625	1 020 460.625
84	99.830 6	99.677	15	1 018 701.313	1 018 701.313
85	99.829 8	99.763	11	1 019 581.000	1 019 581.000
86	99.830 0	99.849	7	1 020 460.625	1 020 460.625
87	99.830 0	99.828	8	1 020 240.688	1 020 240.688
88	99.829 2	99.763	11	1 019 581.000	1 019 581.000
89	99.830 4	99.935	3	1 021 340.188	1 021 340.188
90	99.830 4	99.828	8	1 020 240.688	1 020 240.688
91	99.830 4	99.828	8	1 020 240.688	1 020 240.688
92	99.830 6	99.849	7	1 020 460.625	1 020 460.625
93	99.830 1	99.785	10	1 019 800.875	1 019 800.875
94	99.829 6	99.785	10	1 019 800.875	1 019 800.875
95	99.829 8	99.849	7	1 020 460.625	1 020 460.625
96	99.829 3	99.785	10	1 019 800.875	1 019 800.875
97	99.830 9	99.978	1	1 021 780.000	1 021 780.000
98	99.830 2	99.763	11	1 019 581.000	1 019 581.000
99	99.828 6	99.677	15	1 018 701.313	1 018 701.313
100	99.829 9	99.957	2	1 021 560.125	1 021 560.125
101	99.830 9	99.935	3	1 021 340.188	1 021 340.188
102	99.830 5	99.785	10	1 019 800.875	1 019 800.875

续表

循环次数/次	运行平均值/%	平均可靠性/%	失效次数/次	输入量	输出量
103	99.830 3	99.806	9	1 020 020.813	1 020 020.813
104	99.830 7	99.871	6	1 020 680.500	1 020 680.500
105	99.830 6	99.828	8	1 020 240.688	1 020 240.688
106	99.830 0	99.763	11	1 019 581.000	1 019 581.000
107	99.829 8	99.806	9	1 020 020.813	1 020 020.813
108	99.830 5	99.914	4	1 021 120.313	1 021 120.313
109	99.831 7	99.957	2	1 021 560.125	1 021 560.125
110	99.830 1	99.656	16	1 018 481.375	1 018 481.375
111	99.829 9	99.806	9	1 020 020.813	1 020 020.813
112	99.830 3	99.871	6	1 020 680.500	1 020 680.500
113	99.830 2	99.828	8	1 020 240.688	1 020 240.688
114	99.830 0	99.806	9	1 020 020.813	1 020 020.813
115	99.830 4	99.871	6	1 020 680.500	1 020 680.500
116	99.830 4	99.828	8	1 020 240.688	1 020 240.688
117	99.829 6	99.742	12	1 019 361.125	1 019 361.125
118	99.829 6	99.828	8	1 020 240.688	1 020 240.688
119	99.829 6	99.828	8	1 020 240.688	1 020 240.688
120	99.830 1	99.892	5	1 020 900.375	1 020 900.375
121	99.830 1	99.828	8	1 020 240.688	1 020 240.688
122	99.829 5	99.763	11	1 019 581.000	1 019 581.000
123	99.829 3	99.806	9	1 020 020.813	1 020 020.813
124	99.828 6	99.742	12	1 019 361.125	1 019 361.125
125	99.828 1	99.763	11	1 019 581.000	1 019 581.000
126	99.828 3	99.849	7	1 020 460.625	1 020 460.625
127	99.827 9	99.785	10	1 019 800.875	1 019 800.875
128	99.828 8	99.935	3	1 021 340.188	1 021 340.188
129	99.828 4	99.785	10	1 019 800.875	1 019 800.875
130	99.828 9	99.892	5	1 020 900.375	1 020 900.375
131	99.828 7	99.806	9	1 020 020.813	1 020 020.813
132	99.828 6	99.806	9	1 020 020.813	1 020 020.813
133	99.828 7	99.849	7	1 020 460.625	1 020 460.625
134	99.828 5	99.806	9	1 020 020.813	1 020 020.813
135	99.828 5	99.828	8	1 020 240.688	1 020 240.688
136	99.829 0	99.892	5	1 020 900.375	1 020 900.375

续表

循环次数/次	运行平均值/%	平均可靠性/%	失效次数/次	输入量	输出量
137	99.829 3	99.871	6	1 020 680.500	1 020 680.500
138	99.829 6	99.871	6	1 020 680.500	1 020 680.500
139	99.829 7	99.849	7	1 020 460.625	1 020 460.625
140	99.829 7	99.828	8	1 020 240.688	1 020 240.688
141	99.829 9	99.849	7	1 020 460.625	1 020 460.625
142	99.829 8	99.828	8	1 020 240.688	1 020 240.688
143	99.829 8	99.828	8	1 020 240.688	1 020 240.688
144	99.829 4	99.763	11	1 019 581.000	1 019 581.000
145	99.829 4	99.828	8	1 020 240.688	1 020 240.688
146	99.829 8	99.892	5	1 020 900.375	1 020 900.375
147	99.829 3	99.763	11	1 019 581.000	1 019 581.000
148	99.829 5	99.849	7	1 020 460.625	1 020 460.625
149	99.829 6	99.849	7	1 020 460.625	1 020 460.625
150	99.829 4	99.806	9	1 020 020.813	1 020 020.813
151	99.829 0	99.763	11	1 019 581.000	1 019 581.000
152	99.828 3	99.720	13	1 019 141.188	1 019 141.188
153	99.828 4	99.849	7	1 020 460.625	1 020 460.625
154	99.828 8	99.892	5	1 020 900.375	1 020 900.375
155	99.828 8	99.828	8	1 020 240.688	1 020 240.688
156	99.828 7	99.806	9	1 020 020.813	1 020 020.813
157	99.828 7	99.828	8	1 020 240.688	1 020 240.688
158	99.829 2	99.914	4	1 021 120.313	1 021 120.313
159	99.829 2	99.828	8	1 020 240.688	1 020 240.688
160	99.828 8	99.763	11	1 019 581.000	1 019 581.000
161	99.829 0	99.871	6	1 020 680.500	1 020 680.500
162	99.829 4	99.892	5	1 020 900.375	1 020 900.375
163	99.829 5	99.849	7	1 020 460.625	1 020 460.625
164	99.829 0	99.742	12	1 019 361.125	1 019 361.125
165	99.828 6	99.763	11	1 019 581.000	1 019 581.000
166	99.828 7	99.849	7	1 020 460.625	1 020 460.625
167	99.828 6	99.806	9	1 020 020.813	1 020 020.813
168	99.828 5	99.806	9	1 020 020.813	1 020 020.813
169	99.829 0	99.914	4	1 021 120.313	1 021 120.313
170	99.829 1	99.849	7	1 020 460.625	1 020 460.625

续表

循环次数/次	运行平均值/%	平均可靠性/%	失效次数/次	输入量	输出量
171	99.828 8	99.785	10	1 019 800.875	1 019 800.875
172	99.829 0	99.849	7	1 020 460.625	1 020 460.625
173	99.828 5	99.742	12	1 019 361.125	1 019 361.125
174	99.828 0	99.742	12	1 019 361.125	1 019 361.125
175	99.827 7	99.785	10	1 019 800.875	1 019 800.875
176	99.827 9	99.849	7	1 020 460.625	1 020 460.625
177	99.828 5	99.935	3	1 021 340.188	1 021 340.188
178	99.828 6	99.849	7	1 020 460.625	1 020 460.625
179	99.828 1	99.742	12	1 019 361.125	1 019 361.125
180	99.828 0	99.806	9	1 020 020.813	1 020 020.813
181	99.827 9	99.806	9	1 020 020.813	1 020 020.813
182	99.827 0	99.677	15	1 018 701.313	1 018 701.313
183	99.827 5	99.914	4	1 021 120.313	1 021 120.313
184	99.827 7	99.871	6	1 020 680.500	1 020 680.500
185	99.827 5	99.785	10	1 019 800.875	1 019 800.875
186	99.827 2	99.763	11	1 019 581.000	1 019 581.000
187	99.826 8	99.763	11	1 019 581.000	1 019 581.000
188	99.827 1	99.871	6	1 020 680.500	1 020 680.500
189	99.826 8	99.785	10	1 019 800.875	1 019 800.875
190	99.826 7	99.806	9	1 020 020.813	1 020 020.813
191	99.827 0	99.869	7	1 020 665.313	1 020 665.313
192	99.827 3	99.892	5	1 020 900.375	1 020 900.375
193	99.827 4	99.849	7	1 020 460.625	1 020 460.625
194	99.827 0	99.742	12	1 019 361.125	1 019 361.125
195	99.827 0	99.828	8	1 020 240.688	1 020 240.688
196	99.827 1	99.849	7	1 020 460.625	1 020 460.625
197	99.827 3	99.871	6	1 020 680.500	1 020 680.500
198	99.827 4	99.849	7	1 020 460.625	1 020 460.625
199	99.827 2	99.785	10	1 019 800.875	1 019 800.875
200	99.827 8	99.935	3	1 021 340.188	1 021 340.188

模拟计算时呈现以下两个特性：

(1) 同比例调整 MTTF 与设备寿命时,计算结果一致。

当同比例调整 MTTF 与设备寿命 T 时,计算的失效次数一致。例如,设备寿命由 20 年调整到 10 年,MTTF 由 2.5 年调整到 1.25 年,计算结果见表 6.2.3。

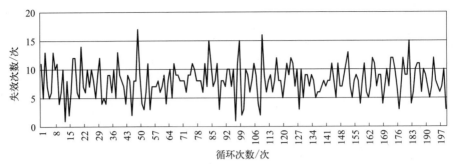

图 6.2.3　基于 DNV MAROS 计算结果

表 6.2.3　不同参数下计算结果

循环次数/次	不同参数下失效次数/次	
	$T=20$ 年,$MTTF=2.5$ 年	$T=10$ 年,$MTTF=1.25$ 年
1	11	11
2	5	5
3	13	13
4	7	7
5	5	5
6	6	6
7	13	13
8	10	10
9	11	11
⋮	⋮	⋮
200	3	3

MAROS 软件在采用伪随机进行抽样计算时,虽然不同的 MTTF 决定了分布函数的形状,但同比例调整设备寿命时,即平均失效次数(设备寿命 T/平均失效前时间 $MTTF$)一致时,计算的失效次数一致。

(2)循环次数越多,计算的失效次数越接近期望值。

当 $T=10$ 年,$MTTF=5.56$ 年,$MTTR=37.3$ h 时,设备可用性 A 为:

$$A=\frac{MTTF}{MTTF+MTTR}=\frac{5.56}{5.56+\dfrac{37.3}{24\times365}}\times100\%=99.92\%$$

理论上,期望的失效次数=10/5.56=1.8 次。在采用 MAROS 进行模拟时,随着循环次数的增多,计算的失效次数、可用性与理论值逐渐趋于一致,见表 6.2.4。

表 6.2.4　不同循环次数下模拟结果

循环次数/次	计算失效次数/次	可用性/%	标准差/%
1	2	99.915	0
10	1.8	99.923	0.06

循环次数/次	计算失效次数/次	可用性/%	标准差/%
100	1.74	99.926	0.055
1 000	1.798	99.924	0.059

6.2.3　对比分析

蒙特卡罗法是通过随机采样来解决问题的。为实现相同输出参数时计算结果一致,通常采用伪随机的方式。不同软件伪随机的选取有所不同,但统计分析结果趋于一致。设定随机种子数为 8,对比 MAROS 与 Python 计算结果,如图 6.2.4 所示。从图中可以看出, MAROS 和 Python 计算的不同失效次数对应的频次趋于一致。

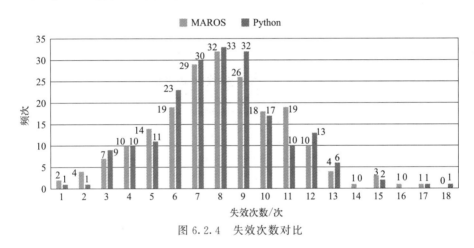

图 6.2.4　失效次数对比

6.3　系统 RAM 分析研究

RBD 框图中各个部件(系统)的组合遵循串联或者并联的组合规律。根据系统可靠性的观点,串联系统的可靠度为所有元器件可靠度的乘积,系统可靠度低于每个组件的可靠度;而并联系统的可靠性要比其中每一个系统的可靠性都高,也就是说,采取冗余或者备机等设计能提高系统的可靠性。

6.3.1　串联系统

根据例 6.1 构建 2 台泵的串联系统,模拟其可用性。经计算,平均生产效率为

99.662％±0.091％(图 6.3.1),计算结果汇总于表 6.3.1 中,详细计算结果见表 6.3.2。

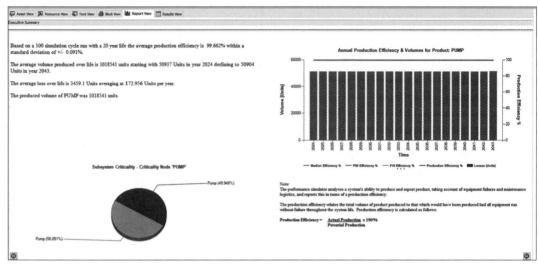

图 6.3.1　串联系统可用性计算结果

表 6.3.1　串联系统生产统计计算结果

参　数	数　值	单　位
潜在产量	$0.102\ 2\times10^{7}$	Mbbl/d
平均效率	99.662	％
平均效率(P10)	99.766	％
平均效率(P50)	99.659	％
平均效率(P90)	99.553	％
总停机时间	0.339	％
平均停机次数	0.794 50	次
平均停机时间	$0.373\ 20\times10^{2}$	h
最长停机时间	$0.695\ 31\times10^{2}$	h
最短停机时间	$0.302\ 73\times10^{2}$	h
实际产量	$0.101\ 854\ 087\ 9\times10^{7}$	Mbbl/d
总产量损失	$0.345\ 912\ 115\ 3\times10^{2}$	Mbbl/d
平均每年产量损失	$0.172\ 956\ 057\ 6\times10^{2}$	Mbbl/d
总故障次数	1 591	次

注:1 bbl/d=0.169 m^{3}/d;P10,P50,P90 为统计学中的累积概率,如 P10 表示系统有 10％的概率能达到 99.766％。

表 6.3.2　串联系统计算结果

循环次数/次	运行平均值/％	平均可靠性/％	失效次数/次	输入量	输出量
1	99.745	99.745 0	12	1 019 389.125	1 019 389.125

循环 次数/次	运行平均值 /%	平均可靠性 /%	失效次数 /次	输入量	输出量
2	99.670 5	99.596	19	1 017 866.000	1 017 866.000
3	99.674 0	99.681	15	1 018 736.313	1 018 736.313
4	99.702 3	99.787	10	1 019 824.188	1 019 824.188
5	99.685 2	99.617	18	1 018 083.625	1 018 083.625
6	99.677 3	99.638	17	1 018 301.188	1 018 301.188
7	99.659 6	99.553	21	1 017 430.875	1 017 430.875
8	99.625 0	99.383	29	1 015 690.313	1 015 690.313
9	99.645 3	99.808	9	1 020 041.813	1 020 041.813
10	99.653 1	99.723	13	1 019 171.500	1 019 171.500
11	99.665 3	99.787	10	1 019 824.188	1 019 824.188
12	99.663 0	99.638	17	1 018 301.188	1 018 301.188
13	99.666 0	99.702	14	1 018 953.875	1 018 953.875
14	99.668 6	99.702	14	1 018 953.875	1 018 953.875
15	99.663 7	99.596	19	1 017 866.000	1 017 866.000
16	99.663 4	99.659	16	1 018 518.813	1 018 518.813
17	99.664 5	99.681	15	1 018 736.313	1 018 736.313
18	99.673 7	99.830	8	1 020 259.375	1 020 259.375
19	99.678 5	99.766	11	1 019 606.625	1 019 606.625
20	99.672 2	99.553	21	1 017 430.875	1 017 430.875
21	99.663 5	99.489	24	1 016 778.188	1 016 778.188
22	99.666 2	99.723	13	1 019 171.500	1 019 171.500
23	99.664 1	99.617	18	1 018 083.625	1 018 083.625
24	99.660 3	99.574	20	1 017 648.500	1 017 648.500
25	99.649 9	99.400	29	1 015 866.813	1 015 866.813
26	99.653 6	99.745	12	1 019 389.125	1 019 389.125
27	99.651 4	99.596	19	1 017 866.000	1 017 866.000
28	99.649 5	99.596	19	1 017 866.000	1 017 866.000
29	99.646 8	99.574	20	1 017 648.500	1 017 648.500
30	99.644 4	99.574	20	1 017 648.500	1 017 648.500
31	99.649 7	99.808	9	1 020 041.813	1 020 041.813
32	99.652 0	99.723	13	1 019 171.500	1 019 171.500
33	99.650 3	99.596	19	1 017 866.000	1 017 866.000
34	99.654 9	99.808	9	1 020 041.813	1 020 041.813

续表

循环次数/次	运行平均值/%	平均可靠性/%	失效次数/次	输入量	输出量
35	99.656 3	99.702	14	1 018 953.875	1 018 953.875
36	99.659 3	99.766	11	1 019 606.625	1 019 606.625
37	99.657 0	99.574	20	1 017 648.500	1 017 648.500
38	99.657 1	99.659	16	1 018 518.813	1 018 518.813
39	99.652 8	99.489	24	1 016 778.188	1 016 778.188
40	99.656 1	99.787	10	1 019 824.188	1 019 824.188
41	99.655 2	99.617	18	1 018 083.625	1 018 083.625
42	99.654 7	99.638	17	1 018 301.188	1 018 301.188
43	99.655 4	99.681	15	1 018 736.313	1 018 736.313
44	99.656 9	99.723	13	1 019 171.500	1 019 171.500
45	99.659 3	99.766	11	1 019 606.625	1 019 606.625
46	99.661 7	99.766	11	1 019 606.625	1 019 606.625
47	99.659 8	99.574	20	1 017 648.500	1 017 648.500
48	99.659 8	99.659	16	1 018 518.813	1 018 518.813
49	99.660 2	99.681	15	1 018 736.313	1 018 736.313
50	99.660 6	99.681	15	1 018 736.313	1 018 736.313
51	99.660 2	99.638	17	1 018 301.188	1 018 301.188
52	99.659 4	99.617	18	1 018 083.625	1 018 083.625
53	99.659 0	99.638	17	1 018 301.188	1 018 301.188
54	99.660 9	99.766	11	1 019 606.625	1 019 606.625
55	99.660 2	99.617	18	1 018 083.625	1 018 083.625
56	99.659 4	99.617	18	1 018 083.625	1 018 083.625
57	99.659 8	99.681	15	1 018 736.313	1 018 736.313
58	99.660 6	99.705	14	1 018 983.500	1 018 983.500
59	99.662 0	99.745	12	1 019 389.125	1 019 389.125
60	99.660 9	99.596	19	1 017 866.000	1 017 866.000
61	99.660 5	99.638	17	1 018 301.188	1 018 301.188
62	99.658 4	99.532	22	1 017 213.313	1 017 213.313
63	99.659 1	99.702	14	1 018 953.875	1 018 953.875
64	99.659 1	99.659	16	1 018 518.813	1 018 518.813
65	99.660 1	99.723	13	1 019 171.500	1 019 171.500
66	99.659 8	99.638	17	1 018 301.188	1 018 301.188
67	99.660 4	99.702	14	1 018 953.875	1 018 953.875

循环 次数/次	运行平均值 /%	平均可靠性 /%	失效次数 /次	输入量	输出量
68	99.660 4	99.659	16	1 018 518.813	1 018 518.813
69	99.658 9	99.553	21	1 017 430.875	1 017 430.875
70	99.660 1	99.745	12	1 019 389.125	1 019 389.125
71	99.661 6	99.766	11	1 019 606.625	1 019 606.625
72	99.661 0	99.617	18	1 018 083.625	1 018 083.625
73	99.659 8	99.574	20	1 017 648.500	1 017 648.500
74	99.661 2	99.766	11	1 019 606.625	1 019 606.625
75	99.660 9	99.638	17	1 018 301.188	1 018 301.188
76	99.660 1	99.596	19	1 017 866.000	1 017 866.000
77	99.6612	99.745	12	1 019 389.125	1 019 389.125
78	99.661 4	99.681	15	1 018 736.313	1 018 736.313
79	99.660 9	99.617	18	1 018 083.625	1 018 083.625
80	99.661 1	99.681	15	1 018 736.313	1 018 736.313
81	99.660 8	99.638	17	1 018 301.188	1 018 301.188
82	99.661 8	99.745	12	1 019 389.125	1 019 389.125
83	99.661 3	99.617	18	1 018 083.625	1 018 083.625
84	99.661 8	99.702	14	1 018 953.875	1 018 953.875
85	99.661 5	99.638	17	1 018 301.188	1 018 301.188
86	99.661 0	99.617	18	1 018 083.625	1 018 083.625
87	99.660 0	99.574	20	1 017 648.500	1 017 648.500
88	99.659 3	99.596	19	1 017 866.000	1 017 866.000
89	99.660 2	99.745	12	1 019 389.125	1 019 389.125
90	99.660 7	99.702	14	1 018 953.875	1 018 953.875
91	99.658 1	99.425	27	1 016 125.500	1 016 125.500
92	99.657 0	99.553	21	1 017 430.875	1 017 430.875
93	99.657 2	99.681	15	1 018 736.313	1 018 736.313
94	99.658 4	99.766	11	1 019 606.625	1 019 606.625
95	99.658 8	99.702	14	1 018 953.875	1 018 953.875
96	99.659 1	99.681	15	1 018 736.313	1 018 736.313
97	99.659 9	99.745	12	1 019 389.125	1 019 389.125
98	99.658 6	99.532	22	1 017 213.313	1 017 213.313
99	99.659 9	99.787	10	1 019 824.188	1 019 824.188
100	99.661 7	99.834	8	1 020 300.313	1 020 300.313

6.3.2 并联系统

根据例6.1构建2台泵的并联系统,模拟其可用性。经计算,平均生产效率为100%±0.002%(图6.3.2),计算结果汇总于表6.3.3中,详细计算结果见表6.3.4。

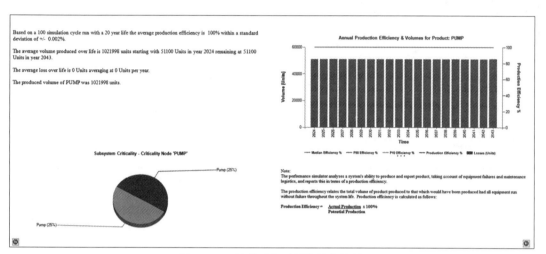

图 6.3.2 并联系统可用性计算结果

表 6.3.3 并联系统生产统计计算结果

参　数	数　值	单　位
潜在产量	$0.102\ 2\times10^{7}$	Mbbl/d
平均效率	100 ± 0.002	%
平均效率(P10)	100	%
平均效率(P50)	100	%
平均效率(P90)	100	%
总停机时间	0	%
平均停机次数	0.1×10^{-2}	次
平均停机时间	$0.176\ 63\times10^{2}$	h
最长停机时间	$0.302\ 56\times10^{1}$	h
最短停机时间	$0.506\ 95\times10^{1}$	h
实际产量	$0.102\ 199\ 794\ 0\times10^{-7}$	Mbbl/d
总产量损失	$0.000\ 000\ 000\ 0\times10^{4}$	Mbbl/d
平均每年产量损失	$0.000\ 000\ 000\ 0$	Mbbl/d
总故障次数	1 591	次

表 6.3.4　并联系统计算结果

循环次数/次	运行平均值/%	平均可靠性/%	失效次数/次	输入量	输出量
1	100	100	8	1 021 999.875	1 021 999.875
2	100	100	8	1 021 999.875	1 021 999.875
3	100	100	9	1 021 999.875	1 021 999.875
4	100	100	9	1 021 999.875	1 021 999.875
5	100	100	9	1 021 999.875	1 021 999.875
6	100	100	10	1 021 999.875	1 021 999.875
7	100	100	10	1 021 999.875	1 021 999.875
8	100	100	10	1 021 999.875	1 021 999.875
9	100	100	10	1 021 999.875	1 021 999.875
10	100	100	11	1 021 999.875	1 021 999.875
11	100	100	11	1 021 999.875	1 021 999.875
12	100	100	11	1 021 999.875	1 021 999.875
13	100	100	11	1 021 999.875	1 021 999.875
14	100	100	11	1 021 999.875	1 021 999.875
15	100	100	11	1 021 999.875	1 021 999.875
16	100	100	11	1 021 999.875	1 021 999.875
17	100	100	11	1 021 999.875	1 021 999.875
18	100	100	12	1 021 999.875	1 021 999.875
19	100	100	12	1 021 999.875	1 021 999.875
20	100	100	12	1 021 999.875	1 021 999.875
21	100	100	12	1 021 999.875	1 021 999.875
22	100	100	12	1 021 999.875	1 021 999.875
23	100	100	12	1 021 999.875	1 021 999.875
24	100	100	12	1 021 999.875	1 021 999.875
25	99.999 3	99.983	12	1 021 823.500	1 021 823.500
26	99.999 3	100	13	1 021 999.875	1 021 999.875
27	99.999 4	100	13	1 021 999.875	1 021 999.875
28	99.999 4	100	13	1 021 999.875	1 021 999.875
29	99.999 4	100	13	1 021 999.875	1 021 999.875
30	99.999 4	100	13	1 021 999.875	1 021 999.875
31	99.999 5	100	14	1 021 999.875	1 021 999.875
32	99.999 5	100	14	1 021 999.875	1 021 999.875
33	99.999 5	100	14	1 021 999.875	1 021 999.875

续表

循环次数/次	运行平均值/%	平均可靠性/%	失效次数/次	输入量	输出量
34	99.999 5	100	14	1 021 999.875	1 021 999.875
35	99.999 5	100	14	1 021 999.875	1 021 999.875
36	99.999 5	100	14	1 021 999.875	1 021 999.875
37	99.999 5	100	14	1 021 999.875	1 021 999.875
38	99.999 5	100	14	1 021 999.875	1 021 999.875
39	99.999 6	100	14	1 021 999.875	1 021 999.875
40	99.999 6	100	15	1 021 999.875	1 021 999.875
41	99.999 6	100	15	1 021 999.875	1 021 999.875
42	99.999 6	100	15	1 021 999.875	1 021 999.875
43	99.999 6	100	15	1 021 999.875	1 021 999.875
44	99.999 6	100	15	1 021 999.875	1 021 999.875
45	99.999 6	100	15	1 021 999.875	1 021 999.875
46	99.999 6	100	15	1 021 999.875	1 021 999.875
47	99.999 6	100	15	1 021 999.875	1 021 999.875
48	99.999 6	100	15	1 021 999.875	1 021 999.875
49	99.999 6	100	15	1 021 999.875	1 021 999.875
50	99.999 7	100	16	1 021 999.875	1 021 999.875
51	99.999 7	100	16	1 021 999.875	1 021 999.875
52	99.999 7	100	16	1 021 999.875	1 021 999.875
53	99.999 7	100	16	1 021 999.875	1 021 999.875
54	99.999 7	100	16	1 021 999.875	1 021 999.875
55	99.999 7	100	17	1 021 999.875	1 021 999.875
56	99.999 7	100	17	1 021 999.875	1 021 999.875
57	99.999 7	100	17	1 021 999.875	1 021 999.875
58	99.999 7	99.997	17	1 021 970.375	1 021 970.375
59	99.999 7	100	17	1 021 999.875	1 021 999.875
60	99.999 7	100	17	1 021 999.875	1 021 999.875
61	99.999 7	100	17	1 021 999.875	1 021 999.875
62	99.999 7	100	17	1 021 999.875	1 021 999.875
63	99.999 7	100	17	1 021 999.875	1 021 999.875
64	99.999 7	100	17	1 021 999.875	1 021 999.875
65	99.999 7	100	18	1 021 999.875	1 021 999.875
66	99.999 7	100	18	1 021 999.875	1 021 999.875

循环次数/次	运行平均值/%	平均可靠性/%	失效次数/次	输入量	输出量
67	99.999 7	100	18	1 021 999.875	1 021 999.875
68	99.999 7	100	18	1 021 999.875	1 021 999.875
69	99.999 7	100	18	1 021 999.875	1 021 999.875
70	99.999 7	100	18	1 021 999.875	1 021 999.875
71	99.999 7	100	18	1 021 999.875	1 021 999.875
72	99.999 7	100	18	1 021 999.875	1 021 999.875
73	99.999 7	100	18	1 021 999.875	1 021 999.875
74	99.999 7	100	18	1 021 999.875	1 021 999.875
75	99.999 7	100	19	1 021 999.875	1 021 999.875
76	99.999 7	100	19	1 021 999.875	1 021 999.875
77	99.999 7	100	19	1 021 999.875	1 021 999.875
78	99.999 7	100	19	1 021 999.875	1 021 999.875
79	99.999 7	100	19	1 021 999.875	1 021 999.875
80	99.999 7	100	19	1 021 999.875	1 021 999.875
81	99.999 8	100	19	1 021 999.875	1 021 999.875
82	99.999 8	100	19	1 021 999.875	1 021 999.875
83	99.999 8	100	20	1 021 999.875	1 021 999.875
84	99.999 8	100	20	1 021 999.875	1 021 999.875
85	99.999 8	100	20	1 021 999.875	1 021 999.875
86	99.999 8	100	20	1 021 999.875	1 021 999.875
87	99.999 8	100	20	1 021 999.875	1 021 999.875
88	99.999 8	100	20	1 021 999.875	1 021 999.875
89	99.999 8	100	20	1 021 999.875	1 021 999.875
90	99.999 8	100	21	1 021 999.875	1 021 999.875
91	99.999 8	100	21	1 021 999.875	1 021 999.875
92	99.999 8	100	21	1 021 999.875	1 021 999.875
93	99.999 8	100	21	1 021 999.875	1 021 999.875
94	99.999 8	100	22	1 021 999.875	1 021 999.875
95	99.999 8	100	22	1 021 999.875	1 021 999.875
96	99.999 8	100	24	1 021 999.875	1 021 999.875
97	99.999 8	100	24	1 021 999.875	1 021 999.875
98	99.999 8	100	27	1 021 999.875	1 021 999.875
99	99.999 8	100	29	1 021 999.875	1 021 999.875
100	99.999 8	100	29	1 021 999.875	1 021 999.875

6.3.3　对比分析

将单台泵、2 台泵串联以及 2 台泵并联的情况进行对比分析，绘制 3 种工况下的失效次数以及生产效率，如图 6.3.3、图 6.3.4 所示。由图可看出：

（1）2 台泵无论是并联还是串联，利用蒙特卡罗法抽样计算的失效次数一致，且从统计学角度分析，其中心值对应失效次数约为单台泵的 2 倍。

（2）根据可靠性原理，串联系统的可靠性最低。从实际计算结果也可以看出，生产效率由高到低的顺序为：并联系统＞单台泵＞串联系统。

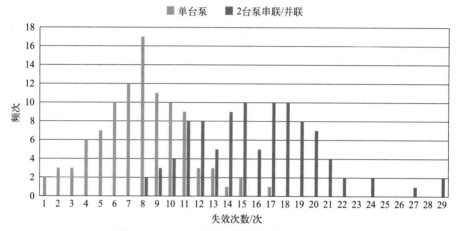

图 6.3.3　100 次循环不同失效次数对应频次

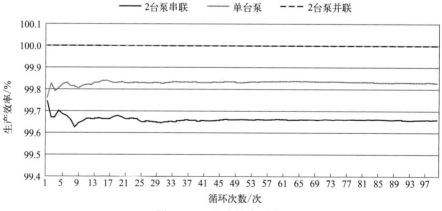

图 6.3.4　生产效率对比

第7章　RAM 分析评估案例

RAM 分析不仅可以在设计阶段计算设备在设计寿命内的生产效率,预测每年能达到的产量和潜在损失。同时,可以与资产完整性管理技术相衔接,应用到装置的运行阶段。通过对装置的可靠性、可用性和可维修性进行更加全面的分析,了解在未来运行过程中掣肘装置有效产能的主要因素。

7.1　RAM 在海洋石油平台中的应用

海上油气处理系统通常在恶劣的作业环境下运行,其可靠性往往较低。为了应对这一挑战,可以采用 RAM 分析技术对海洋石油平台的油气处理系统进行可靠性分析,计算出运行周期内油气处理系统的可靠性分布规律。这有助于了解油气处理系统在整个生命周期内的性能表现,从而进行针对性的维护和优化。

7.1.1　海洋石油平台工艺系统描述

海上无人平台 A 的工艺系统包括油气集输系统、开排系统、化学药剂注入系统和闭排系统。相对于有人平台,无人平台工艺系统较为简单,设备数量较少。

1) 油气集输系统

A 平台的油气集输系统包括井口、多路阀、多相流量计、清管回路,其下游 B 平台油气集输系统包括清管球接收器。整套系统采用全压设计。

A 平台油井生产的流体经油嘴节流后,通过井口出油管线进入多路阀,后经多路阀的计量出口进入多相流量计进行气液计量,计量后的单井物流与来自多路阀生产出口的流体汇合,通过海底混输管线输至 B 平台。根据油品物性,需要在井下及计量/生产主管注入若干化学药剂。

2) 开排系统

A 平台设置一套开排系统,收集甲板和橇块/围堰开排头排放的烃类溢流液、甲板冲洗水及雨水等。开排系统包括开排汇管、开排槽及开排槽泵。开排液首先进入开排槽,暴雨期间或者液位到达起泵液位时,液体将通过开排槽泵输送至闭排罐。

理论上,根据环境要求和危险区划分,每层甲板应分为 4 个区域:非危险区甲板地漏和不含油橇块、非危险区含油橇块/围堰、危险区甲板地漏、危险区橇块/围堰,应设置 4 根开排集管,排放至开排槽。根据平台布置实际情况,A 平台上层甲板仅设置 1 根非危险区甲板地漏汇管,下层甲板仅设置 1 根危险区甲板地漏及橇块/围堰汇管。

3)化学药剂注入系统

A 平台上设有化学药剂注入系统,用于注入药剂以提高原油处理系统效率并保护设施。化学药剂类型包括消泡剂和缓蚀剂,以及 2 种待定药剂。化学药剂储存在相应的便携药剂罐中,经药剂注入泵增压后注入工艺流程液体中。

4)闭排系统

A 平台上设置一套闭排系统,用于收集维修操作时工艺系统中泄放的流体(气体和液体)。为带压设备设置闭排汇管,将闭排流体输送至闭排罐。闭排罐中的液体由闭排泵输送至混输管道,罐内气体通过放空管线放空到大气中。闭排系统的主要设备有闭排罐、闭排罐电加热器、闭排泵。

7.1.2 海洋石油平台设备可靠性数据

鉴于设备厂家未提供设备可靠性数据,因此选取 OREDA 数据库中的相关数据作为输入参数,见表 7.1.1。利用 OREDA 数据库中的数据进行计算,结果表明 A 平台设备可靠性达到一般行业水平。

表 7.1.1 海洋石油平台设备可靠性数据

工艺区域/系统	设 备	失效率 /[次·$(10^6h)^{-1}$]	$MTTF$/年	$MTTR$ /h	OREDA 数据
井口区域	井下安全阀(SCSSV)	3.44	33.18	22	阀门-应急关断球阀 (valve-ESD ball)
	井上安全阀(WSSV)	3.44	33.18	22	阀门-应急关断球阀 (valve-ESD ball)
	排气阀(GVV)	3.44	33.18	22	阀门-应急关断球阀 (valve-ESD ball)
	控制阀(CV)	19.02	6.00	9	阀门-过程控制阀 (valve-process control)
	压力变送器(PIT)	1.05	108.72	7	安全控制装置-压力类 (control and safety equipment-pressure)
生产主管	压力变送器(PIT)	1.05	108.72	7	安全控制装置-压力类 (control and safety equipment-pressure)
	应急关断阀(SDV)	3.44	33.18	22	阀门-应急关断球阀 (valve-ESD ball)

续表

工艺区域/系统	设　备	失效率 /$[次 \cdot (10^6 h)^{-1}]$	$MTTF$/年	$MTTR$ /h	OREDA 数据
混输海管 (export line)	海底管道	6.48	17.62	72	管道-外输管线 (pipelines-export lines)
开排系统	液位变送器(LIT)	12.68	9.00	17	安全控制装置-液位类 (control and safety equipment-level)
	泵	56.88	2.01	27	机械设备-泵 (machinery-pumps)
化学药剂 注入系统	泵	56.88	2.01	27	机械设备-泵 (machinery-pumps)
	压力安全阀(PSV)	2.05	55.69	6.9	阀门-泄放类 (valve-relief)
闭排系统	液位变送器(LIT)	12.68	9	17	安全控制装置-液位类 (control and safety equipment-level)
	分离器	72.93	1.57	6.4	罐-分液罐 (vessels-separator)
	泵	56.88	2.01	27	机械设备-泵 (machinery-pumps)
	压力安全阀(PSV)	2.05	55.69	6.9	阀门-泄放类 (valve-relief)
	压力安全阀(PSV)	2.05	55.69	6.9	阀门-泄放类 (valve-relief)

7.1.3　海洋石油平台工艺系统可靠性框图

根据工艺和仪表流程图(process & instrument diagram，P&ID)建立可靠性框图 (RBD)。以海洋石油平台 A 油气集输系统为例,可靠性框图(RBD)如图 7.1.1 所示。

7.1.4　海洋石油平台 RAM 计算结果

采用 MAROS 软件对 A 平台的相关生产工艺系统进行 RAM 研究,其中油气集输系统 可用性计算结果如图 7.1.2 所示,其可用性为 99.804%。

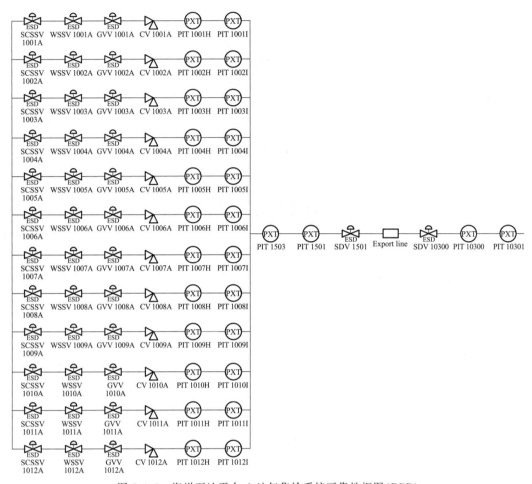

图 7.1.1　海洋石油平台 A 油气集输系统可靠性框图(RBD)

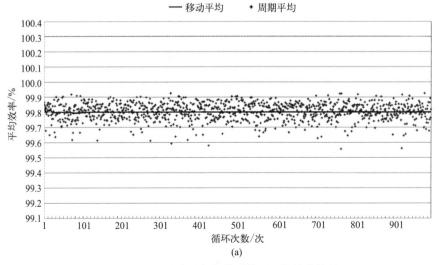

(a)

图 7.1.2　A 平台油气集输系统可用性计算结果

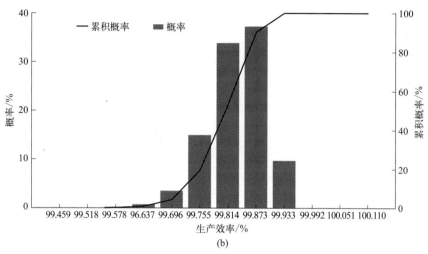

图 7.1.2(续)　A 平台油气集输系统可用性计算结果

7.1.4.1　海洋石油平台工艺系统关键性分析

根据 P&ID,建立一个基础案例模型,以确定关键系统和关键设备。

基于基础案例模型,进行 A 平台工艺系统关键性分析,结果见表 7.1.2,每个系统的详细关键性分析见表 7.1.3～表 7.1.6。

关键系统分析表明,闭排系统是造成可用性损失最大的系统,其整体相对损失为44.813 5%,每年非计划停产时间为 7.708 8 h。

关键设备分析表明,混输海管(export line)是造成系统可用性损失的最大贡献者,其整体相对损失为 23.585%;闭排罐(V-6601)是造成系统可用性损失的第二大贡献者,整体相对损失为 23.314%。

表 7.1.2　A 平台系统关键性

系　统	整体相对损失/%	绝对损失 /%	非计划停产时间 /h
闭排系统	44.813 4	0.088 0	7.708 8
油气集输系统	32.845 7	0.064 5	5.650 2
开排系统	22.271 2	0.043 7	3.828 1
化学药剂注入系统	0.070 9	0.000 1	0.008 8

表 7.1.3　闭排系统关键性

设　备	整体相对损失 /%	局部相对损失 /%
V-6601	23.314	52.024 5
LIT 6602	10.771	24.035 2

设　备	整体相对损失 /%	局部相对损失 /%
LIT 6601	10.600	23.653 6
P-6601B	0.064 2	0.143 4
P-6601A	0.063 4	0.141 5
PSV 6601A	0.000 8	0.001 8
PSV 6601B	0	0
总　计	44.813 4	100

表 7.1.4　油气集输系统关键性

设　备	整体相对损失 /%	局部相对损失 /%
混输海管（export line）	23.585	71.805 6
SDV 10300	4.032 1	12.275 9
SDV 1501	3.765 8	11.465 1
PIT 10300	0.414 8	1.262 9
PIT 1501	0.363 4	1.106 4
PIT 10301	0.356 5	1.085 3
PIT 1503	0.328	0.998 7
SCSSV 1002A	0	0
WSSV 1002A	0	0
GVV 1002A	0	0
CV 1002A	0	0
PIT 1006H	0	0
WSSV 1006A	0	0
GVV 1004A	0	0
CV 1006A	0	0
PIT 1002H	0	0
CV 1001A	0	0
PIT 1003H	0	0
PIT 1003I	0	0
GVV 1001A	0	0
PIT 1001I	0	0
PIT 1001H	0	0
WSSV 1001A	0	0
GVV 1006A	0	0
WSSV 1005A	0	0
PIT 1005H	0	0

续表

设　备	整体相对损失 /%	局部相对损失 /%
CV 1004A	0	0
PIT 1004H	0	0
CV 1005A	0	0
PIT 1005I	0	0
GVV 1005A	0	0
CV 1007A	0	0
SCSSV 1007A	0	0
PIT 1006I	0	0
GVV 1007A	0	0
PIT 1004I	0	0
SCSSV 1005A	0	0
WSSV 1007A	0	0
SCSSV 1006A	0	0
WSSV 1004A	0	0
PIT 1008H	0	0
PIT 1008I	0	0
PIT 1007I	0	0
WSSV 1008A	0	0
PIT 1007H	0	0
WSSV 1012A	0	0
GVV 1012A	0	0
GVV 1010A	0	0
GVV 1008A	0	0
CV 1008A	0	0
SCSSV 1009A	0	0
WSSV 1009A	0	0
CV 1009A	0	0
GVV 1009A	0	0
PIT 1009I	0	0
SCSSV 1008A	0	0
PIT 1009H	0	0
SCSSV 1010A	0	0
WSSV 1010A	0	0
GVV 1011A	0	0
WSSV 1003A	0	0
WSSV 1011A	0	0

设　备	整体相对损失 /%	局部相对损失 /%
CV 1011A	0	0
PIT 1011H	0	0
CV 1003A	0	0
SCSSV 1004A	0	0
SCSSV 1003A	0	0
GVV 1003A	0	0
PIT 1002I	0	0
SCSSV 1001A	0	0
CV 1012A	0	0
PIT 1012I	0	0
PIT 1011I	0	0
SCSSV 1012A	0	0
CV 1010A	0	0
PIT 1010H	0	0
SCSSV 1011A	0	0
PIT 1012H	0	0
PIT 1010I	0	0
总　计	32.845 7	100

表 7.1.5　开排系统关键性

设　备	整体相对损失 /%	局部相对损失 /%
LIT 3501	11.073	49.719 0
LIT 3502	11.061	49.665 2
P-3501A	0.068 6	0.307 9
P-3501B	0.068 6	0.307 9
总　计	22.271 2	100

表 7.1.6　化学药剂注入系统关键性

设　备	整体相对损失 /%	局部相对损失 /%
P-3602B	0.035 4	49.999 5
P-3602A	0.034 1	48.045 4
PSV 3602A	0.001 4	1.955 2
PSV 3602B	0	0
总　计	0.070 9	100

7.1.4.2　海洋石油平台工艺系统敏感性分析

由于混输海管是造成系统可用性损失的最大贡献者,因此选择混输海管作为敏感性分析对象。通过控制变量的方式在软件中开展分析,变化 MTTF 和 MTTR(表 7.1.7),获得表 7.1.8 所示结果。

表 7.1.7　敏感性案例可靠性数据

案　例	$MTTF$/年	$MTTR$/h
基础案例	17.62	72
敏感性案例 1	10	72
敏感性案例 2	20	72
敏感性案例 3	25	72
敏感性案例 4	17.62	24
敏感性案例 5	17.62	48
敏感性案例 6	17.62	96

表 7.1.8　敏感性案例可用性

案　例	可用性/%	不可用性/%	年度非计划停产时间/h
基础案例	99.804	0.196	17.169 6
敏感性案例 1	99.768	0.232	20.323 2
敏感性案例 2	99.809	0.191	16.731 6
敏感性案例 3	99.817	0.183	16.030 8
敏感性案例 4	99.835	0.165	14.454 0
敏感性案例 5	99.819	0.181	15.855 6
敏感性案例 6	99.789	0.211	18.483 6

对比基础案例与敏感性案例 1~3 可以得出,提升 MTTF 有利于降低年度非计划停产时间。对比基础案例与敏感性案例 4~6 可以得出,MTTR 的延长会明显造成年度非计划停产时间的增加。敏感性分析表明,MTTF 和 MTTR 值的改进可以提高整个系统的可用性,且各敏感性案例分析结果表明其可用性仍然介于 99.768% 至 99.835% 之间。

7.2　RAM 在天然气液化装置中的应用

RAM 分析在天然气液化装置中的应用主要体现在对液化天然气(LNG)设施及其附属设备的可靠性、可用性和可维修性进行综合分析和评估。天然气液化装置是一个复杂的系统工程,包括液化系统与压缩机系统等多个组成部分。这些系统和设备在运行时需要保持高度的可靠性和稳定性,以确保天然气液化的高效和安全。

7.2.1　天然气液化装置工艺系统描述

国内某天然气液化装置由液化单元和压缩机单元组成。

7.2.1.1　液化单元

液化单元由以下管线组成：

(1) 天然气液化装置天然气管线[1204]：来自预处理系统的天然气进入冷箱 E-1303 进行预冷，冷箱 E-1303 出口天然气进入凝析油汽提塔 C-1301 进行重烃分离，凝析油汽提塔 C-1301 底部物流进入凝析油储罐，顶部物流进入冷箱 E-1305 进行冷却，冷箱 E-1305 出口物流进入 LNG 储罐。

(2) 低压液相冷剂管线[1341]：来自分离罐 V-1302 底部液相物流进入冷箱 E-1303 提供冷能，冷箱 E-1303 出口物流进入分离罐 V-1305。

(3) 高压液相冷剂管线[1346]：来自分离罐 V-1303 底部液相物流进入冷箱 E-1303 提供冷能，冷箱 E-1303 出口物流节流后进入分离罐 V-1305。

(4) 高压气相冷剂管线[1349]：来自分离罐 V-1303 顶部气相物流进入冷箱 E-1303 提供冷能，冷箱 E-1303 出口物流进入分离罐 V-1304 进行气液分离，气相物流进入冷箱 E-1305 提供冷能，冷箱 E-1305 出口物流节流后进入分离罐 V-1307 进行过气液分离，V-1307 出口气、液物流合并流入冷箱 E-1305，并从冷箱 E-1305 中部引出，进入分离罐 V-1306；液相物流进入冷箱 E-1305 提供冷能，并从冷箱 E-1305 中部引出，节流后进入分离罐 V-1306；V-1306 出口气、液物流合并流入冷箱 E-1305，从冷箱 E-1305 出口流出，进入分离罐 V-1305，V-1305 出口气、液物流合并进入冷箱 E-1303，并从冷箱 E-1303 流出，物流进入压缩机入口缓冲罐 V-1301。

7.2.1.2　压缩机单元

天然气液化装置压缩机单元由以下物流组成：

低压气相冷剂物流[1345]节流后进入缓冲罐 V-1301，气相物流[1312]进入压缩机 K-1301 增压，K-1301 出口物流[1313]进入冷箱 E-1311 冷却，E-1311 出口物流[1314]进入冷凝器 E-1312 冷却后进入缓冲罐 V-1302，V-1302 液相物流[1341]流入冷箱 E-1303 提供冷能，V-1302 气相物流[1316]进入压缩机 K-1302 进行增压，出口物流[1318]依次进入冷箱 E-1313 和 E-1302 进行冷却，E-1302 出口物流[1320]进入缓冲罐 V-1303，V-1303 出口气相物流[1349]、液相物流[1346]分别进入冷箱 E-1303 提供冷能，实现冷剂的循环。

7.2.2　天然气液化装置设备可靠性数据

鉴于设备厂家未提供设备可靠性数据，因此选取 OREDA 数据库中的相关数据作为输入参数,见表 7.2.1。利用 OREDA 数据库中的数据进行计算,结果表明天然气液化装置设备可靠性达到一般行业水平。

表 7.2.1　设备可靠性数据

工艺区域/系统	设　备	失效率 /[次·(10⁶h)⁻¹]	MTTF/年	MTTR/h	OREDA 数据
液化系统冷箱	热交换器	26.85	4.25	39	换热器-板式 (heat exchangers-plate)
液化系统 罐区	分离器	72.93	1.57	6.40	罐-分离罐 (vessels-separator)
	汽提塔	26.85	4.25	601.00	罐-汽提塔 (vessel-stripper)
	过程控制阀	19.02	6.00	9.00	阀门-过程控制阀 (valve-process control)
	安全阀	2.05	55.69	6.90	阀门-泄放类 (valve-relief)
	紧急切断(ESD)阀	3.44	33.18	22.00	阀门-应急关断球阀 (valve-ESD ball)
	排污阀	8.14	14.02	16.00	阀门-排污阀 (valve-blowdown)
	压力变送器	1.05	108.72	7.00	安全控制装置-压力类 (control and safety equipment-pressure)
	温度变送器	2.15	53.10	9.90	安全控制装置-温度类 (control and safety equipment-temperature)
	液位变送器	12.68	9.00	17.00	安全控制装置-液位类 (control and safety equipment-level)
压缩机系统 冷却器	压缩机	77.34	1.48	17.00	压缩机-离心类 (compressor- centrifugal electric)
	热交换器	22.58	5.06	50.00	换热器-管壳式 (heat exchangers-shell and tube)
	过程控制阀	19.02	6.00	9.00	阀门-过程控制阀 (valve-process control)
	安全阀	2.05	55.69	6.90	阀门-泄放类 (valve-relief)
	ESD 阀	3.44	33.18	22.00	阀门-应急关断球阀 (valve-ESD ball)
	排污阀	8.14	14.02	16.00	阀门-排污阀 (valve-blowdown)

续表

工艺区域/系统	设　备	失效率 /[次·(10^6 h)^{-1}]	MTTF/年	MTTR/h	OREDA 数据
压缩机系统 冷却器	压力变送器	1.05	108.72	7.00	安全控制装置-压力类 (control and safety equipment-pressure)
	温度变送器	2.15	53.10	9.90	安全控制装置-温度类 (control and safety equipment-temperature)
压缩机系统罐区	分离器	72.93	1.57	6.40	罐-分离罐 (vessels-separator)
	过程控制阀	19.02	6.00	9.00	阀门-过程控制阀 (valve-process control)
	安全阀	2.05	55.69	6.90	阀门-泄放类 (valve-relief)
	ESD 阀	3.44	33.18	22.00	阀门-应急关断球阀 (valve-ESD ball)
	排污阀	8.14	14.02	16.00	阀门-排污阀 (valve-blowdown)
	液位变送器	12.68	9.00	17.00	安全控制装置-液位类 (control and safety equipment-level)

7.2.3　天然气液化装置可靠性框图

根据 P&ID 建立天然气液化装置可靠性框图（RBD），如图 7.2.1 所示。

7.2.4　天然气液化装置 RAM 计算结果

采用 MAROS 软件对标准模块化天然气液化装置相关生产工艺系统进行 RAM 研究，其可用性为 96.418%，标准差为 0.650%，计算结果如图 7.2.2 所示。

7.2.4.1　天然气液化装置关键性分析

根据 P&ID，建立一个基础案例模型，以确定关键系统和关键设备。

基于基础案例模型，进行天然气液化装置系统关键性分析，结果见表 7.2.2，每个系统的详细关键性分析见表 7.2.3～表 7.2.6。

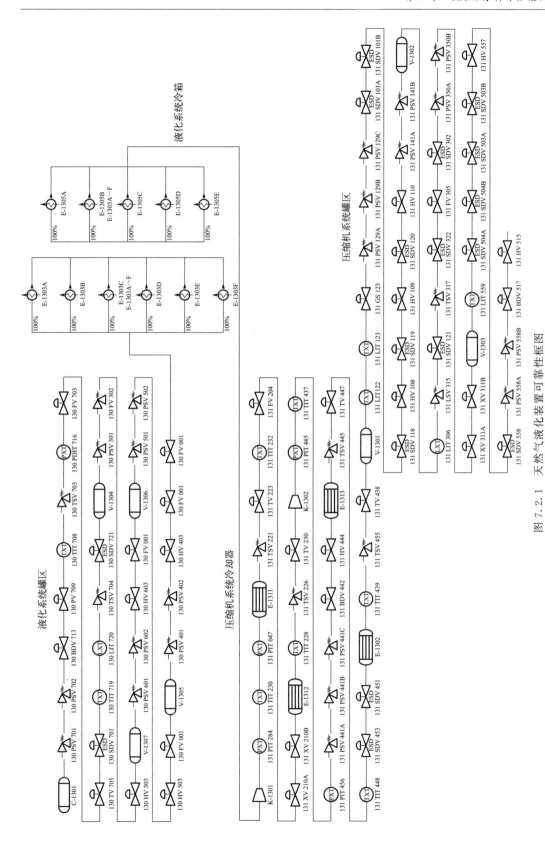

图 7.2.1　天然气液化装置可靠性框图

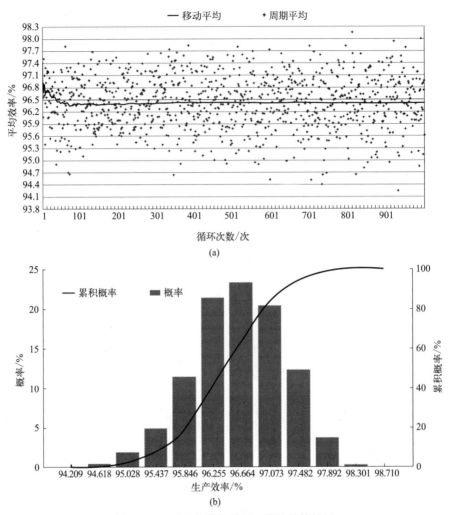

图 7.2.2　天然气液化装置可用性计算结果

　　根据关键性分析计算结果可知，凝析油汽提塔是造成系统可用性损失的最大贡献者，整体相对损失为 43.850 0%；MR 压缩机是造成系统可用性损失的第二大贡献者，整体相对损失为 3.602 8%。

表 7.2.2　系统关键性

系　统	整体相对损失/%	绝对损失/%	非计划停产时间/h
液化系统罐区	55.886 7	2.002 1	175.384 0
压缩机系统冷却器	24.730 0	0.885 9	77.604 8
压缩机系统罐区	13.717 3	0.491 4	43.046 6
液化系统冷箱	5.666 7	0.203 0	17.782 8

表 7.2.3　液化系统罐区关键性

设　备	整体相对损失/%	局部相对损失/%
C-1301	43.850 0	78.462 3
V-1304	1.278 1	2.286 9
V-1307	1.247 9	2.232 9
V-1305	1.246 1	2.229 7
V-1306	1.240 2	2.219 1
130 LIT 720	0.597 3	1.068 7
130 FV 001	0.471 4	0.843 4
130 FV 002	0.469 7	0.840 5
130 HV 403	0.469 1	0.839 4
130 FV 703	0.464 9	0.831 8
130 HV 503	0.463 4	0.829 2
130 HV 303	0.462 3	0.827 2
130 FV 003	0.462 3	0.827 1
130 FV 004	0.457 1	0.817 9
130 HV 603	0.455 8	0.815 6
130 TV 705	0.454 9	0.813 9
130 PV 709	0.449 6	0.804 4
130 BDV 713	0.361 5	0.646 9
130 SDV 701	0.204 2	0.365 3
130 SDV 721	0.194 5	0.348 1
130 TIT 719	0.057 6	0.103 1
130 TIT 708	0.052 7	0.094 3
130 PSV 302	0.041 2	0.073 7
130 PSV 301	0.041 1	0.073 5
130 TSV 704	0.041 0	0.073 4
130 PSV 502	0.040 4	0.072 3
130 PSV 401	0.038 9	0.069 6
130 PSV 501	0.038 7	0.069 2
130 PSV 702	0.038 0	0.068 0
130 PSV 402	0.037 3	0.066 8
130 PSV 701	0.036 1	0.064 5
130 PSV 602	0.035 7	0.064 0
130 PSV 601	0.034 2	0.061 2
130 TSV 703	0.034 0	0.060 9
130 PDIT 716	0.019 5	0.034 9
总　计	55.886 7	100

表 7.2.4 压缩机系统冷却器关键性

设　备	整体相对损失/%	局部相对损失/%
K-1302	3.602 8	14.568 5
K-1301	3.560 1	14.395 9
E-1311	3.153 8	12.752 9
E-1313	3.104 4	12.553 2
E-1302	3.075 4	12.435 9
E-1312	3.027 0	12.240 2
131 XV 210B	0.475 5	1.922 8
131 TV 447	0.472 4	1.910 4
131 FV 204	0.469 6	1.898 9
131 TV 230	0.468 4	1.894 0
131 HV 444	0.466 3	1.885 4
131 TV 223	0.466 1	1.884 9
131 TV 438	0.465 5	1.882 4
131 XV 210A	0.457 8	1.851 1
131 BDV 442	0.358 9	1.451 2
131 SDV 451	0.217 8	0.880 7
131 SDV 453	0.204 2	0.825 5
131 TIT 232	0.058 1	0.235 0
131 TIT 448	0.057 1	0.230 7
131 TIT 437	0.056 0	0.226 3
131 TIT 230	0.054 6	0.220 8
131 TIT 228	0.054 1	0.218 8
131 TIT 439	0.053 0	0.214 3
131 TSV 226	0.042 1	0.170 2
131 PSV 441B	0.039 5	0.159 7
131 TSV 221	0.037 9	0.153 1
131 PSV 441C	0.037 4	0.151 2
131 TSV 445	0.036 8	0.148 8
131 PSV 441A	0.036 4	0.147 1
131 TSV 455	0.036 3	0.147 0
131 PIT 047	0.023 0	0.093 1
131 PIT 284	0.022 9	0.092 7
131 PIT 485	0.020 7	0.083 8
131 PIT 456	0.018 2	0.073 4
总　计	24.730 0	100

表 7.2.5 压缩机系统罐区关键性

设 备	整体相对损失/%	局部相对损失/%
V-1302	1.276 1	9.302 8
V-1301	1.259 3	9.180 4
V-1303	1.251 0	9.119 8
131 LIT 306	0.601 9	4.387 7
131 LIT 122	0.583 4	4.252 9
131 LIT 123	0.581 3	4.237 6
131 LIT 559	0.557 6	4.064 7
131 HV 108	0.475 2	3.464 2
131 XV 311B	0.468 8	3.417 4
131 HV 557	0.462 8	3.373 9
131 HV 515	0.458 5	3.342 8
131 XV 311A	0.456 3	3.326 8
131 FV 305	0.456 3	3.326 4
131 HV 109	0.452 9	3.301 9
131 GS 123	0.449 4	3.276 3
131 HV 110	0.449 0	3.273 0
131 BDV 517	0.334 6	2.439 3
131 SDV 558	0.225 3	1.642 2
131 SDV 302	0.222 9	1.624 7
131 SDV 118	0.218 9	1.595 6
131 SDV 504A	0.216 4	1.577 6
131 SDV 120	0.213 1	1.553 4
131 SDV 101B	0.212 7	1.550 5
131 SDV 504B	0.210 4	1.533 8
131 SDV 322	0.208 8	1.522 4
131 SDV 121	0.206 3	1.503 9
131 SDV 119	0.203 0	1.480 0
131 SDV 503B	0.201 2	1.466 5
131 SDV 101A	0.194 0	1.414 5
131 SDV 503A	0.193 7	1.412 3
131 TSV 317	0.041 2	0.300 6
131 PSV 129C	0.039 9	0.291 1
131 PSV 558A	0.039 7	0.289 1
131 PSV 129A	0.039 4	0.287 0
131 PSV 141B	0.039 2	0.285 5

设　备	整体相对损失/%	局部相对损失/%
131 PSV 141A	0.037 9	0.276 6
131 PSV 350A	0.036 5	0.266 1
131 PSV 350B	0.036 5	0.265 9
131 PSV 558B	0.035 8	0.261 0
131 TSV 315	0.035 2	0.256 6
131 PSV 129B	0.035 0	0.255 1
总　计	13.717 3	100

表 7.2.6　液化系统冷箱关键性

设　备	整体相对损失/%	局部相对损失/%
E-1305B	0.576 4	10.171 5
E-1305C	0.574 7	10.142 4
E-1305A	0.572 6	10.103 9
E-1305D	0.570 7	10.071 8
E-1305E	0.568 4	10.031 2
E-1303D	0.472 1	8.330 4
E-1303B	0.469 5	8.285 4
E-1303F	0.467 3	8.245 9
E-1303C	0.466 1	8.224 5
E-1303A	0.465 5	8.214 3
E-1303E	0.463 5	8.178 5
总　计	5.666 7	100

7.2.4.2　天然气液化装置敏感性分析

由于凝析油汽提塔是造成系统可用性损失的最大贡献者,因此选择凝析油汽提塔作为敏感性分析对象。敏感性案例可靠性数据见表 7.2.7,相应的分析结果见表 7.2.8。

表 7.2.7　敏感性案例可靠性数据

案　例	$MTTF$/年	$MTTR$/h
基础案例	4.25	601
敏感性案例 1	3	601
敏感性案例 2	6	601
敏感性案例 3	9	601
敏感性案例 4	4.25	300

续表

案　例	MTTF/年	MTTR/h
敏感性案例 5	4.25	500
敏感性案例 6	4.25	700

表 7.2.8　敏感性案例可用性

案　例	可用性/%	不可用性/%	年度非计划停产时间/h
基础案例	96.418	3.582	313.783
敏感性案例 1	95.785	4.215	369.234
敏感性案例 2	96.836	3.164	277.166
敏感性案例 3	97.218	2.782	243.703
敏感性案例 4	97.173	2.827	247.645
敏感性案例 5	96.648	3.352	293.635
敏感性案例 6	96.156	3.844	336.734

敏感性分析表明,MTTF 和 MTTR 值的改进可以提高整个系统的可用性,且各敏感性案例分析结果表明其可用性仍然介于 95.785% 至 97.218% 之间。

7.3　石油天然气行业典型场景工艺系统可用性

石油天然气行业中的系统和设备往往需要在极端和复杂的环境条件下运行,如高温、高压、潮湿等。这些环境条件对系统和设备的性能提出了极高的要求。通过 RAM 分析,可以评估系统和设备在指定环境和操作策略下的可靠性,从而确保它们能够在这些极端条件下稳定运行,减少故障和停机时间。

RAM 分析不仅可以帮助识别系统和设备运行中的瓶颈,还可以优化维护策略。通过对系统和设备的可靠性进行评估,可以制定更加科学合理的备品备件、维修资源、预防性维护、定期检修等策略,从而降低运行成本并提高生产效率。同时,RAM 分析还可以优化系统和设备的运行参数和工艺流程,从而提高生产效率。

在油气生产过程中,由于运行环境、工艺流程、设备类型等因素不同,所以不同场景下的可用性水平不一样。基于项目案例,依据 OREDA 数据库,分析计算典型场景下系统和设备的可用性,结果汇总于表 7.3.1 中。

表 7.3.1　典型场景可用性

场　景	工程项目	可用性/%
海洋石油平台-无人平台	A	99.804
	B	99.775

续表

场　景	工程项目	可用性/%
天然气液化装置	A	96.418
LNG 站场	A	96.213
	B	93.941
陆上油气处理站	A	97.699
	B	99.342
	C	98.306
	D	98.774
甲醇码头	A	99.890

附 录

附表　RAM 相关标准

工业:航天(Space);组织:美国国家航空航天局(National Aeronautics and Space Administration,NASA)

英文名称	中文名称	标准号	1	2	3	4	5	6	7	8	9	10	11	12	13	14	15	16	17	18	19	20	21	22	23	24	25	26	27	28	29	30	31	32
Reliability and Maintainability Standard for Spaceflight and Support Systems	航天及支持系统可靠性与维修性标准	NASA-STD-8729.1				√																												
Software Assurance and Software Safety	软件保障与软件安全	NASA-STD-8739.8																				√												
Fault Tree Handbook with Aerospace Applications	航空航天应用故障树手册	—									√																							
Reliability Preferred Practices for Design and Test	设计与测试可靠性首选实践	TM-4322		√	√																												√	
Instructions for Plastic Encapsulated Microcircuit (PEM)Selection, Screening, and Qualification	塑料封装微电路（PEM）选择、筛选和鉴定说明	PEM-INST-001																√																

续表

英文名称	中文名称	标准号	1	2	3	4	5	6	7	8	9	10	11	12	13	14	15	16	17	18	19	20	21	22	23	24	25	26	27	28	29	30	31	32
PEM Storage, Derating and Qualification	塑封微电路存储，降额和认证	431-REF-000273																√															√	
Preferred Reliability Practice, Material Selection	推荐的可靠性工程实践·材料选择	PD-ED-1252		√																														
Software Reliability Estimation and Prediction	软件可靠性评估和预测	TM 104799										√											√											
RAM Training	可靠性，可用性，可维修性培训	TP-2000-207428																																√
工业：航天（Space）；组织：喷气推进实验室（Jet Propulsion Laboratory，JPL）																																		
Reliability Analysis Handbook	可靠性分析手册	JPL-D-5703								√	√	√	√																					
工业：航天（Space）；组织：欧洲航天局（European Space Agency，ESA）																																		
Failure Modes, Effects (and Criticality) Analysis (FMEA/FMECA)	失效模式，影响（和危害性）分析（FMEA/FMECA）	ECSS-Q-ST-30-02C								√																								
Sneak Analysis	潜在通路分析	ECSS-Q-TM-40-04																	√															
Fault Tree Analysis-Adoption Notice	故障树分析·采用通知	ECSS-Q-ST-40-12C									√																							
工业：航天（Space）；组织：国际标准化组织（International Organization for Standardization，ISO）																																		
Space Systems-Safety Requirements-Part 1:System Safety	航天系统·安全要求·第1部分：系统安全	ISO 14620-1	√																															

续表

英文名称	中文名称	标准号	1	2	3	4	5	6	7	8	9	10	11	12	13	14	15	16	17	18	19	20	21	22	23	24	25	26	27	28	29	30	31	32
Space Systems-Ground Support Equipment for Use at Launch, Landing or Retrieval Sites-General Requirements	航天系统．发射着陆或回收场用地面支持设备．一般要求	ISO 14625	√																															
Reliability Prediction for Spacecraft	航天器可靠性预测	RADC-TR-85-229										√																							
工业:航空(Aviation);组织:罗马航空发展中心(Rome Air Development Center,RADC)																																		
Fault Tree Analysis Application Guide	故障树分析应用指南	RAC-FTA									√																								
How to Prepare Reliability Assessment Plans for Aircraft Systems and Equipment	如何为飞机系统和设备制定可靠性评估计划	AC 20-157				√																													
Failure Mode/Mechanism Distributions	失效模式/机理分布	FMD-2016										√															√								
Nonelectronic Parts Reliability Data	非电子部件可靠性数据	NPRD-2016										√																√							
工业:航空(Aviation);组织:联邦航空局(Federal Aeronautics Administration,FAA)																																		
System Reliability, Maintainability, and Availability (RMA)	系统可靠性、可维修性和可用性(RMA)用性	FAA-HDBK-006D	√																																

续表

英文名称	中文名称	标准号	1	2	3	4	5	6	7	8	9	10	11	12	13	14	15	16	17	18	19	20	21	22	23	24	25	26	27	28	29	30	31	32
Guide to Developing and Sustaining Preventive Maintenance Programmes	开发和预防性维修计划指南	JAP(D)100C-22																			√														
Preparation and Amendment of Maintenance Schedules	维修计划的编制与修订	JAP(D)100C-20																			√														
General Aviation Airman Designee Handbook	通用航空飞行员指定手册	ORDER 8900.2C	√																																
工业:国防(Defence);组织:美国国防部(United States Department of Defense, U.S. DOD)																																			
Maintainability Design Techniques	维修性设计技术	DOD-HDBK-791		√																																
Test and Evaluation of System Reliability Availability and Maintainability—A Primer	系统可靠性、可用性的测试与评价—初期读本	DOD 3235.1-H										√							√	√									√			√	√	√	
The DOD Guide for Achieving RAM	美国国防部关于实现可靠性、可用性、可维修性指南	—	√																																
Report of Reliability Improvement Working Group	可靠性改进工作组报告	—	√																																

续表

英文名称	中文名称	标准号	1	2	3	4	5	6	7	8	9	10	11	12	13	14	15	16	17	18	19	20	21	22	23	24	25	26	27	28	29	30	31	32
Reliability Growth Management	可靠性增长管理	MIL-HDBK-189C										√																							
Reliability Prediction of Electronic Equipment	电子设备的可靠性预计	MIL-HDBK-217										√																							
Reliability/Design Thermal Applications	可靠性/热设计应用	MIL-HDBK-251																					√												
Electronic Reliability Design Handbook	电子可靠性设计手册	MIL-HDBK-338		√	√																														
Environmental Stress Screening of Electronic Equipments	电子设备环境应力筛选	MIL-HDBK-344																	√																
Maintainability Prediction	维修性预计	MIL-HDBK-472																										√							
Reliability Test Methods, Plans and Environments	可靠性测试方法、计划和环境	MIL-HDBK-781				√																	√												
Maintainability Design Techniques	维修性设计技术	MIL-HDBK-791		√	√																										√				
Nondestructive Evaluation System Reliability Assessment	无损评估系统可靠性评估	MIL-HDBK-1823A																		√													√	
Failure Reporting, Analysis and Corrective Action Taken	故障报告、分析和纠正措施	MIL-HDBK-2155																															√	

续表

英文名称	中文名称	标准号	1	2	3	4	5	6	7	8	9	10	11	12	13	14	15	16	17	18	19	20	21	22	23	24	25	26	27	28	29	30	31	32
Aircrew Automated Escape Systems Reliability and Maintainability (R/M) Program Requirements for	机组自动逃生系统的可靠性和维护性(R/M)项目需求	MIL-HDBK-2067		√	√																													
Maintainability of Avionics and Electronic Systems and Equipment	航空电子系统和设备的维修性	MIL-HDBK-2084		√																									√					
Environment Stress Screening Process for Electronic Equipment	电子设备的环境应力筛选程序	MIL-HDBK-2164																	√															
Testability Programs for Electronic Systems and Equipment	电子系统和设备的可测试性程序	MIL-HDBK-2165																												√					
Designing and Developing Maintainable Products and System	可维护产品和系统的设计与研发	MIL-STD-470A																							√									
Failure Rate Sampling Plans and Procedures	故障率抽样计划和程序	MIL-STD-690																															√	
Screening Requirements for Nonstandard Electrical, Electronic and Electro-Mechanical (EEE) Parts	对于非标准的电气、电子和机电元器件的筛选要求	MSFC-SPEC-1198																	√															

续表

英文名称	中文名称	标准号	1	2	3	4	5	6	7	8	9	10	11	12	13	14	15	16	17	18	19	20	21	22	23	24	25	26	27	28	29	30	31	32
工业:国防(Defence);组织:美国海军航空系统司令部(Navy Air System Command,NAVAIR)																																		
Supportability	保障性	NAVAIR 405																													√				
IRCMS (Integrated Reliability Centered Maintenance System)	以可靠性为中心的综合维修系统	NAVAIR 406																			√														
Operational Availability of Equipments and Weapons	装备和武器的可用性	OPNAVINST 3000.12A														√																			
Management Manual:Guidelines for the Naval Aviation Reliability-Centered Maintenance (RCM) Process	管理手册:海军航空以可靠性为中心的维修(RCM)流程指南	NAVAIR 00-25-403																			√														
工业:国防(Defence);组织:美国海军海上系统司令部(Naval Sea Systems Command,NAVSEA)																																		
RCM Handbook	以可靠性为中心的维修手册	NAVSEA S9081-AB-GIB-010/																			√														
Parts Derating Requirements and Application Manual for Navy Electronic Equipment:Parts Application Manual	海军电子设备零部件降级要求和应用手册:零部件应用手册	NAVSEA TE000-AB-GTP-010															√																		
工业:国防(Defence);组织:美国海军水面作战中心(Naval Surface Warfare Centre)																																		
Handbook of Reliability Prediction Procedures for Mechanical Equipment	机械设备可靠性预计程序手册	NSWC-11									√																								

续表

英文名称	中文名称	标准号	1	2	3	4	5	6	7	8	9	10	11	12	13	14	15	16	17	18	19	20	21	22	23	24	25	26	27	28	29	30	31	32
Reliability and Maintainability (R&M) Block Diagrams and Mathematical Models Report	可靠性和可维修性框图及建模报告	DI-SESS-81496										√																								
Reliability and Maintainability Predictions Report	可靠性和可维修性预测报告	DI-SESS-81497										√																								
Data Item Descriptions (DID): Reliability and Maintainability Predictions Report	数据项描述(DID):可靠性和维护性预测报告	DI-TMSS-81586																																√	
工业:国防(Defence);组织:美国陆军部(U.S. Dept of the Army)																																			
Reliability/ Availability of Electrical & Mechanical Systems for Command, Control, Communications, Computer, Intelligence, Surveillance and Reconnaissance (C4ISR) Facilities	指挥,控制,通信,计算机,情报,监视和侦察(C4ISR)设施的电气和机械系统的可靠性/可用性	TM 5-698-1	√		√																															

续表

英文名称	中文名称	标准号	1	2	3	4	5	6	7	8	9	10	11	12	13	14	15	16	17	18	19	20	21	22	23	24	25	26	27	28	29	30	31	32
Reliability-Centered Maintenance(RCM) for Command, Control, Communications, Computer, Intelligence, Surveillance, and Reconnaissance (C4ISR)	指挥、控制、通信，计算机，情报，监视与侦察（C4ISR）设施可靠性为中心的维护（RCM）	TM 5-698-2																			✓														
Reliability Primer for Command, Control, Communications, Computer, Intelligence, Surveillance, and Reconnaissance (C4ISR) Facilities	指挥、控制、通信，计算机，情报，监视与侦察（C4ISR）设施可靠性初期读本	TM 5-698-3		✓																																
Survey of Reliability and Availability Information for Power Distribution, Power Generation, and Heating, Ventilating & Air Conditioning (HVAC) Components for Commercial, Industrial, and Utility Installations	商业、工业和公用设施安装中用于配电，发电以及供暖、通风和空调（HVAC）组件的可靠性和可用性信息调查	TM 5-698-5	✓																																	

209

续表

英文名称	中文名称	标准号	1	2	3	4	5	6	7	8	9	10	11	12	13	14	15	16	17	18	19	20	21	22	23	24	25	26	27	28	29	30	31	32
Reliability Data Collection Manual for Command, Control, Communications, Computer, Intelligence, Surveillance, and Reconnaissance (C4ISR) Facilities	指挥、控制、通信、计算机、情报、监视与侦察（C4ISR）设施的可靠性数据收集手册	TM 5-698-6																														√		
AMSAA Reliability Growth Guide	AMSAA可靠性增长指南	TR 652									√	√	√																						
工业：国防（Defence）；组织：美国空军（United States Air Force，USAF）																																		
System Safety Handbook	系统安全手册	—		√		√				√	√	√					√	√																	
工业：国防（Defence）；组织：英国国防部（Ministry of Defence，MoD）																																		
Environmental Handbook for Defence Material	国防材料环境手册	DEF STAN 00-35																				√	√												
Reliability and Maintainability Data Collection and Classification	可靠性和可维修性数据收集和分类	DEF STAN 00-44																	√	√												√		
Requirements for the Application of RCM	以可靠性为中心的维修应用要求	DEF STAN 00-45																		√	√													
MOD Guide to R&M Terminology Used in Requirements	可靠性与可维修性术语使用要求指南	DEF STAN 00-49	√																																

续表

英文名称	中文名称	标准号	1	2	3	4	5	6	7	8	9	10	11	12	13	14	15	16	17	18	19	20	21	22	23	24	25	26	27	28	29	30	31	32
Safety Management Requirements for Defence Systems	国防系统安全管理要求	DEF STAN 00-56		√																															
Requirements for Configuration Management of Surface Warships	水面舰艇配置管理要求	DEF STAN 02-41																						√											
工业:国防(Defence);组织:北约(North Atlantic Treaty Organization,NATO)																																			
Applied R&M Manual for Defence Systems	国防系统可靠性和可维修性应用指南	GR-77	√																																	
工业:英国工业(UK Industrial);组织:英国标准协会(British Standards Institution,BSI)																																			
Connectors for Electronic Equipment. Tests and Measurements. Current-carrying Capacity Tests. Test 5b. Current-temperature Derating	电子设备连接器. 测试和测量. 载流容量试验. 试验5b. 电流一温度下降	BS EN 60512-5-2	√									√																	√							
Guide to the Assessment of Reliability of Systems Containing Software	包含软件系统的可靠性评估指南	BS 5760-8																					√													
Reliability of Systems, Equipment and Components. Guide to Reliability Testing. Design of Test Cycles	系统,设备和组件的可靠性测试指南. 测试周期的设计	BS 5760-10.2																																√		

续表

英文名称	中文名称	标准号	1	2	3	4	5	6	7	8	9	10	11	12	13	14	15	16	17	18	19	20	21	22	23	24	25	26	27	28	29	30	31	32
Reliability of Systems, Equipment and Component. Guide to Reliability Testing. Compliance Test Procedures for Steady-state Availability	系统,设备和组件的可靠性·可靠性测试指南·稳态可用性的符合性测试程序	BS 5760-10.3																																	√	
Reliability of Systems, Equipment and Components. Guide to the Presentation of Reliability, Maintainability and Availability Predictions	系统,设备和组件的可靠性,可用性,可靠性,可用性和可维修性预测演示指南	BS 5760-12										√																								
Demonstration of Dependability Requirements. The Dependability Case	可靠性要求演示指南·可靠性案例	BS EN 62741	√																														√			
Programmes for Reliability Growth	可靠性增长计划	BS EN 61014		√								√																								
Fault Tree Analysis	故障树分析	BS EN 61025										√																								
Design Review	设计评审	BS EN 61160							√																											
Electricity Metering Equipment Dependability-Part 41. Reliability Prediction	电表设备可靠性·第41部分·可靠性预测	BS EN 62509-41										√																								

续表

英文名称	中文名称	标准号	1	2	3	4	5	6	7	8	9	10	11	12	13	14	15	16	17	18	19	20	21	22	23	24	25	26	27	28	29	30	31	32
Equipment Reliability. Reliability Assessment Methods	设备可靠性·可靠性评估方法	BS EN 62308	√																															
Dependability Management-Part 3: Application Guide-Section 6: Software Aspects of Dependability	可靠性管理·第3部分:应用指南·第6节:软件可靠性	BS IEC 60300-3-6																	√																
Reliability Growth. Stress Testing for Early Failures in Unique Complex Systems	可靠性增长·复杂系统早期故障的应力试验	BS EN 62429										√																							
Systems and Software Engineering. Systems and Software Assurance	系统与软件工程·系统和软件保证	ISO/IEC/IEEE 15026								√																									
工业:英国工业(UK Industrial);组织:铁路安全及标准委员会(Rail Safety and Standards Board,RSSB)																																			
Management of Safety-related Rail Vehicle Defects	铁路车辆安全相关缺陷的管理	RIS-8250-RST	√			√																													
工业:英国工业(UK Industrial);组织:铁路和公路办公室(Office of Rail and Road,ORR)																																			
The Railways and Other Guided Transport Systems (Safety) Regulations 2006	2006年铁路和其他引导式运输系统(安全)法规	—	√																																

续表

英文名称	中文名称	标准号	1	2	3	4	5	6	7	8	9	10	11	12	13	14	15	16	17	18	19	20	21	22	23	24	25	26	27	28	29	30	31	32
工业：美国工业(U. S. Industrial)；组织：美国汽车工程师学会(Society of Automotive Engineers，SAE)																																		
Survey Results: Computerization or Reliability, Maintainability and Supportability (RM&S) in Design	调查结果：设计中的可靠性、可维修性和可支持性计算机化	SAE AIR 4276A		√																															
Reliability and Safety Process Integration	可靠性和安全流程集成	SAE AIR 5022								√																									
Recommended Failure Modes and Effects Analysis (FMEA) Practices for Non-automobile Applications	非汽车应用的推荐失效模式及影响分析(FMEA)实践	SAE ARP 5580									√																								
Guidelines for Conducting the Safety Assessment Process on Civil Aircraft, Systems, and Equipment	民用航空器，系统和设备安全评估程序指南	SAE ARP 4761A								√	√																								
Fault/Failure Analysis Procedure	故障/失效分析程序	SAE ARP 926C								√																									
Potential Failure Mode and Effects Analysis (FMEA) Including Design FMEA, Supplemental FMEA-MSR, and Process FMEA	潜在故障模式及影响分析(FMEA)，包括设计FMEA，补充FMEA-MSR和过程FMEA	SAE J1739				√																														

续表

英文名称	中文名称	标准号	1	2	3	4	5	6	7	8	9	10	11	12	13	14	15	16	17	18	19	20	21	22	23	24	25	26	27	28	29	30	31	32
Reliability Program Standard	可靠性计划标准	SAE JA1000				√																												
Reliability Program Standard Implementation Guide	可靠性计划标准实施指南	SAE JA1000/1				√																												
Software Reliability Program Standard	软件可靠性程序标准	SAE JA1002																				√												
Software Reliability Program Implementation Guide	软件可靠性程序实施指南	SAE JA1003																				√												
Software Supportability Program Standard	软件保障性程序标准	SAE JA1004																				√												
Software Supportability Program Implementation Guide	软件保障性程序实施指南	SAE JA1005																				√												
Software Support Concept	软件保障的概念	SAE JA1006																															√	
Reliability Testing Standard	可靠性测试标准	SAE JA1009				√																												
Maintainability Program Standard	可维修性程序标准	SAE JA1010																		√														
Evaluation Criteria for Reliability-Centered Maintenance (RCM) Processes	以可靠性为中心的维修（RCM）的评估标准	SAE JA1011																		√														

215

续表

英文名称	中文名称	标准号	1	2	3	4	5	6	7	8	9	10	11	12	13	14	15	16	17	18	19	20	21	22	23	24	25	26	27	28	29	30	31	32
A Guide to the Reliability-Centered Maintenance (RCM) Standard	以可靠性为中心的维护（RCM）标准指南	SAE JA1012																			√														
Using a System Reliability Model to Optimize Maintenance Costs A Best Practices Guide	使用系统可靠性模型优化维修费用最佳实践指南	SAE JA6097	√																					√								√			
工业:美国工业(U. S. Industrial);组织:国际电工委员会(International Electrotechnical Commission,IEC)																																		
Failure Modes and Effects Analysis (FMEA and FMECA)	故障模式及影响分析(FMEA和FMECA)	IEC 60812								√																										
Programmes for Reliability Growth	可靠性增长计划	IEC 61014										√																								
FaultTree Analysis (FTA)	故障树分析	IEC 61025									√																									
Compliance Test Procedures for Steady-state Availability	稳态可用性的一致性测试程序	IEC 61070														√																				
Reliability Block Diagrams	可靠性框图	IEC 61078										√																								
Reliability Testing-Compliance Test Plans for Success Ratio	可靠性测试·可靠性试验验成成功率验证试验方案	IEC 61123																																	√	

续表

英文名称	中文名称	标准号	1	2	3	4	5	6	7	8	9	10	11	12	13	14	15	16	17	18	19	20	21	22	23	24	25	26	27	28	29	30	31	32
Reliability Testing-Compliance Tests for Constant Failure Rate and Constant Failure Intensity	可靠性测试. 恒定失效率和恒定失效强度的符合性测试	IEC 61124																														√	
Design Review	设计评审	IEC 61160							√																									
Reliability Stress Screening-Part 1: Repairable Assemblies Manufactured in Lots	可靠性应力筛选. 第1部分: 批量生产的可修复组件	IEC 61163-1																				√												
Reliability Stress Screening-Part 2: Components	可靠性应力筛选. 第2部分: 组件	IEC 61163-2																				√												
Reliability Growth-Statistical Test and Estimation Methods	可靠性增长. 统计测试和估计方法	IEC 61164										√																						
Application of Markov Techniques	马尔可夫技术的应用	IEC 61165												√			√																	
Functional Safety of Electrical/Electronic/Programmable Electronic Safety-related Systems	电气/电子/可编程电子安全系统的功能安全	IEC 61508	√	√																		√												
Weibull Analysis	威布尔分析	IEC 61649													√																			
Reliability Data Analysis Techniques	可靠性数据分析技术	IEC 61650																		√														

续表

英文名称	中文名称	标准号	1	2	3	4	5	6	7	8	9	10	11	12	13	14	15	16	17	18	19	20	21	22	23	24	25	26	27	28	29	30	31	32
Mathematical Expressions for Reliability, Availability, Maintainability and Maintenance Support Terms	可靠性、可用性、维护性和维护支持术语的数学表示式	IEC 61703	√																															
Electronic Components-Reliability-Reference Conditions for Failure Rates and Stress Models for Conversion	电气元件·可靠性·转换用故障率的基准应力模型的基准条件	IEC 61709: 2017 RLV																					√											
Dependability Management-Part 1: Guidance for Management and Application	可靠性管理·第1部分：管理和应用指南	IEC 60300-1	√																															
Dependability Management-Part 3-1: Application Guide-Analysis Techniques for Dependability-Guide on Methodology	可靠性管理·第3-1部分：应用指南·可靠性分析技术·方法论指南	IEC 60300-3-1		√		√													√	√	√	√		√	√			√				√	√	
Dependability Management-Part 3-2: Application Guide-Collection of Dependability Data from the Field	可靠性管理·第3-2部分：应用指南·现场可靠性数据收集	IEC 60300-3-2																		√											√			

续表

英文名称	中文名称	标准号	1	2	3	4	5	6	7	8	9	10	11	12	13	14	15	16	17	18	19	20	21	22	23	24	25	26	27	28	29	30	31	32
Dependability Management-Part 3-14:Application Guide-Supportability and Support	可靠性管理·第3-14部分:应用指南·可支持性和支持	IEC 60300-3-14	√																			√													
Dependability Management-Part 3-15:Application Guide-Engineering of System Dependability	可靠性管理·第3-15部分:应用指南·系统可靠性工程	IEC 60300-3-15																				√													
Equipment Reliability Testing-Part 2:Design of Test Cycles	设备可靠性试验·第2部分:试验周期的设计	IEC 60605-2																															√		
Maintainability of Equipment-Part 2:Maintainability Requirements and Studies During the Design and Development Phase	设备维修性·第2部分:设计与开发阶段的维修性要求	IEC 60706-2	√	√								√								√													√		
Maintainability of Equipment-Part 3:Verification and Collection,Analysis and Presentation of Data	设备维修性·第3部分:数据验证,收集、分析和表示	IEC 60706-3																										√			√				
Maintainability of Equipment-Part 5:Testability and Diagnostic Testing	设备维修性·第5部分:测试性和诊断测试	IEC 60706-5	√	√																									√							

219

续表

英文名称	中文名称	标准号	1	2	3	4	5	6	7	8	9	10	11	12	13	14	15	16	17	18	19	20	21	22	23	24	25	26	27	28	29	30	31	32
Reliability Stress Screening-Part 1: Repairable Assemblies Manufactured in Lots	可靠性应力筛选. 第1部分:批量生产的可维修组件	IEC 61163-1																	√																	
Reliability Stress Screening-Part 2: Components	可靠性应力筛选. 第2部分:组件	IEC 61163-2																	√																	
International Electrotechnical Vocabulary-Part 192: Dependability	国际电工词汇 第192部分:可信性	IEC 60050-192	√																																	
Dynamic Modules. Part 2-1: Reliability Qualification-Test Template	动态模块. 第2-1部分:可靠性鉴定. 测试模板	IEC 62343-2-1																																	√	
Methodology for Communication Network Dependability Assessment and Assurance	通信网络可信性评估和保证方法	IEC 62673										√																								
Reliability of Devices Used in Fibre Optic Systems-General and Guidance	光纤系统中设备的可靠性. 总则和指南	IEC TR 62721										√																								
Electromechanical Elementary Relays-Part 2: Reliability	机电基本继电器. 第2部分:可靠性	IEC 61810-2										√																								

续表

英文名称	中文名称	标准号	1	2	3	4	5	6	7	8	9	10	11	12	13	14	15	16	17	18	19	20	21	22	23	24	25	26	27	28	29	30	31	32
Railway Applications-Specification and Demonstration of Reliability, Availability, Maintainability and Safety (RAMS)-Part 3:Guide to the Application of IEC 62278 for Rolling Stock RAM	铁路应用.可靠性,可用性,可维修性和安全性(RAMS)规范及示例.第3部分:机车车辆RAM应用IEC 62278指南	IEC TR 62278-3										√				√													√						
工业;美国工业(U. S. Industrial);组织:美国国家标准学会(American National Standards Institute,ANSI)																																			
Formal Design Review	常用的设计评审	ANSI/ASQC D1160							√																											
Reliability Program Standard for Systems Design, Development and Manufacturing	系统设计,开发和制造可靠性计划标准	GEIASTD 0009A	√																																	
Reliability Prediction	可靠性预测	ANSI/VITA 51.0	√	√																																
Qualification and Environmental Stress Screening in Support of Reliability Predictions	支持可靠性预测中的鉴定和环境压力筛选	ANSI/VITA 51.3																	√																

续表

英文名称	中文名称	标准号	1	2	3	4	5	6	7	8	9	10	11	12	13	14	15	16	17	18	19	20	21	22	23	24	25	26	27	28	29	30	31	32
Protection of Electrical and Electronic Parts, Assemblies and Equipment (Excluding Electrically Initiated Explosive Devices)	电气和电子零件,组件和设备的保护(不包括电引爆装置)	ANSI/ESD S20.20		√																														
工业:美国工业(US Industrial);组织:电气与电子工程师协会(Institute of Electrical and Electronics Engineers,IEEE)																																		
Test Access Port and Boundary-scan Architecture	测试接入端口及边界扫描结构	IEEE STD1149.1																										√						
Reliability Program for the Development and Production of Electronic Products	电子产品开发和生产可靠性计划	IEEE STD1332		√		√																												
Recommended Practice on Software Reliability	软件可靠性推荐实践	IEEE STD1633 √																				√												
工业:核能(Nuclear);组织:美国核能管理委员会(U.S. Nuclear Regulatory Commission,U.S. NRC)																																		
Fault Tree Handbook	故障树手册	NUREG-0492									√		√																					
Procedures for Treating Common Cause Failures	共因故障处理程序	NUREG-CR 4780											√																					

续表

英文名称	中文名称	标准号	1	2	3	4	5	6	7	8	9	10	11	12	13	14	15	16	17	18	19	20	21	22	23	24	25	26	27	28	29	30	31	32
工业:核能(Nuclear);组织:英国核能管理办公室(Office for Nuclear Regulation,ONR)																																		
Safety Assessment Principles for Nuclear Facilities	核设施安全评估原则	—		√		√	√	√	√	√	√	√	√							√			√	√	√							√		
Safety Systems	安全系统	NS-TAST-GD-003	√						√		√	√	√																			√		
Probabilistic Safety Assessment	概率安全评估	NS-TAST-GD-030									√	√	√											√								√		
Design Safety Assurance	设计安全保证	NS-TAST-GD-057	√						√				√							√			√									√		
工业:核能(Nuclear);组织:国际原子能机构(International Atomic Energy Agency,IAEA)																																		
Safety Assessment and Verification for Nuclear Power Plants	核电站的安全评估和核查	NS-G-1.2							√	√	√	√	√										√									√		
Safety of Nuclear Power Plants: Design	核电站安全:设计	NS-R-1	√							√	√	√	√																			√		
工业:石油及天然气(Oil & Gas);组织:国际标准化组织(International Organization for Standardization,ISO)																																		
Petroleum, Petrochemical and Natural Gas Industries-Collection and Exchange of Reliability and Maintenance Data for Equipment	石油、石化和天然气工业.收集和交换设备的可靠性和维护数据	ISO 14224																		√												√		

续表

英文名称	中文名称	标准号	1	2	3	4	5	6	7	8	9	10	11	12	13	14	15	16	17	18	19	20	21	22	23	24	25	26	27	28	29	30	31	32
Petroleum, Petrochemical and Natural Gas Industries-Production Assurance and Reliability Management	石油、石化和天然气工业·生产保证和可靠性管理	ISO 20815	√																															
Systems and Software Engineering-Software Life Cycle Processes	系统和软件工程·软件生命周期过程	ISO/IEC/IEEE 12207																				√												
Software and Systems Engineering-Software Testing	软件与系统工程·软件测试	ISO/IEC/IEEE 29119															√																	
工业:石油及天然气(Oil & Gas);组织:挪威船级社(Det Norske Veritas,DNV)																																		
OREDA Handbook (R&M data)	OREDA手册(R&M数据)	—										√																				√		
工业:石油及天然气(Oil & Gas);组织:欧洲安全,可靠性和数据协会(European Safety, Reliability & Data Association,ESReDA)																																		
Guidance Document for Design, Operation and Use of Safety, Health and Environment (SHE) Databases	关于设计、操作和使用安全,健康和环境(SHE)数据库的指导文件	—	√																															
Handbook on Quality of Reliability Data	可靠性数据质量手册	—									√																							

续表

英文名称	中文名称	标准号	1	2	3	4	5	6	7	8	9	10	11	12	13	14	15	16	17	18	19	20	21	22	23	24	25	26	27	28	29	30	31	32
Decision Analysis for Reliability Assessment	可靠性评估决策分析	—										√																							
Industrial Application of Structural Reliability Theory	结构可靠性理论工业应用	—										√																							
Operator/Manufacturer Scheduled Maintenance Development	操作员/制造商定期维修开发	ATA MSG-3																			√														
工业:中国国防(Defence);组织:中国国家军用标准(GJB)																																			
Reliability Modeling and Prediction	可靠性模型的建立和可靠性预测	GJB 813—1990																							√										
Reliability Growth Test	可靠性增长试验	GJB 1407—1992										√																							
Nonoperating Reliability Prediction Handbook for Electronic Equipment	电子设备非工作状态可靠性预计手册	GJB/Z 108A—2006										√																							
Demonstration of Reliability, Maintainability and Supportability Requirements for Material	装备可靠性,可维修性,保障性要求论证	GJB 1909A—2009																						√		√									

续表

英文名称	中文名称	标准号	1	2	3	4	5	6	7	8	9	10	11	12	13	14	15	16	17	18	19	20	21	22	23	24	25	26	27	28	29	30	31	32
Reliability Testing for Qualification and Production Acceptance of Aircraft Gun	航炮可靠性鉴定和验收试验	GJB 6462—2008	√																																
General Requirements for Materiel Reliability Program	装备可靠性工作通用要求	GJB 450B—2021	√																																
Reliability Centered Maintenance Analysis for Materiel	装备以可靠性为中心的维修分析	GJB 1378A—2007																		√															
Test Method of Aircraft Machine Gun Part 13:Reliability	航空机枪试验方法·第13部分:可靠性	GJB 5489.13—2005																															√		
Reliability Requirements and Testing Methods for Hydraulic Pumps of Missiles and Launch Vehicles	导弹和运载火箭用液压泵可靠性要求和试验验方法	GJB 6399—2008																															√		
General Design Finalizing Testing Procedures for Military Track Engineering Machinery Reliability Testing Method	军用履带式工程机械设计定型通用试验规程·可靠性试验验方法	GJB 4111.25—2000	√																														√		

续表

英文名称	中文名称	标准号	1	2	3	4	5	6	7	8	9	10	11	12	13	14	15	16	17	18	19	20	21	22	23	24	25	26	27	28	29	30	31	32
Approval Test Method for Military Meteorological Equipment Part 5:Reliability and Maintainability	军用气象装备定型试验方法 第5部分：可靠性和可维修性	GJB 6556.5—2008																															√	
Test Method of Aerial Bomb-Part 20:Safety and Reliability Test-Safety of Aircraft Carrying and Selivery	航空炸弹试验方法. 第20部分：安全性、可靠性试验. 挂飞投放安全性	GJB 5496.20—2005																															√	
Maintainability Allocation and Prediction Handbook	维修性分配与预计手册	GJB/Z 57—1994																										√						
General Requirement for Materiel Maintainability Program	装备通用质量特性术语	GJB 451B—2021	√																															
Thermal Design Handbook for Reliability of Electronic Equipment	电子设备可靠性热设计手册	GJB/Z 27—1992																						√										
Guide to the Circuit Tolerance Analysis	电路容差分析指南	GJB/Z 89—1997										√																						

续表

英文名称	中文名称	标准号	1	2	3	4	5	6	7	8	9	10	11	12	13	14	15	16	17	18	19	20	21	22	23	24	25	26	27	28	29	30	31	32
Reliability Prediction Handbook for Electronic Equipment	电子设备可靠性预计手册	GJB/Z 299C—2006										✓																							
Reliability Testing for Qualification and Production Acceptance	可靠性鉴定和验收试验	GJB 899A—2009																															✓		
General Requirement for Materiel Maintainability Program	装备维修性工作通用要求	GJB 368B—2009	✓																																
Laboratory Environmental Test Methods for Military Materiel-Part 1:General Requirements	军用装备实验室环境试验方法·第1部分:通用要求	GJB 150.1A—2009	✓																																
Guide for Preparing Design Finalization Documents of Military Products-Part 1:General	军工产品设计定型文件编制指南·第1部分:总则	GJB/Z 170.1—2013	✓																																
工业:航空(Aviation);组织:中国航天行业标准(QJ)																																		
	航天产品可靠性保证要求	QJ 1408A—1998																												✓					

续表

英文名称	中文名称	标准号	1	2	3	4	5	6	7	8	9	10	11	12	13	14	15	16	17	18	19	20	21	22	23	24	25	26	27	28	29	30	31	32
	航天器布线设计和试验通用技术条件	QJ 2176—1991	√																															
	卫星故障模式影响和危害度分析	QJ 2437—1993								√																									
Reliability Design Criteria for Space Product and Electronic Product	航天产品可靠性设计准则.电子产品可靠性设计准则	QJ 2668—1994				√																													
Specifications for Aerospace Model Software Testing	航天型号软件测试规范	QJ 3027—1998																												√					
Guide to Failure Modes Effects and Criticality Analysis for Space Products	航天产品故障模式，影响及危害性分析指南	QJ 3050A—2011								√																									
Selection and Application Management Requirements for Components	元器件选用管理要求	QJ 3065.1—1998	√																																
Methods and Procedures for Sneak Analysis	潜在分析方法和程序	QJ 3217—2005																√																	
Guideline of Maintainability Design and Demonstration for Space Products	航天产品维修性设计与验证指南	QJ 3213—2005																								√									

续表

英文名称	中文名称	标准号	1	2	3	4	5	6	7	8	9	10	11	12	13	14	15	16	17	18	19	20	21	22	23	24	25	26	27	28	29	30	31	32
Guide to Satellite Reliability Design	卫星可靠性设计指南	QJ 2172A—2005																						√										

注：表中1～32分别代表：1—通用；2—可靠性和维修性综合设计；3—可靠性和维修性FMECA；4—可靠性与维修性计划/大纲；5—供应商、分包商的监督/控制；6—工艺系统工程；7—设计评审；8—失效模式、影响与危害性分析FMECA；9—故障树分析/事件树分析FTA/ETA；10—可靠性预测与增长；11—共因失效；12—马尔可夫分析；13—威布尔分析；14—可用性；15—降额设计；16—潜在通路分析；17—应力筛选；18—故障报告，分析和纠正措施系统DRACAS/FRACAS；19—以可靠性为中心的维修分析RCM；20—软件；21—运行和通路分析；22—可靠性与维修性权衡研究；23—维修性设计标准；24—可靠性设计标准；25—可靠性与维修性分配；26—维修性预测/预计；27—测试性；28—综合后勤保障计划；29—设计检查清单；30—使用中的可靠性和维修性；31—可靠性和维修性鉴定试验；32—培训。

参 考 文 献

[1] 张文泉. RAMS 管理探究[J]. 技术经济与管理研究,2013,10:38-46.

[2] DOD. Guide for achieving reliability,availability,and maintainability[S]. Department of Defence,2005.

[3] Reliability, availability, and maintainability of equipment and systems in power plants:ASME RAM-1-2020[S].

[4] Reliability,availability,and maintainability program development process for existing power plants:ASME RAM-2-2016[S].

[5] Specification for definition and measurement of equipment reliability,availability,and maintainability(RAM):SEMI E10-0304[S].

[6] 半导体设备可靠性、可用性和维修性(RAM)的定义和测量规范:GB/T 24468—2009 [S].

[7] Railway applications-Specification and demonstration of reliability,availability,maintainability and safety(RAMS):IEC 62278-2002[S].

[8] Railway applications-Specification and demonstration of reliability,availability,maintainability and safety(RAMS)-Part 3-Guide to the application of IEC 62278 for rolling stock RAM:IEC TR 62278-3-2010[S].

[9] 轨道交通　可靠性、可用性、可维修性和安全性规范及示例:GB/T 21562—2008[S].

[10] 轨道交通　可靠性、可用性、可维修性和安全性规范及示例　第 3 部分:机车车辆 RAM 的应用指南:GB/T 21562.3—2015[S].

[11] 刘大永. 资产管理体系标准解读与实施[M]. 北京:企业管理出版社,2020.

[12] Asset management—Vocabulary,overview and principles:ISO 55000:2024[S].

[13] Asset management—Asset management system—Requirements:ISO 55001:2024 [S].

[14] Asset management—Management systems—Guidelines for the application of ISO 55001:ISO 55002:2018[S].

[15] 资产管理　综述、原则和术语:GB/T 33172—2016[S].

[16] 资产管理　管理体系　要求:GB/T 33173—2016[S].

[17] 资产管理　管理体系　GB/T 33173 应用指南:GB/T 33174—2022[S].

[18] Petroleum,petrochemical and natural gas industries—Collection and exchange of reliability and maintenance data for equipment:ISO 14224:2016[S].

[19] HAMADA M S,WILSON A G,REESE C S,等. 贝叶斯可靠性[M]. 曾志国,译. 北京:国防工业出版社,2014.

［20］ KELLY D,SMITH C.贝叶斯概率风险评估［M］.郝志鹏,译.北京:国防工业出版社,2014.

［21］ 同济大学数学科学学院.概率论与数理统计［M］.北京:高等教育出版社,2023.

［22］ 马文·拉桑德,安·巴罗斯,阿尤·霍兰.系统可靠性理论:模型、统计方法及应用［M］.刘一骝,译.北京:清华大学出版社,2023.

［23］ Functional safety of electrical/electronic/programmable electronic safety-related systems-Part 2:Requirements for electrical/electronic/programmable electronic safety-related systems:IEC 61508-2-2010［S］.

［24］ 电气/电子/可编程电子安全相关系统的功能安全 第2部分:电气/电子/可编程电子安全相关系统的要求:GB/T 20438.2—2017［S］.

［25］ OREDA RAPTICIPANTS OREDA offshore and onshore reliability data handbook［M］.Norway:DNV GL,2015.

［26］ AICHE.Guidelines for process equipment reliability data with data tables［M］.New York:Center for Chemical Process Safety,1989.

［27］ IOGP.Risk assessment data directory(Report No.434)［M］.Brussels:International Association of Oil & Gas Producers,2010.

［28］ 国家核安全局.中国核电厂设备可靠性数据报告(2022版)［R］.

［29］ 周栋.维修性设计与分析［M］.北京:北京航空航天大学出版社,2019.

［30］ WANG Q F,LIU W B,ZHONG X,et al.Development and application of equipment maintenance and safety integrity management system［J］.Journal of Loss Prevention in the Process Industries,2011,24(4):321-332.

［31］ 魏国东,朱石坚,罗忠,等.基于数据挖掘的装备维修性定量分析与研究［J］.海军工程大学学报,2020,32(2):87-91.

［32］ 周爱武,于亚飞.K-Means聚类算法的研究［J］.计算机技术与发展,2011,21(2):62-65.

［33］ 胡军,郝林,张少洋.机器学习算法在混输管道内腐蚀预测的应用［J］.全面腐蚀控制,2023,4:7-12.

［34］ 周新建,李志强.利用FMECA法的兆瓦级风力机故障模式分析［J］.华东交通大学学报,2017,34(1):107-116.

［35］ GOO B,LEE J,SEO S,et al.Design of reliability critical system using axiomatic design with FMECA［J］.International Journal of Naval Architecture and Ocean Engineering,2019,11:11-21.

［36］ 余建星,周清基,杜尊峰,等.基于RCM的海上油气生产装置设备资产管理［J］.天津大学学报,2012,1:36-42.

［37］ 石帅,胡军.RCM技术在海洋石油设备管理中的应用［J］.设备管理与维修,2021,7:13-15.

［38］ IOGP.Human factors engineering in projects(Report No.454)［R］.International Association of Oil & Gas Producers,2010.

［39］ 郝林,胡军,王子维,等.基于 RCM 与数据挖掘的燃气发电机维修决策[J].石油和化工设备,2023,8:65-69.

［40］ 李静,刘立强,熊联友,等.2 500 W@4.5 K & 500 W@2 K 氦制冷机可靠性可用性分析[J].低温工程,2020,5:12-18.

［41］ 孔繁森,王军,孙海港.基于层次分析法的发动机缸体生产线设备可用性的模糊综合评价[J].吉林大学学报,2008,38(6):1332-1336.

［42］ 王永奇.输变电设备监测装置运行故障及可用性分析[J].电工电气,2016,4:42-45.

［43］ GOBET E.蒙特卡罗方法与随机过程:从线性到非线性[M].许明宇,译.北京:高等教育出版社,2021.

［44］ YEH T M,SUN J J. Preventive maintenance model with FMEA and Monte Carlo simulation for the key equipment in semiconductor foundries[J]. Scientific Research and Essays,2011,6(26):5534-5547.

［45］ HERDER P M,van LUIJK J A,BRUIJNOOGE J. Industrial application of RAM modeling Development and implementation of a RAM simulation model for the Lexans plant at GE industrial,plastics[J]. Reliability Engineering & System Safety,2008,93(4):501-508.

［46］ MELCHERS R E.结构可靠性分析与预测[M].2 版.杨乐昌,王丕东,宫綦,译.北京:国防工业出版社,2019.

［47］ 申得济,苏义宝,赵德旺,等.LNG 供应链可靠性、可用性和可维修性(RAM)分析[J].中国石油和化工标准与质量,2022,1:131-132.